COLLECTION J. BREM(

LES ÉCONOMISTES CLASSIQUES

D'ADAM SMITH A RICARDO
DE STUART MILL A KARL MARX

2e Edition

Marie-Martine SALORT
Maître de Conférence à l'Institut d'études politiques de Paris

Avec la collaboration
d'**Yvette KATAN**
Université Paris I, Panthéon-Sorbonne
pour les articles consacrés à Saint-Simon et Proudhon

HATIER

Symboles utilisés

░	Définition
➔	Remarque importante
⧗	Passage un peu difficile qui peut être négligé dans une première approche

ISBN : 2-218-01626-5

Sommaire

PREMIÈRE PARTIE : L'ÉCOLE CLASSIQUE

Présentation de l'ouvrage

Modernité de la pensée classique

Adam Smith, David Ricardo, Jean-Baptiste Say... les économistes classiques sont, d'une certaine façon, devenus des mythes... cachés au fond des mémoires.

Pourtant, l'intérêt de leurs travaux dépasse très largement le cadre de l'histoire des idées économiques. Les classiques nous aident à comprendre le monde actuel.

Si, pour les économistes de la fin du XVIIIe siècle et du XIXe siècle, l'économie relève bien d'une discipline scientifique, ils ne la séparent généralement pas totalement des autres aspects de la réalité sociale. Parce qu'ils se situent moins que les néo-classiques contemporains dans le cadre d'hypothèses abstraites, ils perçoivent mieux l'ambiguité des situations et prennent mieux en compte les composantes sociales des problèmes.

La fin du XVIIIe siècle et le XIXe siècle furent riches en débats et en propositions. Assez curieusement, les questions posées à cette époque restent extrêmement modernes : quels sont les facteurs favorables à la croissance ? L'intervention de l'Etat contribue-t-elle à accroître la richesse nationale ? La misère ouvrière peut-elle être réduite ? Faut-il aider les plus démunis ? Quelles sont les conséquences de la croissance économique ? Quelle est la source de la valeur des biens ? D'où provient le chômage ? Sommes-nous condamnés aux crises ?... La crise contemporaine accroît l'actualité de ces interrogations en même temps qu'elle invite à mieux intégrer l'économique et le social, comme le font les auteurs classiques.

Organisation de l'ouvrage

L'ouvrage retient une conception large de la période classique qui englobe les économistes libéraux et réformistes, mais aussi socialistes, allant d'Adam Smith à Karl Marx. Une telle approche présente un double intérêt. D'une part, elle regroupe un ensemble d'économistes qui, malgré la divergence profonde de leurs conclusions, possèdent des traits communs dans leur façon d'aborder la réalité économique. D'autre part, elle permet de percevoir l'ensemble du contenu et de l'évolution de la pensée économique au cours de cette période ainsi que la diversité des approches : dans quelle mesure K. Marx prolonge-t-il D. Ricardo ? Saint-Simon est-il plus proche de Stuart Mill que des socialistes ?...

Après une introduction présentant l'état de la pensée économique à l'aube de la période classique, sont étudiés, dans une première partie, les économistes classiques dénommés libéraux orthodoxes (A. Smith, D. Ricardo, J.B. Say, T. Malthus). La deuxième partie est consacrée aux économistes qui critiquent, à des degrés divers, les effets pervers sur les plans social et économique de la libre concurrence ; certains restent profondément attachés à l'économie de marché (J. Stuart Mill, S. Sismondi...) d'autres, que l'on qualifie souvent de socialistes, de J. Proudhon à K. Marx condamnent radicalement cette organisation économique.

Les travaux de ces derniers auteurs sont présentés dans cet ouvrage dans la mesure où ils ont été publiés pendant la période classique. Par de multiples aspects ils participent à la logique d'analyse commune à tous les économistes classiques. Le lecteur qui souhaiterait approfondir l'analyse de ces auteurs pourra se reporter à l'ouvrage à paraître dans la même collection, *Karl Marx et les économistes radicaux*.

De nombreux extraits de chaque auteur, intégrés dans une présentation d'ensemble de leur approche, permettent un contact direct avec leur pensée, tout en facilitant la compréhension de la cohérence de leur démarche.

Un index détaillé en fin d'ouvrage aide à retrouver aisément l'auteur recherché ou l'ensemble des analyses se rapportant à un thème donné.

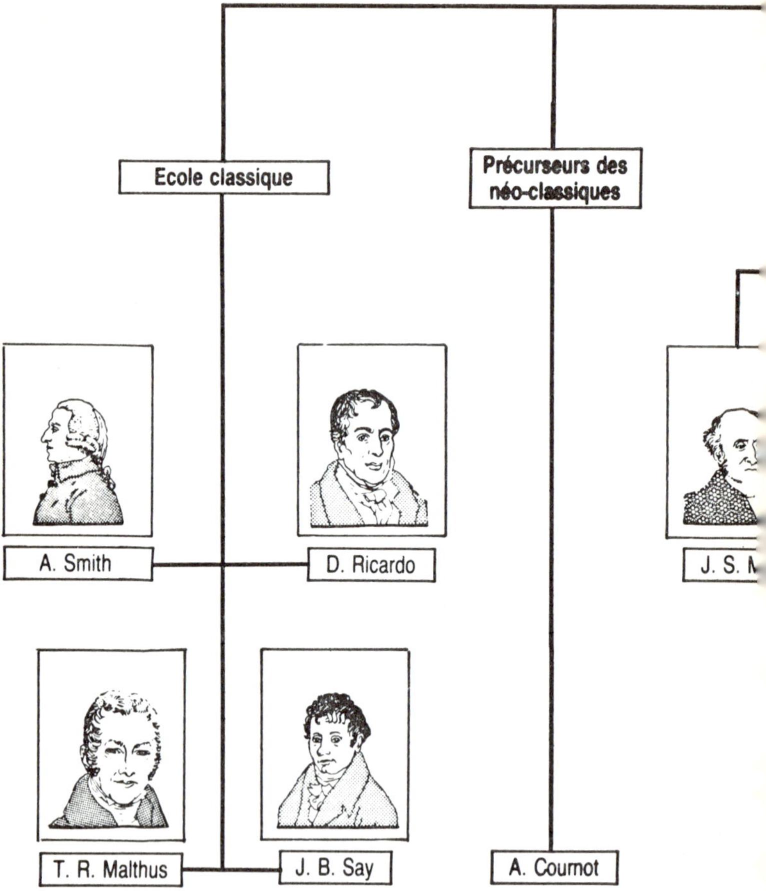
Ecole classique
Précurseurs des néo-classiques
A. Smith
D. Ricardo
J. S. M
T. R. Malthus
J. B. Say
A. Cournot

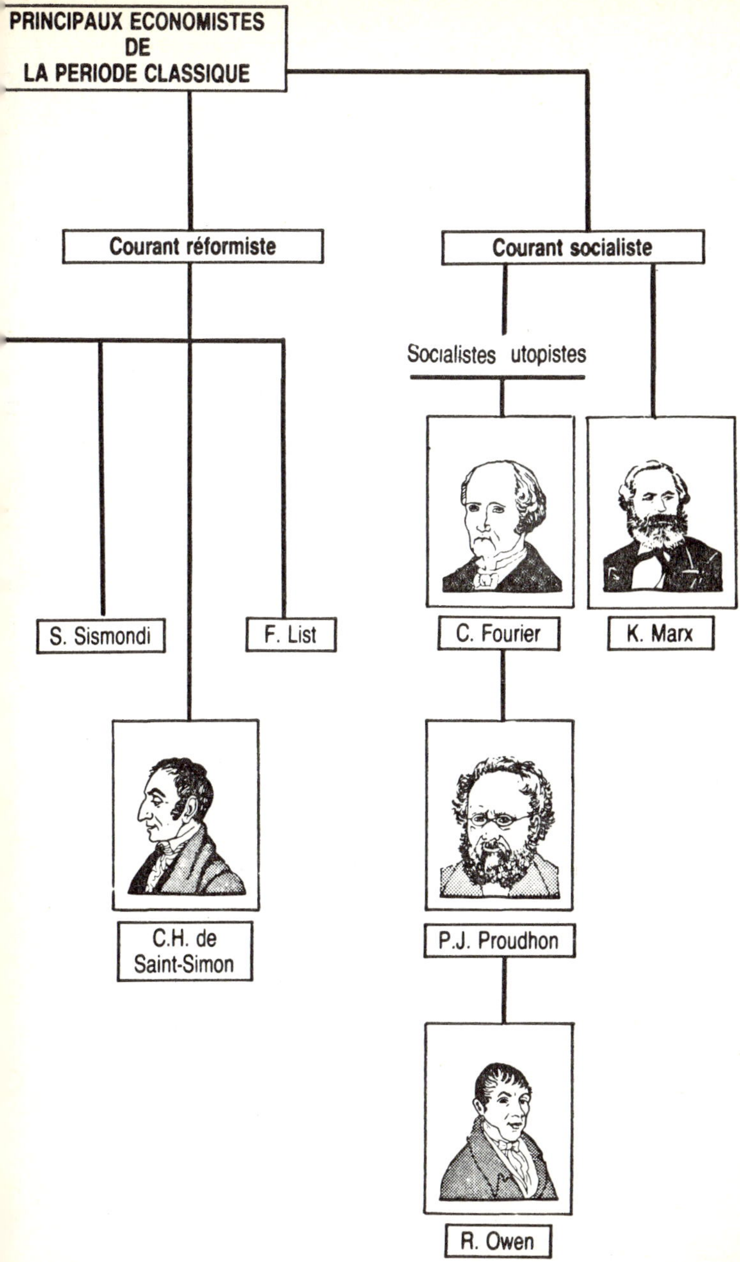
PRINCIPAUX ECONOMISTES DE LA PERIODE CLASSIQUE
Courant réformiste
Courant socialiste
Socialistes utopistes
S. Sismondi
F. List
C.H. de Saint-Simon
C. Fourier
K. Marx
P.J. Proudhon
R. Owen

Introduction

Des premiers économistes aux classiques

Les classiques sont souvent présentés comme les fondateurs de la pensée économique. Pourtant, le domaine de l'économie avait été exploré avant A. Smith de façon souvent extrêmement féconde. Pendant longtemps, la science économique était restée dépendante de la morale ; avec le développement de la pensée mercantiliste, puis de celle des Physiocrates l'économie s'impose peu à peu comme un objet d'étude à part entière.

La pensée économique dépendante de la morale

Dès l'Antiquité se développe un intérêt vis-à-vis des questions économiques. Il se limite d'abord aux problèmes que pose l'organisation de la maison [1] ; puis peu à peu, en particulier avec les travaux de Platon et d'Aristote, il s'étend à l'étude de la gestion de la cité.

La pensée économique du Moyen Age est intimement liée à la morale chrétienne. Les écrits de Saint Thomas d'Aquin dans la *Somme théologique* (1266) en témoignent. Il s'agit de déterminer quelles sont les pratiques économiques « justes » selon la religion chrétienne et la volonté de Dieu ; cette démarche conduit Saint Thomas d'Aquin (1266) à considérer qu'il existe un « juste prix », un « juste profit », un « juste salaire », et à condamner comme immoraux les prêts avec intérêt.

La naissance d'une pensée économique autonome

La Renaissance marque de ce point de vue une rupture. Le renouveau des idées, l'essor du protestantisme contribuent, comme le mettra en évidence Max Weber, au développement du capitalisme dans la mesure où le profit et l'intérêt ne sont plus condamnés, mais valorisés. Du XVIe à la fin du XVIIIe siècle, le développement de la pensée mercantiliste puis de celle des Physiocrates marquera l'essor de l'économie politique comme science autonome.

1. Xénophon.

Les mercantilistes

A partir du XVIe siècle, les économistes « mercantilistes » vont avoir une influence considérable sur la conduite des politiques économiques des gouvernements de l'époque. Les mercantilistes ne cherchent pas, comme Saint Thomas d'Aquin, à déterminer si les actes économiques sont conformes à la morale chrétienne, mais à trouver les moyens dont dispose un pays pour s'enrichir. Les modalités concrètes proposées pour accroître la richesse des nations ont différé selon les pays et ont donné naissance à plusieurs courants mercantilistes. En particulier, on oppose souvent le mercantilisme espagnol au mercantilisme français et anglais.

Le mercantilisme espagnol

L'obsession des métaux précieux

La politique mercantiliste menée par l'Espagne a consisté à favoriser le rapatriement des métaux précieux du « Nouveau Monde » et à entraver leur sortie du territoire espagnol.
Ainsi, les aventuriers espagnols avaient-ils pour mission de s'intéresser en priorité, non pas aux pays abondamment approvisionnés en matières premières exploitables, en bétail ou autres biens utiles, mais aux régions largement nanties d'or et d'argent. De même, pour empêcher la fuite des métaux précieux vers l'étranger, les autorités espagnoles ont été conduites à pratiquer une politique protectionniste en grévant leurs exportations de très fortes taxes.
La publication par Ortiz en 1558 d'un *Mémoire au roi pour empêcher la sortie de l'or* témoigne de la préoccupation du gouvernement d'alors. La poursuite d'une telle politique ne

contribua pas à enrichir de façon durable le pays, elle généra une forte hausse des prix, qui fit s'interroger ceux que les questions économiques intéressaient.

Les erreurs des mercantilistes espagnols

Les mercantilistes espagnols ont été accusés d'avoir confondu richesse et détention d'or et d'argent. Une seconde interprétation qui consiste à penser qu'ils n'auraient pas perçu que ce qui est exact au niveau d'un ménage ou d'une entreprise, à savoir que la capacité d'acquisition de biens dépend des quantités de monnaie détenues, est moins vrai au niveau d'un pays. Les économistes mercantilistes français et anglais proposèrent des politiques tout à fait différentes de celles des espagnols.

Le mercantilisme français

Jean Bodin et l'analyse de l'inflation

Jean Bodin, en France, dans une *Réponse aux Paradoxes de M. de Malestroit touchant le fait des monnaies et l'enchérissement de toutes choses*, mit en évidence une relation entre quantité de monnaie en circulation et niveau des prix... et constitua une première tentative d'explication monétariste de l'inflation : « Je trouve que la cherté que nous voyons provient de trois causes. La principale et presque seule (que personne jusqu'ici n'a perçue) est l'abondance d'or et d'argent, qui est aujourd'hui en ce royaume plus grande qu'elle n'a jamais été depuis 400 ans. (...) La seconde occasion de cherté vient en partie des monopoles. La troisième est la disette... »[1]

Protectionnisme et politique industrielle

Au XVIIe siècle, en France, les mercantilistes français voyaient dans le développement des manufactures la source essentielle de l'enrichissement. Le mercantilisme français a ainsi été qualifié d'« industriel ».

1. Jean Bodin, *Réponse aux paradoxes de M. de Malestroit*, Librairie Armand Colin.

Un soutien important de l'Etat à l'industrie nationale par la mise en place d'une politique protectionniste efficace et une intervention directe dans la vie des affaires pour assurer la très haute qualité des produits nationaux constituent les voies privilégiées de l'enrichissement. Ce sont ces idées qui ont été défendues en France par Antoine de Montchrestien qui fit paraître en 1615 un *Traité d'économie politique*.

Une telle conception du mercantilisme est fondée chez Antoine de Montchrestien sur une distinction entre monnaie et richesse : « Ce n'est point l'abondance d'or et d'argent, la quantité de perles et de diamants, qui fait les Etats riches et opulents, c'est l'accomodement des choses nécessaires à la vie et propres au vêtement ». [1]

Ces idées ont été concrétisées par la politique conduite par Jean Baptiste Colbert (1619-1683), Ministre de Louis XIV. Il mit en place des primes à l'exportation, protégea les industries nationales par des tarifs douaniers sur les produits étrangers importés, créa des manufactures d'Etat dont la célèbre manufacture des Gobelins et fit venir des artisans de l'étranger pour connaître leur méthode de production.

Le mercantilisme anglais

La recherche d'un excédent de la balance commerciale

Le mercantilisme anglais a été qualifié de « commercial » . l'enrichissement devait provenir de l'excédent de la balance commerciale : il fallait donc acheter peu à l'étranger et vendre beaucoup. Les modalités retenues pour freiner les importations consistaient à les grever de droits élevés et à leur substituer des produits nationaux compétitifs et de haute qualité. Parallèlement, des aides financières aux activités tournées vers l'exportation étaient préconisées.

Les mercantilistes anglais pronaient une politique d'abondance monétaire et de taux d'intérêt qui favorise l'essor du commerce. Ainsi J.M. Keynes rend hommage à J. Child qui préconisait un faible taux d'intérêt pour favoriser le commerce. En revanche, T. Mun pensait que « commerce et taux d'intérêt s'élèvent et tombent ensemble ».

La fable des abeilles

Les mercantilistes étaient fréquemment natalistes ; la croissance de la population leur paraissait fournir un apport important de main d'œuvre bon marché et constituer un soutien de la demande.

La célèbre fable des abeilles de Bernard Mandeville écrite en Angleterre en 1705 illustre le rôle de la demande de façon imagée. Elle comprend près de 500 vers et raconte, sous une forme satirique, l'histoire d'une ruche prospère et riche, organisée à l'image de la société humaine. Cette opulence provient en partie du goût des individus pour le luxe et des corruptions des différents corps de métiers. Lorsque, sous la pression de ceux qui s'insurgent contre les vices de la société, les abeilles décident d'avoir un comportement fondé sur l'honnêteté et la vertu, la nation périclite et ne connait plus sa prospérité d'antan. Certains aspects de cette fable annonce déjà la pensée libérale classique puisqu'en considèrant que « chaque partie étant pleine de vice, le tout était cependant un paradis », Mandeville montre qu'à travers la recherche de l'intérêt individuel, on aboutit à la réalisation de l'intérêt général. Mais, par cette fable, Mandeville a aussi montré que la prospérité d'une nation dépend beaucoup plus de la consommation de biens permettant de satisfaire les goûts pour le confort et le luxe que d'un esprit de « frugalité ». Mandeville apparaît donc aussi comme le précurseur de J.M. Keynes, qui s'y réfère dans sa *Théorie générale*. Mandeville condamne la « frugalité », en particulier l'épargne, au profit de la consommation. Ainsi, dans la ruche de la fable des abeilles « le luxe donnait du travail à un million de pauvres gens, et l'orgueil à un million d'autres ».

L'intervention de l'Etat comme moyen d'accroître les richesses nationales

L'Espagne, la France et l'Angleterre ne furent pas les seuls pays à mener une politique d'inspiration « mercantile ». Le Portugal, en particulier, mit en place des politiques mercan-

tilistes mais selon des modalités spécifiques. Au delà des particularismes, tous les mercantilistes s'accordaient sur la nécessité de chercher à accroître les richesses nationales et sur le besoin d'une très forte intervention économique de l'Etat pour y parvenir. Cette approche interventionniste est évidemment très éloignée de la pensée libérale qui se développera avec A. Smith. Celui-ci sera très critique vis-à-vis des mercantilistes et de leur politique interventionniste.
A contrario, les mercantilistes ont été considérés par nombre d'économistes du XXe siècle, en particulier par Keynes et Schumpeter, comme des précurseurs, conscients de la nécessité d'une politique économique.

LE MERCANTILISME ESPAGNOL

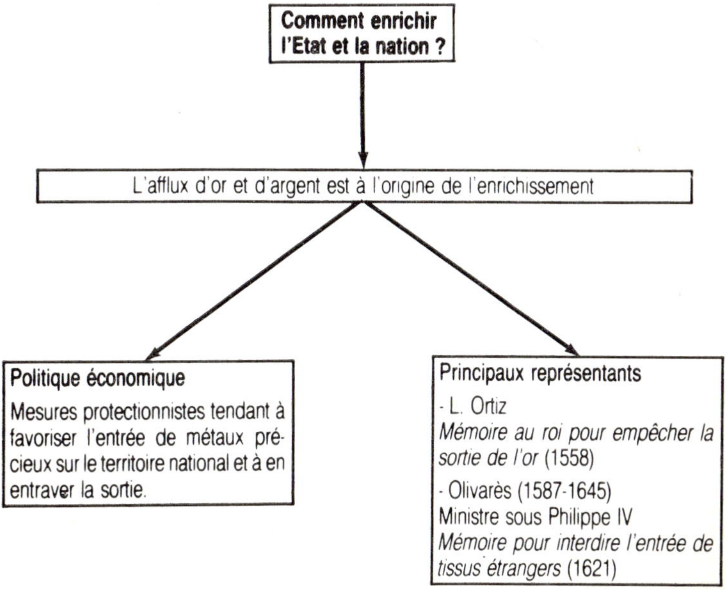

Comment enrichir l'Etat et la nation ?

L'industrie est à l'origine de l'enrichissement

Politique économique

- Création de manufactures d'Etat.
- Politique protectionniste sélective : limitation de l'importation de produits étrangers concurrençant l'industrie nationale ; absence d'entraves pour les matières premières. Aides à l'exportation de produits nationaux.
- Création par l'Etat de Compagnies commerciales.
- Développement des transports, en particulier maritimes.
- Encouragement à la colonisation.

Principaux représentants

- Jean Bodin (1530-1596)
Réponse aux paradoxes de M. de Malestroit touchant le fait des monnaies et l'enchérissement de toutes choses ; De la République.
- Barthélémy Laffemas (1545-1612)
Règlement pour dresser les manufactures du royaume
- Antoine de Montchrestien (1576-1621)
Traité d'économie politique
- Jean-Baptiste Colbert (1619-1683)
Ministre de Louis XIV
- John Law (1671-1729)
Contrôleur des finances. Créateur de la Compagnie des Indes.

LES MERCANTILISTES EN FRANCE

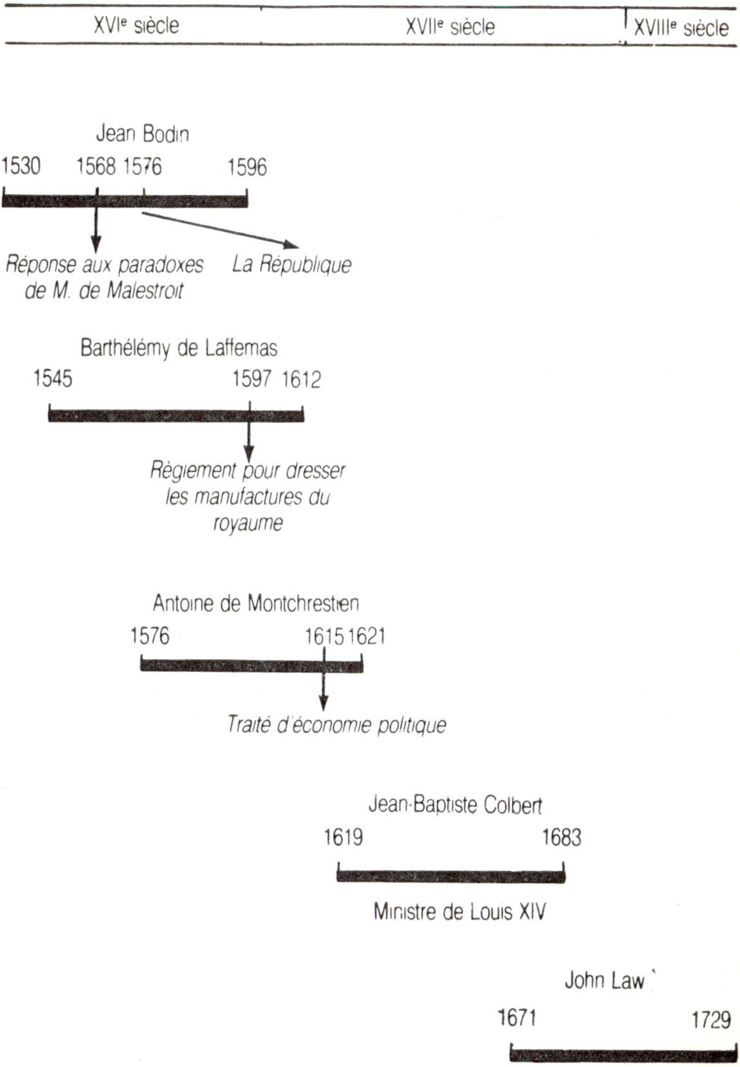

1. John Law est un financier écossais mais il fut contrôleur des finances en France. Il créa la Compagnie des Indes.

Comment enrichir l'Etat et la nation ?

Le commerce est à la source de l'enrichissement

Politique économique

- Politique protectionniste : aides aux exportations, entraves aux importations.
- Aides de l'Etat aux Compagnies commerciales.
- Développement des moyens de transport, en particulier maritimes.
- Encouragement à la colonisation.

Principaux représentants

- John Hales (mort en 1571)
Discours sur la prospérité publique de ce royaume d'Angleterre.
- Thomas Mun (1571-1641)
Discours sur le commerce anglais aux Indes orientales
- Sir William Petty (1623-1687)
Traité des taxes et contributions
- Josuah Child (1630-1690)
Discours sur le commerce
- Bernard Mandeville (1670-1733)
La fable des abeilles

LES MERCANTILISTES EN ANGLETERRE

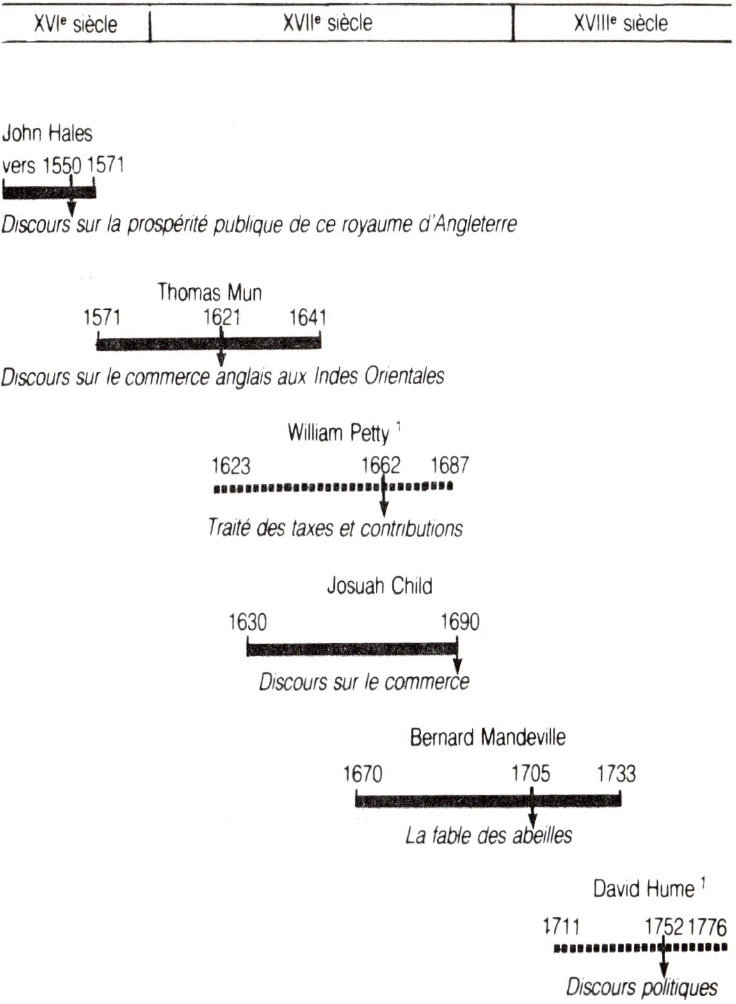

1. Sur certains aspects de leur analyse, ces auteurs sont mercantilistes, sur d'autres ils apparaissent comme des précurseurs des classiques.

Les Physiocrates

François Quesnay et l'école physiocratique

L'école physiocratique n'a pas eu une influence aussi importante en matière de politique économique que celle des mercantilistes. Ce courant se développe essentiellement en France sous la conduite de François Quesnay (1694-1774), médecin du roi qui s'intéressait aux questions économiques.

En 1756, Quesnay publie un article sur les « fermiers » dans l'*Encyclopédie ;* puis en 1757, un article sur les « grains ». C'est en 1758 que paraît son célèbre *Tableau économique.* Quesnay eut une grande influence auprès de la famille royale et à la cour. Ses disciples furent nombreux et se réunissaient souvent pour débattre des questions économiques. Parmi eux, Dupont de Nemours (1739-1817), Mirabeau (1715-1789), Le Mercier de la Rivière (1721-1793), l'abbé Baudeau (1730-1792) diffusèrent et approfondirent les idées de l'école physiocratique.

D'où vient le surplus ?

Les Physiocrates vont adopter une définition des richesses, différente de celle de la plupart des mercantilistes.

F. Quesnay et ses disciples, à la suite d'auteurs tels que Boisguilbert et Cantillon, considèrent que seule la terre est productive ; elle seule peut fournir un produit net, un surplus ; elle est donc source d'enrichissement à la différence de l'industrie et du commerce qui sont considérés comme « stériles », ce qui ne signifie pas inutiles.

A partir d'un grain de blé, on peut en obtenir des milliers, alors que les manufacturiers, les artisans et les ouvriers ne font que transformer des biens déjà existants. Certes, les classiques et à leur suite les économistes modernes ne conserveront pas un sens aussi restrictif au terme « richesse » mais les Physiocrates mettent l'accent sur le fait que la véritable richesse repose sur la production de biens et non pas dans la possession d'or et d'argent. Ces derniers ne servent qu'à acquérir des biens réels dans la mesure où ceux-ci ont été effectivement produits.

La défense de la propriété privée et de l'agriculture

Une telle analyse conduit évidemment à proposer des politiques économiques favorables à l'agriculture. Les Physiocrates s'affirment aussi comme les défenseurs de la propriété privée et de la liberté économique et comme opposants à une trop grande intervention de l'Etat. En effet, ils considèrent que les mécanismes économiques obéissent à des lois résultant d'un fonctionnement spontané de l'activité économique, d'un « ordre naturel essentiel et général » selon l'expression de Dupont de Nemours et de Mercier de la Rivière.

Le tableau économique

Enfin, les Physiocrates adoptent une approche globale de l'activité économique ; on dirait aujourd'hui « macro-économique ». François Quesnay dans son *Tableau économique* cherche à mettre en évidence les inter-relations économiques entre les différents participants à la vie économique. Il distingue trois groupes sociaux : la classe productive constituée par des exploitants agricoles, la classe des propriétaires fonciers, et la classe stérile composée des artisans, des manufacturiers et des marchands. Il montre comment s'effectue la répartition du revenu provenant de l'agriculture, entre les différentes classes et l'impact de cette distribution sur la vie économique.

Suivons F. Quesnay dans son analyse :
« La nation est réduite à trois classes de citoyens : la *classe productive*, la *classe des propriétaires* et la *classe stérile*.

La classe productive est celle qui fait renaître par la culture du territoire les richesses annuelles de la nation, qui fait les avances des dépenses des travaux de l'agriculture, et qui paye annuellement les revenus des propriétaires des terres. On renferme dans la dépendance de cette classe tous les travaux et toutes les dépenses qui s'y font jusqu'à la vente des productions à la première main ; c'est par cette vente qu'on connaît la valeur de la reproduction annuelle des richesses de la nation.

La *classe des propriétaires* comprend le souverain, les possesseurs des terres et les décimateurs[1]. Cette classe subsiste par le revenu ou *produit net* de la culture, qui lui est payé annuellement par la classe productive, après que celle-ci a prélevé, sur la reproduction qu'elle fait renaître annuellement, les richesses nécessaires pour se rembourser de ses avances annuelles et pour entretenir ses richesses d'exploitation.

La *classe stérile* est formée de tous les citoyens occupés à d'autres services et à d'autres travaux que ceux de l'agriculture, et dont les dépenses sont payées par la classe productive et par la classe des propriétaires, qui eux-mêmes tirent leurs revenus de la classe productive.

Pour suivre et calculer clairement les rapports de ces différentes classes entre elles, il faut se fixer à un cas quelconque ; car on ne peut établir un calcul positif sur de simples abstractions.

Supposons donc un grand royaume dont le territoire porté à son plus haut degré d'agriculture rapporterait tous les ans une reproduction de la valeur de 5 milliards ; et où l'état permanent de cette valeur serait établi sur les prix constants qui ont cours entre les nations commerçantes, dans le cas où il y a constamment une libre concurrence de commerce, et une entière sûreté de la propriété des richesses d'exploitation de l'agriculture.

Le tableau économique renferme les trois classes et leurs richesses annuelles, et décrit leur commerce dans la forme qui suit.

CLASSE PRODUCTIVE	CLASSE DES PROPRIETAIRES	CLASSE STERILE
Avances	Revenu	Avances
annuelles de cette *classe*, montant à 2 milliards qui ont produit 5 milliards, dont 2 milliards sont en *produit net* ou *revenu*.	*de 2 milliards pour cette classe* ; il s'en dépense 1 milliard en achats à la *classe productive* et l'autre milliard en achats à la *classe stérile*.	*de cette classe* de la somme de 1 milliard qui se dépense par la *classe stérile* en achats de matières à la *classe productive*.

1. Ceux qui avaient le droit de lever la dîme ; la dîme étant constituée par un dixième des récoltes que l'on payait à l'Eglise ou au seigneur avant 1789.

(...) Le total des 5 milliards, partagé d'abord entre la *classe productive* et la *classe des propriétaires,* étant dépensé annuellement dans un ordre régulier qui assure perpétuellement la même reproduction annuelle, il y a 1 milliard qui est dépensé par les *propriétaires* en achats faits à la *classe productive* et 1 milliard en achats faits à la *classe stérile* ; la *classe productive,* qui vend pour 3 milliards de productions aux deux autres classes, en rend 2 milliards pour le payement du revenu et en dépense 1 milliard en achats qu'elle fait à la classe stérile ; ainsi la *classe stérile* reçoit 2 milliards qu'elle emploie à la *classe productive* en achats pour la subsistance de ses agents et pour les matières premières de ses ouvrages ; et la *classe productive* dépense elle-même annuellement pour 2 milliards de productions, ce qui complète la dépense ou la consommation totale des 5 milliards de reproduction annuelle.

Tel est l'ordre régulier de la distribution de la dépense des 5 milliards que la *classe productive* fait renaître annuellement par la dépense de 2 milliards d'avances annuelles, comprises dans la dépense totale des 5 milliards de reproduction annuelle.

On va présentement offrir aux yeux du lecteur la formule arithmétique de la distribution de cette dépense.

A la gauche, en tête (voir schéma page 30), est la somme des avances de la *classe productive,* qui ont été dépensées l'année précédente, pour faire naître la récolte de l'année actuelle. Au-dessous de cette somme est une ligne qui la sépare de la colonne des sommes que reçoit cette classe.

A la droite, sont les sommes que reçoit la *classe stérile.*

Au milieu, en tête, est la somme du *revenu* qui se partage, à droite et à gauche, aux deux *classes,* où elle est dépensée.

Le partage de la dépense est marqué par les lignes ponctuées qui partent de la somme du revenu et vont en descendant obliquement à l'une et à l'autre classe. Au bout de ces lignes est de part et d'autre la somme que les propriétaires du revenu dépensent en achats à chacune de ces classes.

Le commerce réciproque entre les deux classes est marqué aussi par les lignes ponctuées qui vont en descendant obliquement de l'une à l'autre classe où se font les achats ; et au bout de chaque ligne est la somme que l'une des deux classes reçoit de l'autre ainsi réciproquement par le commerce qu'elles exercent entre elles pour leurs dépenses. Enfin, le calcul se termine de chaque côté par la somme totale de la recette de chacune des deux classes. Et l'on voit que dans le cas donné, lorsque la distribution des dépenses suit l'ordre que l'on a décrit et détaillé ci-devant, la recette de la classe productive, en y comprenant les avances, est égale à la totalité de la reproduction annuelle, et que la culture, les richesses, la population restent dans le même état, sans accroît ni dépérissement.[1]

FORMULE DU TABLEAU ECONOMIQUE

Reproduction totale : 5 milliards

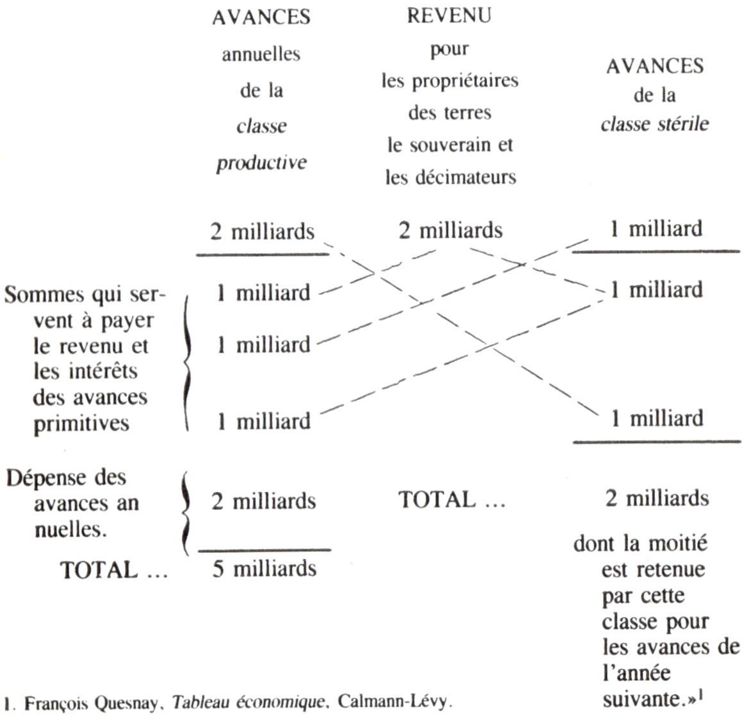

1. François Quesnay, *Tableau économique*, Calmann-Lévy.

➔ Ce « tableau » sera considéré comme la première analyse en terme de circuit macro-économique, concept qui sera développé au XXe siècle sous l'influence de J.M. Keynes.[1]

1. François Quesnay, *Tableau économique*, Calmann-Lévy.

Comment enrichir l'Etat et la nation ?

Seul le secteur agricole est "productif" puisque seule la terre donne un surplus. Il existe un "ordre naturel" qu'il faut respecter.

Politique économique préconisée

Il faut donner la primauté à l'agriculture.

Il faut réduire l'intervention de l'Etat.

En particulier, il faut supprimer les réglementations qui entravent l'agriculture et le commerce.

Principaux représentants

- François Quesnay (1694-1774) articles dans l'Encyclopédie : «fermiers» et «grains». *Le Tableau économique.*
- Le marquis de Mirabeau (1715-1789) *La Philosophie rurale*
- Mercier de la Rivière (1721-1793) *L'ordre naturel et essentiel des sociétés politiques*
- L'abbé Nicolas Baudeau (1730-1792) *Introduction à la philosophie économique*
- Pierre Dupont de Nemours (1739-1817) *De l'origine et des progrès d'une science nouvelle.*

Physiocrate non orthodoxe

Jacques Turgot (1727-1781)
Réflexions sur la formation et la distribution des richesses
Il formule la loi des rendements décroissants en agriculture.

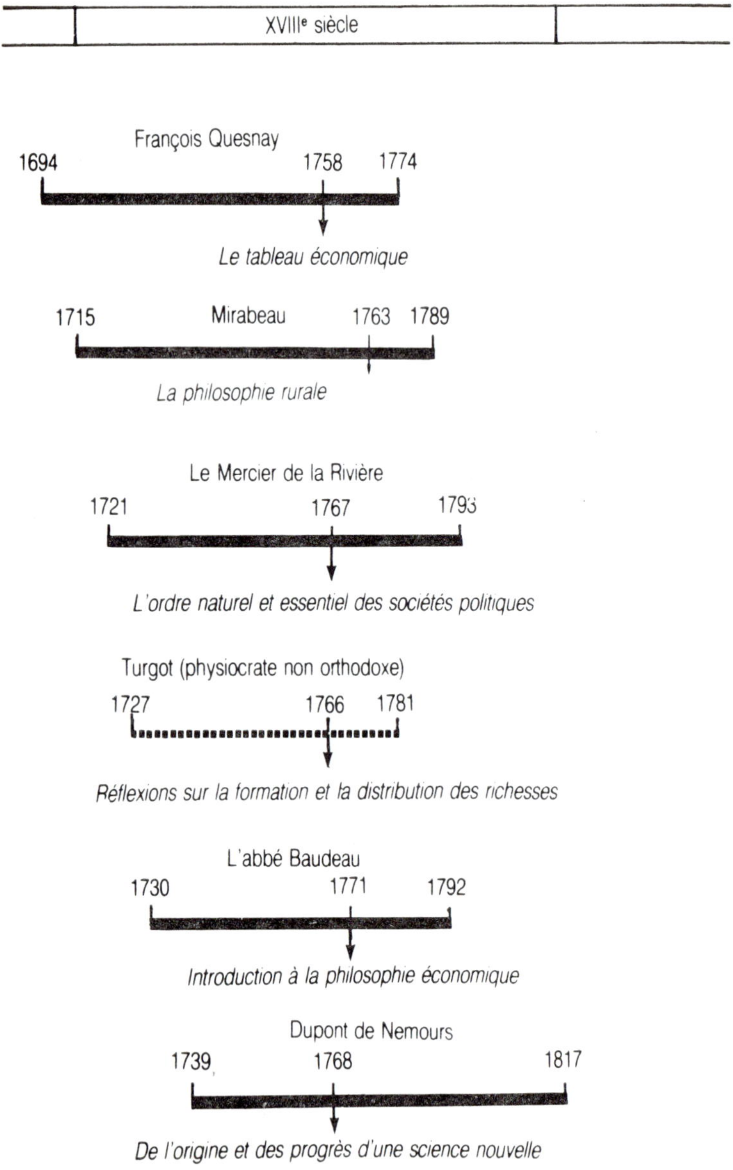
XVIIIe siècle
François Quesnay
1694
1758
1774
Le tableau économique
1715
Mirabeau
1763
1789
La philosophie rurale
Le Mercier de la Rivière
1721
1767
1793
L'ordre naturel et essentiel des sociétés politiques
Turgot (physiocrate non orthodoxe)
1727
1766
1781
Réflexions sur la formation et la distribution des richesses
L'abbé Baudeau
1730
1771
1792
Introduction à la philosophie économique
Dupont de Nemours
1739
1768
1817
De l'origine et des progrès d'une science nouvelle

Les précurseurs des classiques libéraux

Si la pensée économique avant les écrits d'Adam Smith a été marquée par les écoles mercantiliste et physiocratique, elle a subi aussi l'influence d'auteurs qui, bien que n'appartenant pas ou n'adhérant pas totalement à ces deux courants dominants, ont joué un rôle non négligeable dans l'évolution de la réflexion économique. Parmi ceux-ci Boisguilbert et Cantillon[1] apparaissent comme des précurseurs de l'école physiocratique et de l'école classique par l'analyse critique qu'ils font de certains aspects du mercantilisme. Boisguilbert prône la liberté économique, le rétablissement de l'agriculture et l'affranchissement du commerce. Cantillon croit en l'existence de lois naturelles qui régissent les actes économiques et il amorce une analyse de la valeur qui annonce celle des auteurs de l'école classique : il pense que le prix du marché tend à s'établir au niveau de la « valeur intrinsèque » des biens, qui dépend des quantités de facteurs utilisés pour produire. Turgot se situe comme un physiocrate non orthodoxe et un précurseur de la pensée classique dans la mesure où il s'oppose à l'idée physiocratique de la seule productivité de l'agriculture. Par ailleurs, il formule la loi des rendements non proportionnels dans l'agriculture. Lorsqu'un agriculteur cultive une terre d'une dimension donnée, il bénéficie dans un premier temps, de rendements croissants et, à partir d'un certain moment, d'une augmentation constante de l'apport en main-d'œuvre, engrais... nécessaire pour exploiter la terre, engendre une augmentation de la production de moins en moins importante et, à terme, nulle. « Il y a donc un maximum de production qu'il est impossible de dépasser »[2] en cultivant une terre donnée.

1. Cantillon (mort en 1734) peut être considéré comme mercantiliste si l'on se réfère à certains développements de sa pensée. Sur d'autres, il adopte une démarche critique vis-à-vis des mercantilistes.
2. Turgot, *Observations sur le mémoire de M. de Saint Peravy*.

Précurseurs de l'école classique

Sir William Petty (1623-1687)
- n'adhère pas sans réserve aux principes mercantilistes.
- croit en des "lois naturelles"
- pense que la valeur des choses dérive de la terre et du travail.
- décrit les avantages de la division du travail

Pierre de Boisguilbert (1646-1714)
- défend la liberté économique, l'affranchissement du commerce.
- pense que "toutes les professions travaillent les unes pour les autres" (loi de Say).

Cantillon (né vers 1680 mort en 1734)
- n'adhère pas sans réserve au mercantilisme
- distingue la "valeur intrinsèque" qui dépend du coût de production et le "prix de marché"
- croit en des "lois naturelles"

Abbé de Condillac (1714-1780)
- rejette l'idée de la seule productivité du secteur agricole
- met en évidence le rôle de l'intérêt individuel dans l'activité économique
- présente une théorie de la valeur fondée sur l'utilité et la rareté (école classique française)

David Hume (1711-1776)
- n'adhère pas sans réserve au mercantilisme
- fait une analyse de l'équilibre automatique de la balance commerciale

Turgot (1727-1781)
- n'adhère pas sans réserve à la physiocratie
- critique l'idée de la seule productivité de l'agriculture
- formule la loi des rendements non proportionnels dans l'agriculture.

Les économistes classiques

La période classique

Toute classification, tout découpage historique comporte un certain arbitraire. La délimitation précise de la période pendant laquelle s'est exprimée la pensée classique n'y échappe pas. Il n'est donc pas étonnant de trouver une délimitation quelque peu différente selon les auteurs. Ainsi, Emile James estime que de 1750 à 1850 régnèrent en théorie économique ce qu'on a appelé les « écoles classiques ». En prenant une telle option, il inclut dans cette appellation des auteurs tels que F. Quesnay, Turgot. D'autres font débuter la période classique avec Adam Smith dans la mesure où son ouvrage, paru en 1776, *Recherches sur la nature et les causes de la richesse des nations* a été considéré comme un tournant dans la façon d'appréhender les questions économiques.

Cette opinion est aujourd'hui la plus fréquemment retenue. Elle ne doit pas laisser supposer que les économistes de la période antérieure sont sans intérêt ; nous l'avons vu, leur pensée est souvent riche et par certains aspects très moderne.

La naissance de l'école néo-classique avec les travaux de Léon Walras en 1874[1], Stanley Jevons en 1871[2] et Carl Menger en 1871[3], est généralement considérée comme la fin de la période classique, celle-ci s'étend donc de 1776 à 1871.

Qui sont les classiques ?

Il reste à préciser quels sont les économistes de cette période qui seront considérés comme classiques. Là encore, deux conceptions s'opposent, une définition étroite ne retient que les défenseurs du libéralisme économique ; alors qu'une approche

1. *Eléments d'économie politique pure* publié en 1874.
2. *La théorie de l'économie politique* publié en 1871.
3. *Théorie de l'économie politique* publié en 1871.

plus large considère que tous les économistes de cette période de l'histoire, des libéraux aux réformistes et socialistes sont des classiques. Dans cette dernière acception, Karl Marx apparaît comme le dernier des classiques. Dans le premier cas, on parle plus volontiers d' «école classique », alors que dans le second on se réfère à la « période classique ».

Retenir une définition large ne correspond pas à une démarche arbitraire dans la mesure où il existe une certaine convergence de pensée parmi tous les auteurs de cette époque. Ils se distinguent, sur certains points fondamentaux, des mercantilistes et des physiocrates qui les ont précédés mais aussi et surtout des auteurs qui écriront à partir de 1870 ; en cela, ils possèdent une certaine communauté de pensée qui justifie leur regroupement dans une même catégorie. Par ailleurs, traiter, au-delà de ces points communs, de la diversité des courants de pensée qui ont marqué la période 1776-1871 permet de mieux cerner les débats, les positions en présence ; bref, l'état de la pensée économique pendant cette période de l'histoire. Les personnalités de ce siècle, qui ont étudié les questions économiques, ont rarement travaillé et pensé de façon isolée. De nombreux échanges verbaux et écrits permettaient un enrichissement continuel de leurs travaux. Beaucoup d'ouvrages comportent de nombreuses annotations de leurs contemporains. Ainsi, Ricardo échangea une abondante correspondance avec Malthus, par exemple, sur la question du rôle de la demande effective comme moteur de la production.

Les préoccupations communes de l'époque classique

Les économistes classiques vont s'attacher à traiter les problèmes économiques sous tous leurs aspects : production, échange, répartition, liaison avec les problèmes sociaux... Tous s'attachent à répondre aux mêmes questions : D'où vient la richesse ? Quelle est l'origine de la valeur ? Comment s'accroit-elle ? Comment se déterminent les prix ? Faut-il être libéral ou interventionniste ? Protectionniste ou libre échangiste ? Quel doit être le rôle de l'Etat ? Doit-on défendre l'appropriation privée des moyens de production ? Comment s'effectue la répartition des revenus ? Quelles sont les conditions de la croissance économique ?... Certes, tous n'ont pas étudié en profondeur chacun de ces thèmes : ainsi, l'analyse de la répartition est souvent considérée comme embryonnaire chez A. Smith et plus élaborée chez Ricardo ; mais, tous ont eu les mêmes centres d'intérêt et la volonté de cerner l'ensemble des problèmes économiques.

Les classiques vont systématiser la démarche physiocratique en essayant de dégager des «lois économiques», loi de l'offre et de la demande, loi des débouchés... mais aussi loi d'airain des salaires. L'économie est considérée comme une science. Il s'agit donc de décrire et d'analyser les mécanismes de la vie économique.

Les économistes classiques vivent dans le même contexte historique, celui de l'immense misère ouvrière de la fin du XVIIIe siècle et de la première moitié du XIXe siècle. La question de l'organisation économique et sociale la plus efficace est au cœur des débats. Comment être libéral face à la misère ? Quel système proposer si l'on considère que le capitalisme est à l'origine de cette misère ? Mais pour tous, la question de fond reste identique, il s'agit de définir l'organisation qui assure l'optimum économique et social.

Les économistes classiques diffèrent aussi des auteurs postérieurs à 1871 par la faible utilisation de l'outil mathématique. Certes, Ricardo est considéré comme ayant joué un rôle majeur dans le développement de l'abstraction en économie, mais la modélisation de Ricardo a beaucoup moins recours aux instruments mathématiques que celle des néo-classiques contemporains.

Au-delà de ces points communs, il existe de profondes divergences entre ces auteurs. D'une certaine façon, chacun est profondément différent de l'autre par les thèmes qu'il a choisi d'approfondir, les options qu'il a prises face à un problème donné. Même ceux qui se réclament de tel économiste s'en écartent sur de nombreux développements. Ainsi, Jean-Baptiste Say, David Ricardo, Robert Malthus s'opposent sur de nombreuses questions à Adam Smith. Mais, si l'on fait abstraction de ces particularismes, il est possible de définir les principaux clivages dominant la pensée économique de la période classique.

Les clivages de la période classique

On peut distinguer les économistes libéraux orthodoxes, les économistes libéraux réformistes et les économistes socialistes.

Les premiers font à des degrés divers l'apologie de la propriété privée et de la liberté économique tant sur le plan national interne qu'en ce qui concerne les échanges extérieurs.

LA PERIODE CLASSIQUE

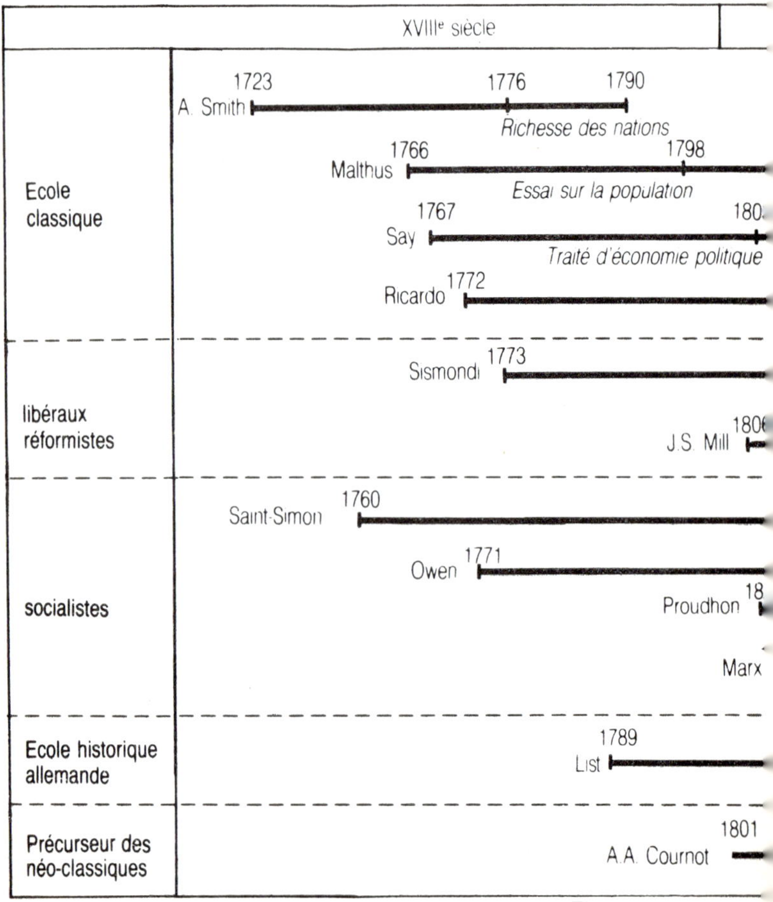

Les seconds mettent en évidence les effets pervers de ce libéralisme et préconisent une intervention compensatrice de l'Etat en matière économique et/ou sociale. Enfin, le courant socialiste prévoit des changements radicaux tendant à induire une transformation complète des structures économiques.

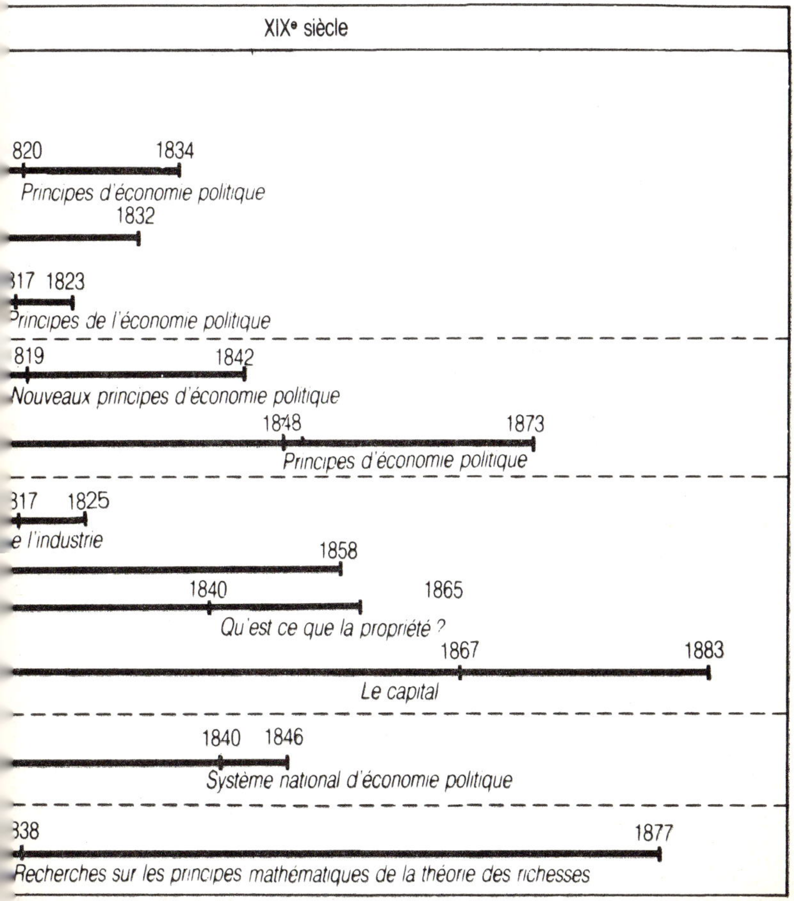

Première partie

L'école classique

La défense du libéralisme

Le qualificatif d'école classique regroupe un certain nombre d'économistes dont les propositions apparaissent globalement favorables au libéralisme économique.

Cette caractéristique est particulièrement marquée si l'on examine l'influence de leurs travaux au moment historique où ils écrivent.

Adam Smith s'oppose aux idées mercantilistes favorables à l'intervention économique de l'Etat. Ses analyses justifient la division nouvelle du travail qui se met en place ; le jeu du marché apparaît comme globalement conforme aux intérêts de la société dans son ensemble.

J.B. Say sera encore plus optimiste. Les crises économiques que l'on voit apparaître ne peuvent pas être générales et durables, ce sont de simples phases d'ajustement entre l'offre et la demande. Quant à Ricardo, s'il est plus pessimiste sur l'évolution à long terme qui lui paraît devoir être marquée par l'état stationnaire, son argumentation sur le libre échange reste le fondement actuel des analyses en faveur de la suppression des barrières douanières.

Le regard actuel

Si le caractère globalement favorable au libéralisme de ces auteurs est indiscutable, le lecteur contemporain ne peut qu'être frappé par la perception des ambiguités et des effets pervers du libéralisme qui apparaît chez ces auteurs.

A. Smith défend le protectionnisme dans nombre de situations, il décrit les antagonismes d'intérêt entre les classes sociales dans des termes que ne renierait pas un marxiste.

La pensée de Ricardo a donné naissance à un courant de pensée que l'on qualifie de socialisme ricardien. L'analyse de la valeur de Marx est le prolongement de celle de Ricardo. Au XXe siècle, Piero Sraffa trouvera dans Ricardo les prémisses d'une analyse qui conteste les fondements de l'analyse néo-classique actuelle.

Malthus a, à la fois, des mots atroces pour décrire le monde ouvrier, des propositions ultra libérales en matière de politique sociale et, en même temps, il perçoit avant Keynes comment la déficience de la demande peut être à l'origine de crises économiques.

L'ECOLE CLASSIQUE

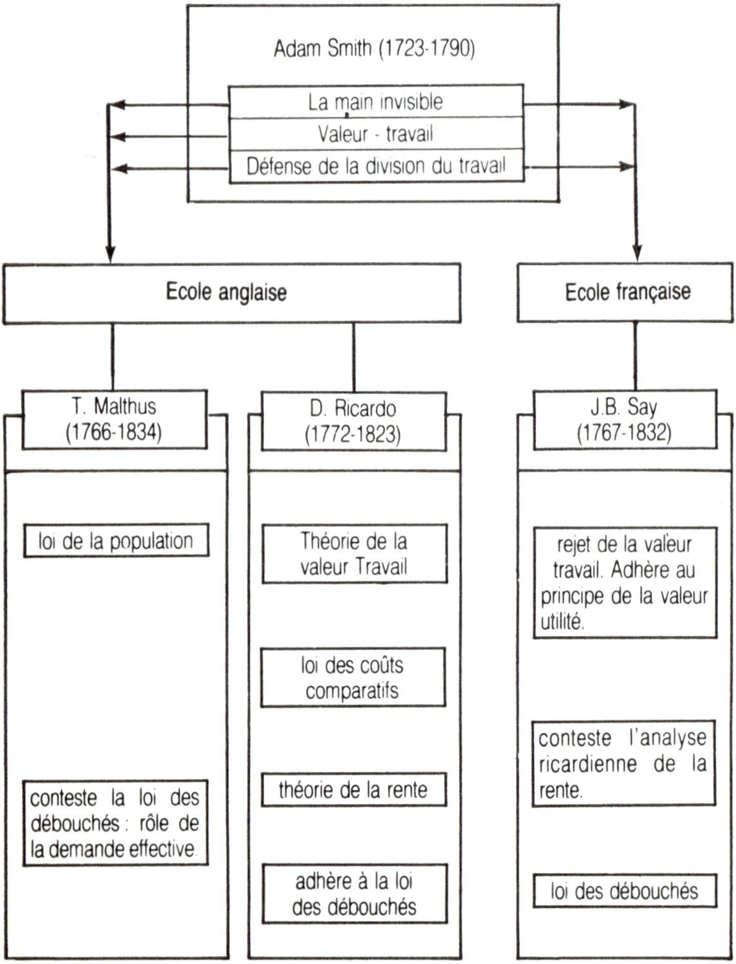

Adam Smith

Qui est Adam Smith ?

Un symbole du libéralisme

L'œuvre d'Adam Smith, et plus particulièrement son ouvrage majeur *Recherches sur la nature et les causes de la richesse des nations*, est généralement considérée comme constituant un tournant dans l'histoire de la pensée économique.

Pourtant, par de multiples aspects, comme le notera J. Schumpeter, il ne fait que reprendre des idées développées par des économistes antérieurs. Ainsi, l'intérêt qu'il porte au problème des causes de la croissance économique, rejoint les préoccupations des Physiocrates ou même des mercantilistes. La méthode d'Adam Smith qui cherche à intégrer dans son analyse tous les aspects de la réalité économique (production, répartition, échange, intervention de l'Etat) se trouve déjà chez les Physiocrates.

Ce qui fait la spécificité d'Adam Smith, c'est d'être le symbole du libéralisme économique, d'avoir développé une argumentation en faveur du libéralisme économique au moment même où naissait en Grande-Bretagne une révolution industrielle et sociale dont le développement rendait nécessaire une philosophie économique favorable à ce libéralisme.

L'analyse d'Adam Smith valorise l'industrie, les bienfaits de l'échange, de la division du travail, du marché.

Ce serait pourtant une erreur d'imaginer qu'Adam Smith ne perçoit aucune faiblesse du libéralisme. Il expose clairement le rôle des rapports de force dans les relations sociales, met en évidence les limites de la non intervention de l'Etat, analyse la valeur et la formation des prix dans des termes que rejettent les libéraux actuels (néo-classiques).

De la « Théorie des sentiments moraux » à « La richesse des nations »

Adam Smith voit le jour à Kirkcaldy, en Ecosse, en 1723. En 1737, il entre à l'université de Glasgow pour y rester jusqu'en 1740, date à laquelle il continue ses études à Oxford. Enseignant à l'université de Glasgow de 1751 à 1763, il donne des cours de logique puis de philosophie morale.

Sa *Théorie des sentiments moraux*, publiée en 1759, reprend le contenu du cours de morale qu'il professait alors. Un thème domine ce livre : la sympathie pour autrui et le jugement des autres exercent une influence essentielle sur les actes humains.

Ami de D. Hume, A. Smith entre aussi en contact avec F. Quesnay et Turgot lors de ses voyages en France. Ses préoccupations intellectuelles s'orientent alors vers l'économie politique.

Les *Recherches sur la nature et les causes de la richesse des nations*, parues en 1776, servirent pendant longtemps de références aux énonomistes libéraux et marquèrent le début de la période dite classique dans l'histoire de la pensée économique.

La *Richesse des nations* comprend cinq livres :

LIVRE I : *Des causes qui ont perfectionné les facultés productives du travail, et de l'ordre suivant lequel ses produits se distribuent naturellement dans les différentes classes du peuple.*

LIVRE II : *De la nature des fonds ou capitaux, de leur accumulation et de leur emploi.*

LIVRE III : *De la marche différente des progrès, de l'opulence des différentes nations.*

LIVRE IV : *Des systèmes d'économie politique.*

LIVRE V : *Du revenu du souverain ou de la République.*

Le livre I traite de la division du travail, de l'origine et de l'usage de la monnaie, de la valeur, des prix, de la répartition ; le livre II analyse le capital, l'épargne, les banques, l'intérêt, le travail productif et improductif ; le livre III traite de la croissance ; dans le livre IV, Adam Smith présente une critique du système mercantiliste et physiocratique qu'il nomme respectivement « système mercantile » et « système agricole » ; enfin, le livre V traite des dépenses et des recettes de l'Etat.

Adam Smith terminera sa carrière professionnelle en occupant un poste de commissaire des douanes. Il meurt à Edimbourg en 1790.

Une problématique qui soutient l'économie du marché

La question centrale sur laquelle s'interroge Adam Smith est celle de l'origine de la croissance économique. Pour Adam Smith, une nation est d'autant plus riche qu'elle dispose de façon plus abondante de « choses nécessaires et commodes à la vie », et cette abondance dépend principalement de la croissance de la productivité du travail et, accessoirement, de la répartition des richesses entre productifs et non productifs.

La division du travail est un élément essentiel d'une forte productivité ; en conséquence, elle est souhaitable pour la croissance économique. Or, par la complexité qu'elle introduit, elle ne peut se développer que dans une économie d'échange dans laquelle l'usage de la monnaie est généralisé. L'économie de marché est parfaitement adaptée à ce besoin.

L'efficacité des mécanismes du marché tient aussi, pour Adam Smith, dans le fait que la *« main invisible »* du marché assure la meilleure allocation possible des ressources disponibles et concilie l'intérêt général et l'intérêt particulier.

La *Théorie des avantages absolus* met en évidence comment les bienfaits du marché peuvent aussi se manifester au niveau des échanges internationaux.

Pourtant, la *Richesse des nations* paraît au lecteur de la fin du XXe siècle marquer de multiples réserves. La distinction que fait A. Smith entre travail productif et improductif introduit une analyse de la valeur qui annonce plus K. Marx que les libéraux actuels, la théorie des avantages absolus ne concerne qu'un cas très particulier des échanges internationaux et, pour le reste, le protectionnisme n'est pas exclu...

Suivons maintenant Adam Smith dans son analyse.

D'où vient la croissance économique ?

Travail productif et improductif

En distinguant travail productif et improductif, Adam Smith adopte une conception matérielle de la richesse.

« Il y a une sorte de travail qui ajoute à la valeur de l'objet sur lequel il s'exerce ; il y en a un autre qui n'a pas le même effet. Le premier, produisant une valeur, peut être appelé *travail productif* ; le dernier, *travail non productif.*

Ainsi, le travail d'un ouvrier de manufacture ajoute en général, à la valeur de la matière sur laquelle travaille cet ouvrier, la valeur de sa subsistance et du profit de son maître. Le travail d'un domestique, au contraire, n'ajoute à la valeur de rien (...).

Le travail de quelques-unes des classes les plus respectables de la société, de même que celui des domestiques, ne produit aucune valeur, il ne se fixe ni ne se réalise sur aucun objet ou chose qui puisse se vendre, qui subsiste après la cessation du travail et qui puisse servir à procurer par la suite une pareille quantité de travail. Le souverain, par exemple, ainsi que tous les autres magistrats civils et militaires qui servent sous lui, toute l'armée, toute la flotte, sont autant de travailleurs non productifs. Ils sont les serviteurs de l'Etat, et ils sont entretenus avec une partie du produit annuel de l'industrie d'autrui. Leur service, tout honorable, tout utile, tout nécessaire qu'il est, ne produit rien avec quoi on puisse ensuite se procurer une pareille quantité de service. La protection, la tranquillité, la défense de la chose publique, qui sont le résultat du travail d'une année, ne peuvent servir à acheter la protection, la tranquillité, la défense qu'il faut pour l'année suivante. Quelques-unes des professions les plus graves et les plus importantes, quelques-unes des plus frivoles, doivent être rangées dans cette même classe : les ecclésiastiques, les gens de loi, les médecins et les gens de lettres de toute espèce, ainsi que les comédiens, les farceurs, les musiciens, les chanteurs, les danseurs d'Opéra, etc. Le travail de la plus vile de ces professions a sa valeur qui se règle sur les mêmes principes que toute autre sorte de travail ; et la plus noble et la plus utile ne produit par son travail rien avec quoi on puisse ensuite acheter ou faire une pareille quantité de travail. (...)

Les travailleurs productifs et les non productifs, et ceux qui ne travaillent pas du tout, sont tous également entretenus par le produit annuel de la terre et du travail du pays. Ce produit, quelque grand qu'il puisse être, ne saurait être infini, et a nécessairement ses bornes. Suivant donc que, dans une année, une portion plus ou moins grande de ce produit est employée à entretenir des gens non productifs, plus ou moins grande sera la portion qui restera pour les gens productifs, et plus ou moins grand sera par conséquent le produit de l'année suivante : la totalité du produit annuel, à l'exception des productions spontanées de la terre, étant le fruit du travail productif.»[1]

Le rôle du capital dans la croissance

Si Adam Smith voit dans le travail la source essentielle de la croissance, cela ne signifie pas que le capital ne joue aucun rôle.

En effet, Smith estime que la quantité de travail utilisée pour produire dépend de la quantité de capital disponible destinée à fournir les fonds nécessaires au financement de l'entretien des travailleurs. Ainsi, nous dit-il, «l'industrie générale de la société ne peut jamais aller au-delà de ce que peut employer le capital de la société.» La croissance peut être freinée par les quantités de capital disponible. On comprend, dans ces conditions, que la croissance dépende de l'orientation donnée à l'emploi des capitaux entre les différents secteurs de production et de l'accroissement de l'habileté dans le travail.

L'habileté du travailleur, facteur de richesse nationale

➔ A. Smith considère que le degré de richesse d'une nation dépend de deux facteurs. D'une part de « l'habileté, de la dextérité et de l'intelligence » dont les individus font preuve dans leur travail ; d'autre part de la part respective des travailleurs productifs et improductifs.

1. A. Smith, *La Richesse des nations*, Chapitre III, livre II, Paris, Guillaumin et Cie.

« Le *Travail annuel* d'une nation est le fonds primitif qui fournit à sa consommation annuelle toutes les choses nécessaires et commodes à la vie ; et ces choses sont toujours, ou le produit immédiat de ce travail, ou achetées des autres nations avec ce produit.

Ainsi, selon que ce produit, ou ce qui est acheté avec ce produit, se trouvera être dans une proportion plus ou moins grande avec le nombre des consommateurs, la nation sera plus ou moins bien pourvue de toutes les choses nécessaires ou commodes dont elle éprouvera le besoin.

Or, dans toute nation, deux circonstances différentes déterminent cette proportion. Premièrement, l'habileté, la dextérité et l'intelligence qu'on y apporte généralement dans l'application du travail ; et deuxièmement, la proportion qui s'y trouve entre le nombre de ceux qui sont occupés à un travail utile et le nombre de ceux qui ne le sont pas.» [1]

Mais, ces deux éléments n'ont pas le même impact, le premier joue un rôle beaucoup plus important que le second.

L'« habileté et l'intelligence » dans le travail augmentent avec la division du travail

Pour A. Smith cette habileté dans le travail s'accroît avec la division du travail ; ceci résulte de trois raisons essentielles : d'abord, en effectuant toujours la même tâche, l'ouvrier devient plus habile dans la mesure où il acquiert plus d'expérience ; ensuite, en séparant les activités, on évite les pertes de temps liées au délai nécessaire pour passer d'une tâche à une autre ; enfin, la spécialisation est favorable à l'invention de nouvelles machines. En effet, la division du travail permet à certains individus de se consacrer uniquement à la recherche, ce qui est source d'inventions nouvelles ; et, par ailleurs, ceux qui sont affectés à une tâche particulière dans les manufactures font souvent preuve d'ingéniosité pour faciliter leur besogne. Ce sont ces avantages liés à la division du travail qui expliquent l'existence des différents métiers.

1. A. Smith, *Recherches sur la nature et les causes de la richesse des nations*, Guillaumin.

« Les plus grandes améliorations dans la puissance productive du travail, et la plus grande partie de l'habileté, de l'adresse et de l'intelligence avec laquelle il est dirigé ou appliqué, sont dues, à ce qu'il semble, à la *division du travail* (...)

Cette grande augmentation dans la quantité d'ouvrage qu'un même nombre de bras est en état de fournir, en conséquence de la *division du travail*, est due à trois circonstances différentes : (...)

Premièrement, l'accroissement de l'habileté dans l'ouvrier augmente la quantité d'ouvrage qu'il peut accomplir, et la *division du travail*, en réduisant la tâche de chaque homme à quelque opération très simple et en faisant de cette opération la seule occupation de sa vie, lui fait acquérir nécessairement une très grande dextérité. Un forgeron ordinaire qui, bien qu'habitué à manier le marteau, n'a cependant jamais été dans l'usage de faire des clous, s'il est obligé par hasard de s'essayer à en faire, viendra très difficilement à bout d'en faire deux ou trois cents dans sa journée ; encore seront-ils fort mauvais. Un forgeron qui aura été accoutumé à en faire, mais qui n'en aura pas fait son unique métier, aura peine, avec la plus grande diligence, à en fournir dans un jour plus de huit cents ou d'un millier. Or, j'ai vu des jeunes gens au-dessous de vingt ans, n'ayant jamais exercé d'autre métier que celui de faire des clous, qui, lorsqu'ils étaient en train, pouvaient fournir chacun plus de deux mille trois cents clous par jour. (...)

En second lieu, l'avantage qu'on gagne à épargner le temps qui se perd communément en passant d'une sorte d'ouvrage à une autre, est beaucoup plus grand que nous ne pourrions le penser au premier coup d'œil. Il est impossible de passer très vite d'une espèce de travail à une autre qui exige un changement de place et des outils différents. Un tisserand de la campagne, qui exploite une petite ferme, perd une grande partie de son temps à aller de son métier à son champ, et de son champ à son métier. Quand les deux métiers peuvent être établis dans le même atelier, la perte de temps est sans doute beaucoup moindre ; néanmoins elle ne laisse pas d'être considérable. Ordinairement un homme perd un peu de temps en passant d'une besogne à une autre. Quand il commence à se mettre à ce nouveau travail, il est rare qu'il soit d'abord bien en train ; il n'a pas, comme on dit, le cœur à l'ouvrage, et pendant quelques moments il niaise plutôt qu'il ne travaille de bon cœur. Cette habitude de flâner et de travailler sans application et avec nonchalance, est naturelle à l'ouvrier de la campagne, ou plutôt il la contracte nécessairement en étant obligé de changer d'ouvrage et d'outils à chaque demi-heure et de mettre la main chaque jour de sa vie à vingt besognes différentes ; elle le rend presque toujours paresseux et incapable d'un travail sérieux et appliqué, même dans les occasions où il est le plus pressé d'ouvrage. Ainsi, indépendamment de ce qui lui manque en dextérité, cette seule raison diminuera considérablement la quantité d'ouvrage qu'il sera en état d'accomplir.

En troisième et dernier lieu, tout le monde sent combien l'emploi de machines propres à un ouvrage abrège et facilite le travail. Il est inutile d'en chercher des exemples. Je ferai remarquer seulement qu'il semble que c'est à la *division du travail* qu'est originairement due l'invention de toutes ces machines propres à abréger et à faciliter le travail. Quand l'attention d'un homme est toute dirigée vers un objet, il est bien plus propre à découvrir les méthodes les plus promptes et les plus aisées pour l'atteindre, que lorsque cette attention embrasse une grande variété de choses. Or, en conséquence de la *division du travail*, l'attention de chaque homme est naturellement fixée tout entière sur un objet très simple. (...)

Il n'y a personne accoutumé à visiter les manufactures, à qui on n'ait fait voir une machine ingénieuse imaginée par quelque pauvre ouvrier pour abréger et faciliter sa besogne. Dans les premières machines à feu, il y avait un petit garçon continuellement occupé à ouvrir et à fermer alternativement la communication entre la chaudière et le cylindre, suivant que le piston montait ou descendait. L'un de ces petits garçons, qui avait envie de jouer avec ses camarades, observa qu'en mettant un cordon au manche de la soupape qui ouvrait cette communication, et en attachant ce cordon à une autre partie de la machine, cette soupape s'ouvrirait et se fermerait sans lui, et qu'il aurait la liberté de jouer tout à son aise. Ainsi une des découvertes qui a le plus contribué à perfectionner ces sortes de machines depuis leur invention est due à un enfant qui ne cherchait qu'à s'épargner de la peine.

Cependant, il s'en faut de beaucoup que toutes les découvertes tendant à perfectionner les machines et les outils, aient été faites par les hommes destinés à s'en servir personnellement. Un grand nombre est dû à l'industrie des constructeurs de machines, depuis que cette industrie est devenue l'objet d'une profession particulière, et quelques-unes à l'habileté de ceux qu'on nomme *savants* ou *théoriciens*, dont la profession est de ne rien faire, mais de tout observer, et qui, par cette raison, se trouvent souvent en état de combiner les forces des choses les plus éloignées et les plus dissemblables. Dans une société avancée, les fonctions philosophiques ou spéculatives deviennent, comme tout autre emploi, la principale ou la seule occupation d'une classe particulière de citoyens. Cette occupation, comme toute autre, est aussi subdivisée en un grand nombre de branches différentes, chacune desquelles occupe une classe particulière de savants, et cette *subdivision du travail*, dans les sciences comme en tout autre chose, tend à accroître l'habileté et à épargner du temps. Chaque individu acquiert beaucoup plus d'expérience et d'aptitude dans la branche particulière qu'il a adoptée : il y a au total plus de travail accompli, et la somme des connaissances en est considérablement augmentée.»[1]

La division du travail implique une économie d'échange et l'utilisation de la monnaie comme intermédiaire

Dans son chapitre IV du livre I, A. Smith développe l'idée selon laquelle la division du travail implique une économie d'échange car elle suppose la spécialisation par métiers. Elle conduit aussi pour faciliter les transactions, d'autant plus nombreuses que la division du travail est importante, à l'utilisation de la monnaie comme «instrument universel du commerce».

« La *division du travail* une fois généralement établie, chaque homme ne produit plus par son travail que de quoi satisfaire une très petite partie de ses besoins. La plus grande partie ne peut être satisfaite que par l'échange du surplus de ce pro-

1. *Recherches sur la nature et les causes de la richesse des nations*, Guillaumin et Cie.

duit qui excède sa consommation, contre un pareil surplus du travail des autres. Ainsi chaque homme subsiste d'échanges ou devient une espèce de marchand, et la société elle-même est proprement une société commerçante.

Mais dans les commencements de l'établissement de la *division du travail*, cette faculté d'échanger dut éprouver de fréquents embarras dans ses opérations. Un homme, je suppose, a plus d'une certaine denrée qu'il ne lui en faut, tandis qu'un autre en manque. En conséquence le premier serait bien aise d'échanger une partie de ce superflu, et le dernier ne demanderait pas mieux que de l'acheter. Mais si par malheur celui-ci ne possède rien dont l'autre ait besoin, il ne pourra pas se faire d'échange entre eux. Le boucher a dans sa boutique plus de viande qu'il n'en peut consommer ; le brasseur et le boulanger en achèteraient volontiers une partie, mais ils n'ont pas autre chose à offrir en échange que les différentes denrées de leur négoce, et le boucher est déjà pourvu de tout le pain et de toute la bière dont il a besoin pour le moment. Dans ce cas-là, il ne peut y avoir lieu entre eux à un échange. Il ne peut être leur vendeur, et ils ne peuvent être ses chalands ; et tous sont dans l'impossibilité de se rendre mutuellement service. Pour éviter les inconvénients de cette situation, tout homme prévoyant, dans chacune des périodes de la société qui suivirent le premier établissement de la *division du travail*, dut naturellement tâcher de s'arranger pour avoir par devers lui, dans tous les temps, outre le produit particulier de sa propre industrie, une certaine quantité de quelque marchandise qui fût, selon lui, de nature à convenir à tant de monde, que peu de gens fussent disposés à la refuser en échange du produit de leur industrie.

Il est vraisemblable qu'on songea, pour cette nécessité, à différentes denrées qui furent successivement employées. Dans les âges barbares, on dit que le bétail fut l'instrument ordinaire du commerce ; et quoique ce dût être un des moins commodes, cependant, dans les anciens temps, nous trouvons souvent les choses évaluées par le nombre de bestiaux donnés en échange pour les obtenir. L'armure de Diomède, dit Homère, ne coûtait que neuf bœufs ; mais celle de Glaucos en valait cent. (...)

Cependant des raisons irrésistibles semblent, dans tous les

pays, avoir déterminé les hommes à adopter les métaux pour cet usage, par préférence à toute autre denrée. Les métaux non seulement ont l'avantage de pouvoir se garder avec aussi peu de déchet que quelque autre denrée que ce soit, aucune n'étant moins périssable qu'eux, mais encore ils peuvent se diviser sans perte en autant de parties qu'on veut, et ces parties, à l'aide de la fusion, peuvent être de nouveau réunies en masse ; qualité que ne possède aucune autre denrée aussi durable qu'eux, et qui, plus que toute autre qualité, en fait les instruments les plus propres au commerce et à la circulation. (...) C'est de cette manière que la monnaie est devenue chez tous les peuples civilisés l'instrument universel du commerce, et que les marchandises de toute espèce se vendent et s'achètent, ou bien s'échangent l'une contre l'autre, par son intervention.»[1]

Limites et effets pervers de la division du travail

A. Smith exprime toutefois deux types de réserves sur la division du travail. La première porte sur les dimensions du marché, quand le marché est trop limité, la division du travail devient inefficace ; la seconde envisage les aspects sociaux de la division du travail.

• *La dimension du marché*

« Puisque c'est la faculté d'échanger qui donne lieu à la division du travail, l'accroissement de celle-ci doit par conséquent être toujours limité par l'étendue de la faculté d'échanger, ou, en d'autres termes, par l'étendue du marché. Si le marché est très petit, personne ne sera encouragé à s'adonner entièrement à une seule occupation, faute de pouvoir trouver à échanger tout le surplus du produit de son travail qui excèdera sa propre consommation, contre un pareil surplus du produit du travail d'autrui qu'il voudrait se procurer.

Il y a certains genres d'industrie, même de l'espèce la plus basse, qui ne peuvent s'établir ailleurs que dans une grande ville. Un portefaix, par exemple, ne pourrait pas trouver ailleurs d'emploi ni de susbistance.»[1]

1. *Recherches sur la nature et les causes de la richesse de nations*, Guillaumin et Cie.

• *Les coûts sociaux*

A. Smith montre dans le livre V que la division du travail pouvait présenter de graves inconvénients sociaux.

« Dans les progrès que fait la division du travail, l'occupation de la très majeure partie de ceux qui vivent de travail, c'est-à-dire de la masse du peuple, se borne à un très petit nombre d'opérations simples, très souvent à une ou deux. Or, l'intelligence de la plupart des hommes se forme nécessairement par leurs occupations ordinaires. Un homme dont toute la vie se passe à remplir un petit nombre d'opérations simples, dont les effets sont aussi peut-être toujours les mêmes ou très approchant les mêmes, n'a pas lieu de développer son intelligence ni d'exercer son imagination à chercher des expédients pour écarter des difficultés qui ne se rencontrent jamais ; il perd donc naturellement l'habitude de déployer ou exercer ces facultés, et devient en général aussi stupide et aussi ignorant qu'il soit possible à une créature humaine de le devenir ; l'engourdissement de ses facultés morales le rend non seulement incapable de goûter aucune conversation raisonnable ni d'y prendre part, mais même d'éprouver aucune affection noble, généreuse ou tendre, et par conséquent de former aucun jugement un peu juste sur la plupart des devoirs même les plus ordinaires de la vie privée. Quant aux grands intérêts, aux grandes affaires de son pays, il est totalement hors d'état d'en juger, et à moins qu'on n'ait pris quelques peines très particulières pour l'y préparer, il est également inhabile à défendre son pays à la guerre : l'uniformité de sa vie sédentaire corrompt naturellement et abat son courage, et lui fait envisager avec une aversion mêlée d'effroi la vie variée, incertaine et hasardeuse d'un soldat ; elle affaiblit même l'activité de son corps, et le rend incapable de déployer sa force avec quelque vigueur et quelque constance, dans tout autre emploi que celui auquel il a été élevé. Ainsi, sa dextérité dans son métier particulier est une qualité qu'il semble avoir acquise aux dépens de ses qualités intellectuelles, de ses vertus sociales et de ses dispositions guerrières. Or, cet état est celui dans lequel l'ouvrier pauvre, c'est-à-dire la masse du peuple, doit tomber nécessairement dans toute société civilisée et avancée en industrie, à moins que le gouvernement ne prenne des précautions pour prévenir ce mal.

1. *Recherches sur la nature et les causes de la richesse des nations*, Guillaumin et Cie.

Il n'en est pas ainsi dans les sociétés qu'on appelle communément barbares : celles des peuples chasseurs, des pasteurs et même des agriculteurs, dans cet état informe de l'agriculture qui précède le progrès des manufactures et l'extension du commerce étranger ».[1]

Une justification de l'économie de marché

Ainsi, A. Smith a perçu les effets pervers de la division du travail sur le plan social. Néanmoins, l'essentiel de son argumentation conduit à justifier, de façon rationnelle, la division du travail, au moment même où celle-ci se heurte à des résistances dans la classe ouvrière. Dans le contexte historique où l'argumentation d'A. Smith est développée, elle constitue un élément de la défense des structures capitalistes montantes.

Pour A. Smith, la division du travail est une source essentielle d'accroissement des richesses dans la mesure où elle induit une augmentation de la productivité du travail. A la fin du XIXe siècle et au début du XXe siècle, cette analyse sera reprise et poussée à l'extrême par des hommes appartenant au monde de l'entreprise : F. Taylor et H. Ford.

La défense du libéralisme économique apparaît plus nettement encore sous d'autres aspects dans l'œuvre d'A. Smith. D'abord, par la formulation de la thèse de la « main inivisible », ensuite par son analyse des « avantages absolus », enfin, par le rôle qu'il réserve à l'action de l'Etat.

1. *Recherches sur la nature et les causes de la richesse des nations*, Guillaumin et Cie.

La « main invisible »

Quand l'intérêt particulier conduit à l'intérêt général

A. Smith introduit l'idée de «main invisible» à travers l'étude des situations de monopole engendrées par les politiques protectionnistes. Les entraves aux importations, en accroissant les profits des firmes nationales, tendent-elles à «augmenter l'industrie générale de la société ou à lui donner la direction la plus avantageuse» ? Pour A. Smith, le niveau de la production industrielle nationale dépend principalement de la quantité de capital disponible. Donc, quel que soit le degré de l'intervention de l'Etat en matière de réglementation commerciale, la production industrielle ne peut excéder ce que cette quantité de capital permet de financer. L'Etat peut toutefois exercer une influence en orientant des capitaux vers tel ou tel secteur ; ce qui, selon les choix effectués, peut s'avérer plus ou moins profitable pour la société. A. Smith essaie de démontrer alors que l'absence de réglementation commerciale conduit à une allocation de ressources préférable à celle qui découlerait d'une politique interventionniste et protectionniste. Son argumentation s'articule autour de plusieurs points :

— D'abord, chacun investit le plus près possible de chez lui et développe donc prioritairement l'industrie nationale et non l'industrie étrangère.

— Ensuite, spontanément, les capitaux s'orientent vers les secteurs à haute valeur ajoutée dans la mesure où l'importance des profits dépend de la valeur du produit.

Comme le produit national correspond à la somme des valeurs créées par chaque entreprise du pays, la liberté du commerce conduit à «rendre le plus grand possible le revenu annuel de la société». Comme l'intention de chaque particulier n'est pas de poursuivre cet objectif mais de servir ses propres intérêts, A. Smith en conclut qu'«il est conduit par une main invisible à remplir une fin qui n'entre nullement dans ses intentions».[1]

1. A. Smith, *Recherches sur la nature et les causes de la richesse des nations*, Guillaumin.

« En gênant, par de forts droits ou par une prohibition absolue, l'importation de ces sortes de marchandises qui peuvent être produites dans le pays, on assure plus ou moins à l'industrie nationale qui s'emploie à les produire, un monopole dans le marché intérieur. (...)

Il n'y a pas de doute que ce monopole dans le marché intérieur ne donne souvent un grand encouragement à l'espèce particulière d'industrie qui en jouit, et que souvent il ne tourne vers ce genre d'emploi une portion du travail et des capitaux du pays, plus grande que celle qui y aurait été employée sans cela. — Mais ce qui n'est peut-être pas tout à fait aussi évident, c'est de savoir s'il tend à augmenter l'industrie générale de la société, ou à lui donner la direction la plus avantageuse.

L'industrie générale de la société ne peut jamais aller au-delà de ce que peut en employer le capital de la société. — De même que le nombre d'ouvriers que peut occuper un particulier doit être dans une proportion quelconque avec son capital —, de même le nombre de ceux que peuvent aussi constamment tenir occupés tous les membres qui composent une grande société, doit être dans une proportion quelconque avec la masse totale des capitaux de cette société, et ne peut jamais excéder cette proportion. Il n'y a pas de règlement de commerce qui soit capable d'augmenter l'industrie d'un pays au delà de ce que le capital de ce pays en peut entretenir : tout ce qu'il peut faire, c'est de faire prendre à une portion de cette industrie une direction autre que celle qu'elle aurait prise sans cela, et il n'est pas certain que cette direction artificielle promette d'être plus avantageuse à la société que celle que l'industrie aurait suivie de son plein gré.

Chaque individu met sans cesse tous ses efforts à chercher, pour tout le capital dont il peut disposer, l'emploi le plus avantageux : il est bien vrai que c'est son propre bénéfice qu'il a en vue, et non celui de la société ; mais les soins qu'il se donne pour trouver son avantage personnel le conduisent naturellement, ou plutôt nécessairement, à préférer précisément ce genre d'emploi même qui se trouve être le plus avantageux à la société.

Premièrement, chaque individu tâche d'employer son capital aussi près de lui qu'il le peut, et par conséquent, autant qu'il le peut, il tâche de faire valoir l'industrie nationale, pourvu qu'il puisse gagner par là les profits ordinaires que rendent les capitaux, ou guère moins.

Dans le commerce intérieur, il ne perd jamais aussi longtemps son capital de vue que cela lui arrive fréquemment dans le commerce étranger de consommation : il est bien plus à portée de connaître le caractère des personnes auxquelles il a à se confier, ainsi que l'état de leurs affaires ; et s'il lui arrive d'avoir mal placé sa confiance, il connaît mieux les lois auxquelles il est obligé de recourir (...).

En second lieu, chaque individu qui emploie son capital à faire valoir l'industrie nationale, tâche nécessairement de diriger cette industrie de manière que le produit qu'elle donne ait la plus grande valeur possible.

Le produit de l'industrie est ce qu'elle ajoute au sujet ou à la matière à laquelle elle s'applique. Suivant que la valeur de ce produit sera plus grande ou plus petite, les profits de celui qui met l'industrie en œuvre seront aussi plus grands ou plus petits. Or, ce n'est que dans la vue du profit qu'un homme emploie son capital à faire valoir l'industrie, et par conséquent il tâchera toujours d'employer son capital à faire valoir le genre d'industrie dont le produit permettra la plus grande valeur, ou dont on pourra espérer le plus d'argent ou d'autres marchandises en échange.

Mais le revenu annuel de toute société est toujours précisément égal à la valeur échangeable de tout le produit annuel de son industrie, ou plutôt c'est précisément la même chose que cette valeur échangeable. Par conséquent, puisque chaque individu tâche, le plus qu'il peut, 1°) d'employer son capital à faire valoir l'industrie nationale, et 2°) de diriger cette industrie de manière à lui faire produire la plus grande valeur possible, chaque individu travaille nécessairement à rendre aussi grand que possible le revenu annuel de la société. A la vérité, son intention en général n'est pas en cela de servir l'intérêt public, et il ne sait même pas jusqu'à quel point il peut être utile à la société. En préférant le succès de l'industrie nationale à celui de l'industrie étrangère, il ne pense qu'à se donner personnellement une plus grande sûreté ; et en dirigeant cette industrie de manière que son produit ait le plus de valeur possible, il ne pense qu'à son propre gain ; en cela, comme dans beaucoup d'autres cas, il est conduit par une main invisible à remplir une fin qui n'entre nullement dans ses intentions ; et ce n'est pas toujours ce qu'il y a de plus mal pour la société que cette fin n'entre pour rien dans ses intentions. Tout en ne cherchant que son intérêt personnel, il travaille souvent d'une manière bien plus efficace pour l'intérêt de la société, que s'il avait réellement pour but d'y travailler. Je n'ai jamais vu que ceux qui aspiraient, dans leurs entreprises de commerce, à travailler pour le bien général, aient fait beaucoup de bonnes choses. Il est vrai que cette belle passion n'est pas très commune parmi les marchands, et qu'il ne faudrait pas de longs discours pour les en guérir.

Quant à la question de savoir quelle est l'espèce d'industrie nationale que son capital peut mettre en œuvre, et de laquelle le produit promet de valoir davantage, il est évident que chaque individu, dans sa position particulière, est beaucoup mieux à même d'en juger qu'aucun homme d'Etat ou législateur ne pourra le faire pour lui. L'homme d'Etat qui chercherait à diriger les particuliers dans la route qu'ils ont à tenir pour l'emploi de leurs capitaux, non seulement s'embarrasserait du soin le plus inutile, mais encore il s'arrogerait une autorité qu'il ne serait pas sage de confier, je ne dis pas à un individu, mais à un conseil ou à un sénat, quel qu'il put être ; autorité qui ne pourrait jamais être plus dangereusement placée que dans les mains de l'homme insensé et assez présomptueux pour se croire capable de l'exercer.»[1]

La pensée libérale a présenté, comme générale et applicable à toutes les situations, le principe de la «main invisible» qui, à travers la recherche des intérêts individuels, conduirait à l'intérêt général. La démonstration de Smith, qui s'inscrit dans le cadre précis d'une critique des politiques protectionnistes et d'une défense du libre échange, est ainsi généralisée et étendue à l'ensemble de l'activité économique. Une telle interprétation ne conduit pas véritablement à trahir la pensée de Smith puisque celui-ci, à plusieurs reprises dans ses travaux, affirme sa croyance dans les bienfaits du libéralisme. Ainsi, écrit-il dans son chapitre IX du livre IV de la *Richesse des nations* :
« Tout système qui cherche, ou, par des encouragements

1. *Recherches sur la nature et les causes de la richesse des nations*, Guillaumin et Cie.

extraordinaires, à attirer vers une espèce particulière d'industrie une plus forte portion du capital de la société que celle qui s'y porterait naturellement, ou, par des entraves extraordinaires, à détourner forcément une partie de ce capital d'une espèce particulière d'industrie vers laquelle elle irait sans cela chercher un emploi, est un système réellement subversif de l'objet même qu'il se propose comme son principal et dernier terme. Bien loin de les accélérer, il retarde les progrès de la société vers l'opulence et l'agrandissement réels ; bien loin de l'accroître, il diminue la valeur réelle du produit annuel des terres et du travail de la société.»[1]

Néanmoins, une telle approche occulte les nuances de la pensée de Smith sur l'étendue du rôle de la «main invisible». Certains développements de la «richesse des nations» tendent à montrer que Smith considérait que, dans certains cas, la poursuite des intérêts particuliers ne conduit pas nécessairement à l'intérêt général.

Quand la recherche de l'intérêt individuel ne conduit pas à l'intérêt général

Pour A. Smith, la société est divisée en plusieurs classes aux intérêts divergents : celle des travailleurs, celle des capitalistes et celle des propriétaires fonciers. Dans le chapitre VIII du Livre I de la *Richesse des nations*, il montre que l'opposition des intérêts entre classes conduit à des coalitions et des conflits. Dans son chapitre XI, il considère que si les intérêts des propriétaires fonciers et des salariés sont conformes à ceux de la société, ceux des capitalistes peuvent y être opposés dans la mesure où, pour éviter la baisse des taux de profits, ils ont avantage à limiter la concurrence.

« La masse totale du produit annuel de la terre et du travail d'un pays, ou, ce qui revient au même, la somme totale du prix de ce produit annuel, se divise naturellement, comme on l'a déjà observé, en trois parties : la *Rente* de la terre, les *Salaires* du travail et les *Profits* des capitaux, et elle constitue un revenu à trois différentes classes du peuple : à ceux

1. *Recherches sur la nature et les causes de la richesse des nations*, Guillaumin et Cie.

qui vivent de *rentes*, à ceux qui vivent de *salaires* et à ceux qui vivent de *profits*. Ces trois grandes classes sont les classes primitives et constituantes de toute société civilisée, du revenu desquelles toute autre classe tire en dernier résultat le sien. (...)

Les opérations les plus importantes du travail sont réglées et dirigées d'après les plans et les spéculations de ceux qui emploient les capitaux ; et le but qu'ils se proposent dans tous ces plans et ces spéculations, c'est le profit. Or, le taux des profits ne hausse point, comme la rente et les salaires, avec la prospérité de la société, et ne tombe pas, comme eux, avec sa décadence. Au contraire, ce taux est naturellement bas dans les pays riches, et élevé dans les pays pauvres ; jamais il n'est aussi élevé que dans ceux qui se précipitent le plus rapidement vers leur ruine. L'intérêt de cette troisième classe n'a donc pas la même liaison que celui des deux autres avec l'intérêt général de la société. (...)

L'intérêt particulier de ceux qui exercent une branche particulière de commerce ou de manufacture est toujours, à quelques égards, différent et même contraire à celui du public. L'intérêt du marchand est toujours d'agrandir le marché et de restreindre la concurrence des vendeurs. Il peut souvent convenir assez au bien général d'agrandir le marché, mais de restreindre la concurrence des vendeurs lui est toujours contraire, et ne peut servir à rien, sinon à mettre les marchands à même de hausser leur profit au-dessus de ce qu'il serait naturellement, et de lever, pour leur propre compte, un tribut injuste sur leurs concitoyens. Toute proposition d'une loi nouvelle ou d'un règlement de commerce, qui vient de la part de cette classe de gens, doit toujours être reçue avec la plus grande défiance, et ne doit jamais être adoptée qu'après un long et sérieux examen, auquel il faut apporter, je ne dis pas seulement la plus scrupuleuse, mais la plus soupçonneuse attention. Cette proposition vient d'une classe de gens dont l'intérêt ne saurait jamais être exactement le même que celui de la société, qui ont en général intérêt à tromper le public et même à le surcharger, et qui en conséquence ont déjà fait l'un et l'autre en beaucoup d'occasions.»[1]

1. A. Smith, *La Richesse des nations*, Guillaumin et Cie.

Ainsi, A. Smith considère que, spontanément, la bourgeoisie peut avoir un comportement qui ne va pas dans le sens de l'intérêt général... ce qui nous éloigne quelque peu de l'image que l'on se fait généralement de la pensée libérale d'A. Smith. Si de tels passages peuvent étonner, c'est parce que l'on oublie que la pensée classique, contrairement à la pensée néo-classique qui se développe après 1870, prend en compte les rapports de force entre groupes sociaux... Comme le faisaient d'ailleurs les Mercantilistes et les Physiocrates.

Par ailleurs, si A. Smith fait l'apologie du libre échange, à travers la thèse de la «main invisible» et aussi la «théorie des avantages absolus», il a également su en montrer certaines limites. Avant de préciser leur nature, il convient d'analyser le second volet de l'argumentation de Smith en faveur de la suppression des barrières protectionnistes, exprimé par la théorie des «avantages absolus».

La théorie des avantages absolus

La défense du libre échange

Avec la théorie des avantages absolus, A. Smith entend démontrer que les échanges internationaux peuvent profiter aux deux co-échangistes et ne se font pas nécessairement aux dépens de l'un d'entre eux. Chaque pays peut trouver un intérêt réciproque au commerce extérieur et, ainsi, avoir avantage à se spécialiser.

« La maxime de tout chef de famille prudent est de ne jamais essayer de faire chez soi la chose qui lui coûtera moins à acheter qu'à faire. Le tailleur ne cherche pas à faire ses souliers, mais il les achète chez le cordonnier ; le cordonnier ne tâche pas de faire ses habits, mais il a recours au tailleur ; le fermier ne s'essaye point à faire les uns ni les autres, mais il s'adresse à ces deux artisans et les fait travailler. Il n'y en a pas un d'eux tous qui ne voie qu'il y va de son intérêt d'employer son industrie tout entière dans le genre de travail dans lequel il a quelque avantage sur ses voisins, et d'acheter toutes les autres choses dont il peut avoir besoin, avec une partie du produit de cette industrie, ou, ce qui est la même chose, avec le prix d'une partie de ce produit.

Ce qui est prudence dans la conduite de chaque famille en particulier, ne peut guère être folie dans celle d'un grand empire. Si un pays étranger peut nous fournir une marchandise à meilleur marché que nous ne sommes en état de l'établir nous-mêmes, il vaut bien mieux que nous la lui achetions avec quelque partie du produit de notre propre industrie, employée dans le genre dans lequel nous avons quelque avantage. L'industrie générale du pays étant toujours en proportion du capital qui la met en œuvre, elle ne sera pas diminuée pour cela, pas plus que ne l'est celle des artisans dont nous venons de parler ; seulement ce sera à elle à chercher la manière dont elle peut être employée à son plus grand avantage. Certainement elle n'est pas employée à son plus grand avantage quand elle est dirigée ainsi vers un objet qu'elle pourrait acheter à meilleur compte qu'elle ne pourra le fabriquer. Certainement la valeur de son produit annuel est plus ou moins diminuée quand on la détourne de produire des marchandises qui auraient plus de valeur que celle qu'on lui prescrit de produire. D'après la supposition qu'on vient de faire, cette marchandise pourrait s'acheter de l'étranger à meilleur marché qu'on ne pourrait la fabriquer dans le pays ; par conséquent, on aurait pu l'acheter avec une partie seulement des marchandises, ou ce qui revient au même, avec une partie seulement du prix des marchandises qu'aurait produites l'industrie nationale, à l'aide du même capital, si on l'eût laissée suivre sa pente naturelle. Par conséquent, l'industrie nationale est détournée d'un emploi plus avantageux, pour en suivre un qui l'est moins, et la valeur échangeable de son produit annuel, au lieu d'être augmentée, suivant l'intention du législateur, doit nécessairement souffrir quelque diminution à chaque règlement de cette espèce.»[1]

1. A. Smith, *La Richesse des nations,* chap. II. livre 4, Guillaumin et Cie.

La mise en place de barrières protectionnistes est généralement souhaitable dans deux circonstances précises : lorsque l'indépendance nationale est menacée et lorsque l'industrie intérieure est pénalisée, par rapport aux concurrents étrangers, par une forte fiscalité. L'avantage que présente la taxation de l'industrie étrangère dépend, dans d'autres cas, du contexte. Lorsque certains pays pratiquent eux-mêmes une politique protectionniste, l'usage de représailles peut s'avérer souhaitable, à condition qu'il conduise, à terme, à la levée des entraves au commerce international. Si un pays avait l'habitude de protéger ses frontières, les conséquences, éventuellement négatives pour l'emploi, d'une ouverture trop brutale des frontières doivent être envisagées.

Enfin, A. Smith estime que le libre échange parfait relève de l'utopie étant donné l'importance des intérêts individuels mis en jeu.

• *Cas où l'indépendance nationale est remise en cause*

« Le premier cas dans lequel il serait en général avantageux d'établir quelque charge sur l'industrie étrangère pour encourager l'industrie nationale, c'est quand une espèce particulière d'industrie est nécessaire à la défense du pays. Par exemple, la défense de la Grande-Bretagne dépend beaucoup du nombre de ses vaisseaux et des matelots. C'est donc avec raison que l'*Acte de navigation* cherche à donner aux vaisseaux et aux matelots de la Grande-Bretagne le monopole de la navigation de leur pays, par des prohibitions absolues en certains cas, et par de fortes charges, dans d'autres, sur la navigation étrangère. (...)

L'Acte de navigation n'est pas favorable au commerce étranger ou à l'accroissement de cette opulence dont ce commerce est la source. (...)

Néanmoins, comme la sûreté de l'Etat est d'une plus grande importance que sa richesse, l'Acte de navigation est peut-être le plus sage de tous les règlements de commerce de l'Angleterre.»[1]

1. A. Smith, *Recherches sur la nature et les causes de la richesse des nations*, Guillaumin.

• *Cas où l'industrie nationale est imposée*

« Le second cas dans lequel il sera avantageux, en général, de mettre quelque charge sur l'industrie étrangère pour encourager l'industrie nationale, c'est quand le produit de celle-ci est chargé lui-même de quelque impôt dans l'intérieur. Dans ce cas, il paraît raisonnable d'établir un pareil impôt sur le produit du même genre, venu de fabrique étrangère. Ceci n'aura pas l'effet de donner à l'industrie nationale le monopole du marché intérieur, ni de porter vers un emploi particulier plus de capital et de travail du pays qu'il ne s'en serait porté naturellement. Tout l'effet qui en résultera, ce sera d'empêcher qu'une partie de ce qui s'y serait porté naturellement n'en soit détourné par l'impôt, pour prendre une direction moins naturelle, et de laisser la concurrence entre l'industrie étrangère et l'industrie nationale, aussi près que possible des conditions où elle se trouvait auparavant. En Angleterre, quand une taxe de ce genre est établie sur quelque produit de l'industrie nationale, il est d'usage en même temps, pour apaiser les clameurs et les doléances des marchands et manufacturiers, qui crient qu'ils ne pourront plus soutenir la concurrence dans l'intérieur, d'établir un droit beaucoup plus fort sur l'importation de toutes les marchandises étrangères de même espèce. »[1]

• *Cas où les pays étrangers pratiquent une politique protectionniste*

« Le cas dans lequel il peut y avoir quelquefois lieu à délibérer jusqu'à quel point il serait à propos de laisser subsister la liberté de l'importation de certaines marchandises étrangères, c'est lorsqu'une nation étrangère gêne, par de forts droits ou par des prohibitions, l'importation de quelqu'un de nos produits manufacturés dans son pays. Dans ce cas, on est naturellement porté à user de *représailles*, et à imposer les mêmes droits et prohibitions à l'importation de quelques unes ou de toutes leurs marchandises chez nous ; aussi est-il rare que les nations manquent de rendre la pareille dans ce cas-là. (...)

1. A. Smith, *Recherches sur la nature et les causes de la richesse des nations*, Guillaumin.

Des représailles de ce genre peuvent être d'une bonne politique quand il y a probabilité qu'elles amèneront la révocation des gros droits ou des prohibitions dont on a à se plaindre. L'avantage de recouvrer un grand marché étranger fera en général plus que compenser l'inconvénient passager de payer plus cher, pendant un court espace de temps, quelques espèces de marchandises ». (...) [1]

• *Cas où les emplois sont menacés*

« Le cas dans lequel il peut y avoir quelquefois lieu à délibérer jusqu'à quel point et de quelle manière il serait à propos de rétablir la liberté d'importer des marchandises étrangères, après qu'elle a été interrompue pendant quelque temps, c'est lorsqu'au moyen des gros droits ou prohibitions mises sur toutes les marchandises étrangères qui pourraient venir en concurrence avec elles, certaines manufactures particulières se sont étendues au point d'employer un grand nombre de bras. — Dans ce cas, l'humanité peut exiger que la liberté du commerce ne soit rétablie que par des gradations un peu lentes, et avec beaucoup de circonspection et de réserve. Si on allait supprimer tout d'un coup ces gros droits et ces prohibitions, il pourrait se faire que le marché intérieur fût inondé aussitôt de marchandises étrangères à plus bas prix, tellement que plusieurs milliers de nos concitoyens se trouvassent tous à la fois privés de leur occupation ordinaire et dépourvus de tout moyen de subsistance. Le désordre qu'un tel événement entraînerait pourrait être très grand. Il y a pourtant de bonnes raisons pour croire qu'il le serait beaucoup moins qu'on ne se le figure communément.

(...) Quoique, dans le cas de ce rétablissement de la liberté du commerce, un grand nombre de gens dussent se trouver par là tous à la fois jetés hors de leur occupation ordinaire et de leur manière habituelle de subsister, il ne s'ensuivrait nullement pour cela qu'ils fussent par cet événement, privés d'emploi et de subsistance. Lors de la réduction de l'armée et de la marine, à la fin de la dernière guerre, plus de cent mille soldats et gens de mer, nombre égal à ce qu'emploient les espèces de manufactures les plus étendues, furent tous à la fois déplacés de leur emploi ordinaire ; mais quoiqu'ils en aient eu sans doute à souffrir un peu, ils ne se trouvèrent pas pourtant dénués de toute occupation et de moyens de subsistance. La majeure partie des gens de mer entrèrent successivement au service des vaisseaux marchands, à mesure qu'ils purent en trouver l'occasion, et en même temps eux et les soldats se fondirent dans la masse du peuple, s'adonnèrent à une foule de professions diverses. »[1]

• *Le libre échange total est une utopie*

« A la vérité, s'attendre que la liberté du commerce puisse jamais être entièrement rendue à la Grande-Bretagne, ce serait une aussi grande folie que de s'attendre à y voir jamais réaliser la république d'Utopie ou celle de l'Océana.

Non seulement les préjugés du public, mais ce qui est encore beaucoup plus impossible à vaincre, l'intérêt privé d'un grand nombre d'individus y opposent une résistance insurmontable.»[1]

Une défense du libre-échange qui n'est pas sans réserve

Ainsi, l'opposition généralement mise en évidence, entre les arguments favorables au libre échange qui émanent d'A. Smith et de D. Ricardo, et ceux prononcés pour la défense des politiques protectionnistes par des auteurs tels que F. List et J.M. Keynes, doit être nuancée. Les positions réelles n'apparaissent pas aussi tranchées. Si les préférences de Smith vont au libre échange, si son argumentation essentielle conduit à défendre l'ouverture des frontières, il a aussi perçu l'existence de cas où la protection de l'industrie nationale contre la concurrence étrangère s'avère nécessaire. Partisan de la liberté du commerce, de la non ingérence de l'Etat dans un contexte concurrentiel, Smith est conscient de l'existence d'un certain nombre d'effets négatifs du libéralisme dans le monde réel.

1. *Recherches sur la nature et les causes de la richesse des nations*, Guillaumin et Cie.

Le rôle de l'Etat

C'est dans son livre V de *La Richesse des nations* que Smith traite «du revenu du souverain et de la République». Il reconnaît trois devoirs au souverain : «Celui de protéger la société contre la violence et l'invasion d'autres sociétés indépendantes..., celui de protéger, autant qu'il est possible, chacun des membres de la société contre l'injustice ou l'oppression de tout autre membre de cette société..., celui d'élever et d'entretenir les ouvrages et les établissements publics dont une grande société retire d'immenses avantages, mais qui sont néanmoins de nature à ne pouvoir être entrepris ou entretenus par un ou quelques particuliers, attendu que, pour ceux-ci, le profit ne saurait jamais leur en rembourser la dépense».[1]

On retrouve les fonctions de l'Etat-gendarme dans lesquelles la plupart des classiques libéraux confinaient le rôle de l'Etat ; et, A. Smith considérait que l'Etat devait se garder d'une intervention trop importante dans l'économie.

« C'est une souveraine inconséquence et une extrême présomption de la part des princes et des ministres, que de prétendre surveiller l'économie des particuliers et restreindre leur dépense par des lois somptuaires ou par des prohibitions sur l'importation des denrées étrangères de luxe. Ils sont toujours, et sans exception, les plus grands dissipateurs de la société. Qu'ils surveillent seulement leurs propres dépenses, et ils pourront s'en reposer sans crainte sur chaque particulier pour régler la sienne. Si leurs propres dissipations ne viennent pas à bout de ruiner l'Etat, certes celles des sujets ne le ruineront jamais.»[1]

A. Smith se déclare partisan du prélèvement d'un impôt d'Etat pour financer les dépenses qu'exige la défense publique ; mais il considère que, pour les dépenses concernant l'administration de la justice, la construction et l'entretien des routes, l'éducation... les utilisateurs doivent participer à leur financement. Aussi, est-il favorable, par exemple, aux «péages» sur les routes ! On reconnaît ici un des thèmes actuels des économistes libéraux.

1. A. Smith, *La Richesse des nations*, Guillaumin et Cie.

Le problème de la valeur et des prix

Selon quelles règles s'échangent les différents biens ? Cette question qui peut paraître à première vue technique porte en elle un des débats majeurs des deux siècles qui nous séparent d'Adam Smith. En effet, la réponse à cette interrogation constitue un clivage majeur entre les marxistes et les non marxistes.

Pour Marx, le travail, nous le verrons, constitue le fondement de la valeur des biens, alors que pour les économistes néo-classiques et plus généralement pour les libéraux, c'est l'utilité d'un bien qui définit sa valeur et son prix. Une autre attitude néo-classique consiste à rejeter le problème de la valeur en estimant que celui-ci ne relève pas du champ de l'économie.

L'analyse de Marx s'appuie pour partie sur celle d'A. Smith et de Ricardo, aussi est-il important du point de vue de l'histoire de la pensée économique de bien comprendre le point de vue d'Adam Smith en ce domaine.

Distinction entre la valeur d'échange et la valeur d'usage

A. Smith, à la suite d'autres auteurs tels que Cantillon, différencie d'abord «valeur d'usage» et «valeur d'échange». Cette dernière est déterminée par la valeur relative des différents biens alors que la valeur d'usage est liée à l'utilité. Pour bien marquer cette distinction, il formule le «paradoxe de la valeur» selon lequel des biens qui ont une très grande valeur d'usage peuvent avoir une faible valeur d'échange et inversement ; mais, il n'approfondit pas ce point qui sera ensuite retenu et développé par l'école néo-classique.

«Il s'agit maintenant d'examiner quelles sont les règles que les hommes observent naturellement, en échangeant les marchandises l'une contre l'autre, ou contre de l'argent. Ces règles déterminent ce qu'on peut appeler la *Valeur relative* ou *échangeable* des marchandises.

Il faut observer que le mot *valeur* a deux significations différentes ; quelquefois il signifie l'utilité d'un objet particulier, et quelquefois il signifie la faculté que donne la possession de cet objet d'en acheter d'autres marchandises. On peut appeler l'une, *Valeur en usage,* et l'autre, *Valeur en échange.*

— Des choses qui ont la plus grande *valeur en usage* n'ont souvent que peu ou point de *valeur en échange* ; et, au contraire, celles qui ont la plus grande *valeur en échange* n'ont souvent que peu ou point de *valeur en usage*. Il n'y a rien de plus utile que l'eau, mais elle ne peut presque rien acheter ; à peine y a-t-il moyen de rien avoir en échange. Un diamant, au contraire, n'a presque aucune valeur quant à l'usage, mais on trouvera fréquemment à l'échanger contre une très grande quantité d'autres marchandises.»[1]

Le principe de la valeur travail

Comment déterminer un étalon qui permette de mesurer la valeur d'échange des différents biens? A. Smith estime que «le travail est la mesure réelle de la valeur échangeable de toute marchandise». Il formule ainsi le principe de la valeur travail qui sera développé par Marx.

« Un homme est riche ou pauvre, suivant les moyens qu'il a de se procurer les besoins, les commodités et les agréments de la vie. Mais la division une fois établie dans toutes les branches du travail, il n'y a qu'une partie extrêmement petite de toutes ces choses qu'un homme puisse obtenir directement par son travail ; c'est du travail d'autrui qu'il lui faut attendre la plus grande partie de toutes ces jouissances ; ainsi il sera riche ou pauvre, selon la quantité de travail qu'il pourra commander ou qu'il sera en état d'acheter.

Ainsi la *valeur* d'une denrée quelconque pour celui qui la possède, et qui n'entend pas en user ou la consommer lui-même, mais qui a intention de l'échanger pour autre chose, est égale à la quantité de *travail* que cette denrée le met en état d'acheter ou de commander.

Le *travail* est donc la mesure réelle de la *valeur échangeable* de toute marchandise. »[1]

A. Smith est alors amené à distinguer «prix réel», et «prix nominal». Le «prix réel» correspond à la valeur de chaque marchandise ; le «prix nominal» représente la quantité d'argent qu'il faut céder contre un bien donné. La valeur de l'or et

1. A. Smith, *Recherches sur la nature et les causes de la richesse des nations*, Guillaumin.

de l'argent pouvant varier, le «prix nominal» peut changer sans qu'il y ait modification du «prix réel».

Ainsi, le travail de l'ouvrier, comme toute autre marchandise, a un «prix réel» qui consiste dans la quantité de biens qu'on donne pour le payer, «un prix nominal» qui est égal à la quantité d'argent qu'il perçoit et un «prix de marché» qui dépend de l'offre et de la demande de travail sur le marché.

« Le *prix réel* de chaque chose, ce que chaque chose coûte réellement à celui qui veut se la procurer, c'est le travail et la peine qu'il doit s'imposer pour l'obtenir. Ce que chaque chose vaut réellement pour celui qui l'a acquise, et qui cherche à en disposer ou à l'échanger pour quelque autre objet, c'est la peine et l'embarras que la possession de cette chose peut lui épargner et qu'elle lui permet d'imposer à d'autres personnes. Ce qu'on achète avec de l'argent ou des marchandises est acheté par du travail, aussi bien que ce que nous acquérons à la sueur de notre front.

Mais quoique le travail soit la mesure réelle de la valeur échangeable de toutes les marchandises, ce n'est pourtant pas celle qui sert communément à apprécier cette valeur. Il est souvent difficile de fixer la proportion entre deux différentes quantités de travail. Cette proportion ne se détermine pas toujours seulement par le temps qu'on a mis à deux différentes sortes d'ouvrages. Il faut aussi tenir compte des différents degrés de fatigue qu'on a endurés, et de l'habileté qu'il a fallu déployer. Il peut y avoir plus de travail dans une heure d'ouvrage pénible que dans deux heures de besogne aisée, ou dans une heure d'application à un métier qui a coûté dix années de travail à apprendre, que dans un mois d'application d'un genre ordinaire et à laquelle tout le monde est propre. Or, il n'est pas aisé de trouver une mesure exacte applicable au travail ou au talent. Dans le fait, on tient pourtant compte de l'une et de l'autre quand on échange ensemble les productions de deux différents genres de travail. Toutefois ce compte-là n'est réglé sur aucune balance exacte ; c'est en marchandant et en débattant les *prix de marché* qu'il s'établit, d'après cette grosse équité qui, sans être fort exacte, l'est bien assez pour le train des affaires communes de la vie.

D'ailleurs, chaque marchandise est plus fréquemment échangée, et par conséquent comparée, avec d'autres marchandises qu'avec du travail. Il est donc plus naturel d'estimer sa valeur échangeable par la quantité de quelque autre denrée que par celle du travail qu'elle peut acheter. Aussi la majeure partie du peuple entend bien mieux ce qu'on veut dire par telle quantité d'une certaine denrée, que par telle quantité de travail. La première est un objet simple et palpable ; l'autre est une notion abstraite, qu'on peut bien rendre assez intelligible, mais qui est d'ailleurs ni aussi commune ni aussi évidente.

Mais quand les échanges ne se font plus immédiatement, et que l'argent est devenu l'instrument général du commerce, chaque marchandise particulière est plus souvent échangée contre de l'argent que contre toute autre marchandise. Le boucher ne porte guère son bœuf ou son mouton au boulanger ou au marchand de bière pour l'échanger contre du pain ou de la bière ; mais il le porte au marché, ou il l'échange contre de l'argent, et ensuite il échange cet argent contre du pain et de la bière. La quantité d'argent que sa viande lui rapporte, détermine aussi la quantité de pain et de bière qu'il pourra ensuite acheter avec cet argent. Il est donc plus clair et plus simple pour lui d'estimer la valeur de sa viande par la quantité d'argent, qui est la marchandise contre laquelle il l'échange immédiatement, que par la quantité de pain et de bière, qui sont des marchandises contre lesquelles il ne peut l'échanger que par l'intermédiaire d'une autre marchandise ; il est plus naturel pour lui de dire que sa viande vaut trois ou quatre pences la livre, que de dire qu'elle vaut trois ou quatre livres de pain, ou trois ou quatre pots de petite bière.— De là vient qu'on estime plus souvent la valeur échangeable de chaque marchandise par la quantité d'Argent, que par la quantité de Travail ou de toute autre Marchandise qu'on pourrait avoir en échange.

Cependant l'Or et l'Argent, comme toute autre marchandise, varient dans leur valeur ; ils sont tantôt plus chers et tantôt à meilleur marché ; ils sont quelquefois plus faciles à acheter, quelquefois plus difficiles.

Des quantités égales de travail doivent être, dans tous les temps et dans tous les lieux, d'une valeur égale pour le travailleur. Dans son état habituel de santé, de force et d'activité, et d'après le degré ordinaire d'habileté ou de dextérité qu'il peut avoir, il faut toujours qu'il sacrifie la même portion de son repos, de sa liberté, de son bonheur. Quelle que soit la quantité de denrées qu'il reçoive en récompense de son travail, le prix qu'il paye est toujours le même. Ce prix, à la vérité, peut acheter tantôt une plus grande, tantôt une moindre quantité de ces denrées ; mais c'est la valeur de celle-ci qui varie, et non celle du travail qui les achète. En tous temps et en tous lieux, ce qui est difficile à obtenir ou ce qui coûte beaucoup de travail à acquérir est *cher*, et ce qu'on peut se procurer aisément ou avec peu de travail est à bon marché.

Ainsi le travail, ne variant jamais dans sa valeur propre, est la seule mesure réelle et définitive qui puisse servir, dans tous les temps et dans tous les lieux, à apprécier et à comparer la valeur de toutes les marchandises. Il est leur prix réel, l'argent n'est que leur prix nominal.

Mais quoique les quantités égales de travail soient toujours d'une valeur égale pour celui qui travaille, cependant pour celui qui emploie l'ouvrier elles paraissent tantôt d'une plus grande, tantôt d'une moindre valeur. Ce dernier achète ces quantités de travail, tantôt avec une plus grande, tantôt avec une plus petite quantité de marchandises ; et pour lui le prix du travail paraît varier comme celui de toute autre chose. Il lui semble *cher* dans un cas, et *à bon marché* dans l'autre. Dans la réalité pourtant, ce sont les marchandises qui sont à bon marché dans un cas, et chères dans l'autre.

Ainsi, dans cette acceptation vulgaire, on peut dire du travail, comme des autres marchandises, qu'il a un *prix réel* et un *prix nominal*. On peut dire que son *prix réel* consiste dans la quantité de choses nécessaires et commodes qu'on donne pour le payer, et son *prix nominal* dans la quantité d'argent. L'ouvrier est riche ou pauvre, il est bien ou mal récompensé, en proportion du *prix réel*, et non du *prix nominal*, de son travail.»[1]

Une fois déterminé le fondement de la valeur, il reste à préciser comment se forment les prix et leur relation avec la valeur des marchandises.

1. A. Smith, *Recherches sur la nature et les causes de la richesse des nations*, Guillaumin.

Les échanges dans les sociétés où il n'y a ni accumulation, ni appropriation privée

Smith considère que dans un «premier état informe de la société», avant toute accumulation des capitaux et toute appropriation privée du sol, les échanges s'effectuaient en prenant pour critère la quantité de travail incorporée dans les biens. «Chez un peuple de chasseurs, s'il en coûte habituellement deux fois plus de peine pour tuer un castor que pour tuer un daim, naturellement un castor s'échangera contre deux daims ou vaudra deux daims».[1]

Si l'échange se fait selon cette modalité, c'est parce que «dans cet état des choses, le produit du travail appartient tout entier au travailleur».[1]

Mais les échanges, selon Smith, ne se réalisent plus selon les mêmes règles dans les sociétés avancées. C'est pourquoi, après avoir exposé la théorie de la valeur travail dans son chapitre V du livre *La Richesse des nations*, il précise dans son chapitre VI «les parties constituantes du prix des marchandises dans les sociétés avancées».

Dans les sociétés avancées, les prix sont constitués à partir des salaires, des profits et des rentes.

Tout change dès l'accumulation et l'appropriation de capitaux par quelques particuliers. En effet, ceux-ci emploient ces capitaux pour embaucher de la main-d'œuvre, afin de réaliser un profit ; ou mettent leur terre à la disposition des producteurs afin de percevoir une rente. Smith en déduit que le prix des marchandises est constitué des salaires du travail, des profits et des rentes.

Une analyse en termes de « travail commandé »

Mais dans ce chapitre VI du livre I, A. Smith éprouve des difficultés pour établir une relation entre le prix des marchandises avec la quantité de travail nécessaire pour les produire, dans la mesure où les profits et les rentes ne constituent pas une rémunération du travail.

Les profits ne peuvent résulter de la seule rémunération du travail d'inspection et de direction.

En effet, pour deux quantités de travail de ce type équivalentes, le montant des profits sera différent si les capitaux engagés le sont. Les profits dépendent donc du capital investi et non du travail effectué par le capitaliste.
De même, les rentes ne représentent pas la contrepartie d'un travail puisqu'il s'agit d'un revenu perçu lorsque l'on dispose d'un terrain ou d'une propriété mis à la disposition d'un producteur. Ainsi, Smith constate que «dès l'instant que le sol d'un pays est devenu propriété privée, les propriétaires comme tous les autres hommes, aiment à recueillir là où ils n'ont pas semé, et ils demandent une rente, même pour le produit naturel de la terre».[1]
Donc, seul le salaire de l'ouvrier constitue la contrepartie d'un travail. Comme le prix, par ailleurs, est constitué des salaires, des profits et des rentes, il existe un problème de coïncidence entre la quantité de travail nécessaire pour fabriquer les marchandises et le prix. Dans ce même chapitre , Smith affirme bien qu'il y a un prélèvement sur la valeur ajoutée par les ouvriers : «Aussitôt qu'il y aura des capitaux accumulés dans les mains de quelques particuliers, certains d'entre eux emploieront naturellement ces capitaux à mettre des gens industrieux, auxquels ils fourniront des matériaux et des subsistances, afin de faire un profit sur la vente de leurs produits, ou sur ce que le travail de ces ouvriers ajoute de valeur à leur matériau»[1] et, plus loin, il précise : «Ainsi, la valeur que les ouvriers ajoutent à la matière se résout alors en deux parties, dont l'une paye leurs salaires et l'autre les profits que fait l'entrepreneur.»[1]

Mais, A. Smith, à la différence de D. Ricardo et surtout de K. Marx par la suite, ne pousse pas plus loin cette analyse et conclut simplement que «la valeur réelle de toutes les parties constituantes du prix se mesure par la quantité de travail que chacune d'elles peut acheter ou commander. Le travail mesure la valeur, non seulement de cette partie qui se résout en travail mais encore de celle qui se résout en rente et de celle qui se résout en profit.»[1]
A. Smith conclut donc son analyse sur une théorie de la valeur différente de celle de D. Ricardo et de K. Marx.

1. A. Smith, *Recherches sur la nature et les causes de la richesse des nations*, Guillaumin.

Prix naturel, prix de marché

Après avoir précisé quelles sont les parties constituantes du prix des marchandises, A. Smith dans le chapitre VII du livre I distingue le «prix naturel» du «prix du marché».

Le «prix naturel» est celui qui, dans une société donnée, correspond au profit moyen, au salaire moyen, et au taux de rente moyen ou encore au «taux naturel» de ces trois catégories de revenus. Au «prix naturel», la marchandise est vendue précisément ce qu'elle vaut ou ce qu'elle coûte réellement à celui qui la porte au marché.

Le «prix de marché» est déterminé par les quantités offertes et demandées. A. Smith distingue, à cet égard, la notion de «demande effective» qui correspond à ce que l'on nomme aujourd'hui demande solvable, et celle de «demande absolue» qui correspond à l'ensemble des besoins.

Le prix de marché peut s'élever au-dessus du prix naturel si la «demande effective» est très importante par rapport aux quantités offertes, ou au contraire descendre au-dessous du «prix naturel» dans le cas inverse ; enfin, il peut correspondre exactement au prix naturel lorsque l'offre égalise la demande. Néanmoins, les mécanismes du marché font que, spontanément, le «prix de marché» tend à s'ajuster au niveau du «prix naturel». En effet, l'offre tend naturellement à égaler le niveau de la demande effective. En cas d'excédent de l'offre par rapport à la demande, le «prix du marché» baisse et les salaires ou les profits ou les rentes devront diminuer aussi. Si ce sont les salaires qui diminuent, les ouvriers offrent moins de travail ; si ce sont les profits, les entrepreneurs engageront moins de capitaux ; si ce sont les rentes, les propriétaires utiliseront moins leur terre. Dans tous les cas, l'offre diminuera et le prix de marché reviendra au niveau du «prix naturel».

Au contraire, si l'offre est inférieure à la demande effective, le prix de marché augmente entraînant ainsi un accroissement de l'offre jusqu'à ce que le «prix de marché» égalise le «prix naturel». Ainsi, conclut Smith, «le prix naturel est donc, pour ainsi dire, le point central vers lequel gravitent continuel-

LES DIFFÉRENTES CATÉGORIES DE PRIX DANS L'ANALYSE D'ADAM SMITH

• *Prix réel*	C'est «ce que chaque chose coûte réellement à celui qui veut se la procurer, c'est le travail et la peine qu'il doit s'imposer» pour l'obtenir. Il correspond à la valeur échangeable de la marchandise. Dans les sociétés primitives, en l'absence d'appropriation privée et d'accumulation du capital, les échanges s'effectuent à leur prix réel, celui-ci correspondant à la quantité de travail nécessaire pour fabriquer un bien. Dans les sociétés avancées, les différentes parties constituantes du prix sont les salaires, les profits et les rentes.
• *Prix nominal*	C'est le prix exprimé en unité monétaire. Il dépend de la plus ou moins grande valeur de l'or et de l'argent.
• *Prix naturel*	C'est « le point central vers lequel gravitent continuellement les prix de toutes les marchandises ».
• *Prix de marché*	C'est celui qui varie en fonction de l'offre et de la demande. En situation de concurrence, le prix de marché tend spontanément vers le prix naturel.

PARTIES CONSTITUANTES DU PRIX DES MARCHANDISES
(dans une société avancée)

Salaires du travail	} prix des marchandises
Profit	
Rente	

lement les prix de toutes les marchandises». Cet ajustement spontané se fait grâce aux fluctuations de l'offre et celle-ci est implicitement considérée par Smith comme parfaitement élastique à la demande. C'est l'offre qui s'adapte à la demande et Smith considère qu'elle «tend naturellement à porter toujours au marché cette quantité précise qui peut suffire à la demande et rien de plus». Il ne peut donc y avoir indéfiniment de demande effective non satisfaite.

Toutefois, Smith reconnaît que certaines causes «peuvent, à l'égard de beaucoup de marchandises, tenir assez longtemps de suite ce prix de marché au-dessus du prix naturel». Parmi celles-ci, la tendance qu'ont les détenteurs de capitaux à conserver les secrets de fabrique explique un prix de marché artificiellement maintenu au-dessus de son prix naturel.

« Le prix actuel auquel une marchandise se vend communément, est ce qu'on appelle son *prix de marché.* Il peut être ou au-dessus, ou au-dessous, ou précisément au niveau du *prix naturel.*

Le prix de marché de chaque marchandise particulière est déterminé par la proportion entre la quantité de cette marchandise existant actuellement au marché et les demandes de ceux qui sont disposés à en payer le *prix naturel* ou la valeur entière des fermages, profits et salaires qu'il faut payer pour l'attirer au marché. On peut les appeler *demandeurs effectifs,* et leur demande, *demande effective*, puisqu'elle suffit pour attirer effectivement la marchandise au marché. Elle diffère de la *demande absolue.* Un homme pauvre peut bien, dans un certain sens, faire la demande d'un carosse à six chevaux, c'est-à-dire qu'il voudrait l'avoir ; mais sa demande n'est pas une demande *effective*, capable de faire jamais arriver cette marchandise au marché pour le satisfaire.

Quand la quantité d'une marchandise quelconque, amenée au marché, se trouve au-dessous de la demande effective, tous ceux qui sont disposés à payer la valeur entière des fermages, salaires et profits qu'il en coûte pour mettre cette marchandise sur le marché, ne peuvent se procurer la quantité qu'ils demandent. Plutôt que de s'en passer tout-à-fait, quelques-uns d'entre eux consentiront à donner davantage. Une concurrence s'établira entre eux, et le *prix de marché* s'élèvera plus ou moins au-dessus du *prix naturel,* suivant que la grandeur du déficit, la richesse ou la fantaisie des concurrents viendront animer plus ou moins cette concurrence.

Lorsque la quantité mise sur le marché excède la demande effective, elle ne peut être entièrement vendue à ceux qui consentent à payer la valeur collective des fermages, salaires et profits qu'il en a coûté pour l'y amener. Il faut bien qu'une partie soit vendue à ceux qui veulent payer moins que cette valeur entière, et le bas prix que donnent ceux-ci réduit nécessairement le prix du tout. Le *prix de marché* tombera alors plus ou moins au-dessous du *prix naturel*, selon que la quantité de l'excédent augmentera plus ou moins la concurrence des vendeurs, ou suivant qu'il leur importera plus ou moins de se défaire sur-le-champ de la marchandise. Le même excédent dans l'importation d'une denrée périssable donnera lieu à une concurrence beaucoup plus vive à cet égard, que dans l'importation d'une marchandise durable ; dans une importation d'oranges, par exemple, que dans une de vieux fer.

Lorsque la quantité mise sur le marché suffit tout juste pour remplir la demande effective, et rien de plus, le *prix de marché* se trouve naturellement être avec exactitude, du moins autant qu'il est possible d'en juger, le même que le *prix naturel*. Toute la quantité à vendre sera débitée à ce prix, et elle ne saurait l'être à un plus haut prix. La concurrence des différents vendeurs les oblige à accepter ce prix, mais elle ne les oblige pas à accepter moins.

La quantité de chaque marchandise mise sur le marché, se proportionne naturellement d'elle-même à la demande effective. C'est l'intérêt de tous ceux qui emploient leur terre, leur travail ou leur capital à faire venir quelque marchandise au marché, que la quantité n'en excède jamais la demande effective ; et c'est l'intérêt de tous les autres, que cette quantité ne tombe jamais au-dessous.

Si cette quantité excède pendant quelque temps la demande effective, il faut que quelqu'une des parties constituantes de son prix soit payée au-dessous de son *prix naturel*. Si c'est le fermage, l'intérêt des propriétaires les portera sur-le-champ à retirer une partie de leur terre de cet emploi ; et si ce sont les salaires ou les profits, l'intérêt des ouvriers, dans le premier cas, et de ceux qui les emploient, dans le second, les portera à en retirer une partie de leur travail ou de leurs capitaux.

La quantité amenée au marché ne sera bientôt plus que suffisante pour répondre à la demande effective. Toutes les différentes parties du prix de cette marchandise se relèveront à leur taux naturel, et le prix total reviendra au *prix naturel.*

Si au contraire la quantité amenée au marché restait pendant quelque temps au-dessous de la demande effective, quelques-unes des parties constituantes de son prix hausseraient nécessairement au-dessus de leur taux naturel. Si c'est le fermage, l'intérêt de tous les autres propriétaires les portera naturellement à disposer une plus grande quantité de terre pour la production de cette marchandise ; si ce sont les salaires ou les profits, l'intérêt de tous les autres ouvriers et entrepreneurs les portera bientôt à employer plus de travail et de capitaux à la préparer et à la faire venir au marché. La quantité qui y sera portée sera bientôt suffisante pour répondre à la demande effective. Toutes les différentes parties de son prix baisseront bientôt à leur taux naturel, et le prix total retombera au *prix naturel.*

Le *prix naturel* est donc, pour ainsi dire, le point central vers lequel gravitent continuellement les prix de toutes les marchandises.

Mais quoique le *prix de marché* de chaque marchandise particulière tende ainsi, par une gravitation continuelle, s'il est permis de s'exprimer ainsi, vers le *prix naturel,* cependant, tantôt des causes accidentelles, tantôt des causes naturelles et tantôt des règlements de police particuliers peuvent, à l'égard de beaucoup de marchandises, tenir assez longtemps de suite le *prix de marché* au-dessus du *prix naturel.*

Lorsque, par une augmentation dans la demande effective, le *prix de marché* de quelque marchandise particulière vient à s'élever considérablement au-dessus du *prix naturel*, ceux qui emploient leurs capitaux à fournir le marché de cette marchandise, ont en général grand soin de cacher ce changement. S'il était bien connu, leurs grands profits leur susciteraient tant de nouveaux concurrents engagés par là à employer leurs capitaux de la même manière, que la demande effective étant pleinement remplie, le *prix du marché* redescendrait bientôt au *prix naturel,* et peut-être même au-dessous pour quelque temps. Si le marché est à une grande distance de ceux qui le fournissent, ils peuvent quelquefois être à même de garder leur secret pendant plusieurs années de suite, et jouir pendant tout ce temps de leurs profits extraordinaires sans éveiller de nouveaux concurrents. Cependant il est reconnu que des secrets de ce genre sont rarement gardés longtemps, et le profit extraordinaire ne dure guère plus longtemps que le secret.

Les secrets de fabrique sont de nature à être gardés plus longtemps que les secrets de commerce. Un teinturier qui a trouvé le moyen de produire une couleur particulière avec des matières qui ne lui coûtent que la moitié du prix de celles qu'on emploie communément, peut, avec quelques précautions, jouir du bénéfice de sa découverte pendant toute sa vie et la laisser même en héritage à ses enfants».[1]

Ainsi, si les idées que défendaient A. Smith sur la valeur travail conduisirent à travers les travaux de Ricardo à ceux de Karl Marx, celles qui aboutissent à la mise en évidence d'un mécanisme spontané de retour à l'équilibre par le jeu de l'offre et de la demande en situation de concurrence sont systématisées par l'école néo-classique.

L'analyse de la répartition

Les sources de revenus

Comme beaucoup d'auteurs de son époque, A. Smith retient trois catégories de revenus, au lieu de deux pour la plupart des auteurs néo-classiques, dans la mesure où il fait une distinction entre la *rente* et le *profit*.

Par ailleurs, il distingue ce que l'on appelle aujourd'hui *revenus primaires* et qu'il nomme *source primitive de tout revenu* des autres catégories de revenu :

«*Salaire, profit et rente* sont les trois sources primitives de tout revenu, aussi bien que de toute valeur échangeable. Tout autre revenu dérive, en dernière analyse, de l'une ou de l'autre de ces trois sources.

1. A. Smith, *Recherches sur la nature et les causes de la richesse des nations*, Guillaumin.

Quiconque subsiste d'un revenu qui lui appartient en propre, doit tirer ce revenu, ou de son travail, ou d'un capital qui est à lui, ou d'une terre qu'il possède. Le revenu qui procède du travail se nomme *salaire*. Celui qu'une personne retire d'un capital qu'elle dirige ou qu'elle emploie, est appelé *profit*. Celui qu'en retire une personne qui n'emploie pas elle-même ce capital, mais qui le prête à une autre, se nomme *intérêt*. C'est une compensation que l'emprunteur paye au prêteur, pour le profit que l'usage de l'argent lui donne occasion de faire. Naturellement une partie de ce profit appartient à l'emprunteur, qui court les risques de l'emploi et qui en a la peine, et une partie au prêteur, qui facilite au premier les moyens de faire ce profit. L'intérêt de l'argent est toujours un revenu secondaire qui, s'il ne se prend pas sur le profit que procure l'usage de l'argent, doit être payé par quelque autre source de revenu, à moins que l'emprunteur ne soit un dissipateur qui contracte une seconde dette pour payer l'intérêt de la première. Le revenu qui procède entièrement de la terre est appelé *rente*, et appartient au propriétaire. Le revenu du fermier provient en partie de son travail, et en partie de son capital. La terre n'est pour lui que l'instrument qui le met à portée de gagner les salaires de ce travail et de faire profiter ce capital. Tous les impôts et tous les revenus qui en proviennent, les appointements, pensions et annuités de toutes sortes, sont, en dernière analyse, dérivés de l'une ou de l'autre de ces trois sources primitives de revenu, et sont payés, soit immédiatement, soit médiatement, ou avec des salaires de travail, ou avec des profits de capitaux, ou avec des rentes de terre.»[1]

A. Smith va essayer de dégager les lois auxquelles obéit la détermination de chacun de ces revenus.

Comment se déterminent les salaires ?

• *Conflits d'intérêt et rapports de force inégaux.*

Pour Smith, à l'origine, dans les sociétés primitives, c'est le travailleur qui perçoit la totalité du produit de son travail ; si cet état de chose avait subsisté, tous les avantages liés à

1. A. Smith, *Recherches sur la nature et les causes de la richesse des nations*, Guillaumin.

la division du travail lui seraient revenus. Ce n'est que parce que les moyens de production ont été l'objet d'une appropriation privée que le travailleur ne récolte pas l'ensemble du produit de son activité. En effet, celui qui ne possède rien ne peut faire face à ses besoins pendant le processus de production. C'est le propriétaire qui lui avance, contre rémunération (rente ou profit) de quoi y pourvoir. Certes, Smith reconnaît que certains ouvriers peuvent posséder suffisamment de capital pour assurer leur indépendance, mais il constate que cette situation n'est pas la plus courante et que la plupart travaillent pour un « maître ».

Il s'avère donc qu'il y a conflit d'intérêt entre les «maîtres» et les ouvriers, les premiers ayant avantage à peu rémunérer les seconds et ces derniers au contraire à réclamer un niveau de salaire le plus élevé possible. Par ailleurs, il met en évidence la situation inégale des uns et des autres face à cette rivalité. Les «maîtres» ont la possibilité de s'entendre parce que leur effectif est relativement faible alors que les ouvriers ne le peuvent pas étant donné leur importance numérique et l'existence de lois qui interdisent les concertations entre eux. Ensuite, les «maîtres» peuvent tenir un conflit plus longtemps dans la mesure où ils disposent de moyens financiers plus importants. Ainsi, Smith considère que face à cette lutte pour le partage des richesses, les «maîtres» sont presque toujours gagnants parce que, de fait, ils se coalisent pour maintenir les salaires à leur niveau le plus bas possible. Et comme les salaires réels ne peuvent descendre en-deçà d'un certain seuil qui correspond à celui qui assure la subsistance de l'ouvrier et de sa famille afin que celui-ci puisse survivre et se reproduire, ceux-ci ont tendance à se fixer à ce minimum.

Néanmoins, certaines circonstances peuvent renverser ce rapport de force au profit des ouvriers : lorsque la demande de travail augmente et que le travail est rare, leur rémunération peut augmenter sans coalition de la main-d'œuvre. Les salaires effectivement distribués dépendent alors du rapport entre le «fonds de salaire» constitué par la masse salariale disponible et la population ouvrière.
Quels vont être les effets de ces augmentations ? Smith montre qu'ils sont contradictoires. D'une part, la hausse des salaires induit un accroissement des coûts et donc des prix ; et ceci pèse de façon négative sur le niveau de consommation.

D'autre part, la montée des salaires s'explique par un accroissement de capitaux qui est à l'origine de la forte demande de travail. Or, celui-ci tend à élever la productivité du travail et donc à diminuer les prix et encourager la consommation. L'impact final dépendra du solde entre ces deux effets opposés.

Ainsi, dans son analyse de la détermination des salaires, A. Smith raisonne en termes de rapports de force entre groupes sociaux aux intérêts antagonistes et met en évidence une loi selon laquelle les salaires tendent à se fixer à un niveau assurant la subsistance et le renouvellement de l'ouvrier. On est loin de l'hypothèse de situation égalitaire des agents économiques retenue par le modèle néo-classique. C'est une des raisons pour lesquelles Smith est souvent apparu comme faisant l'apologie de la concurrence mais pas nécessairement du capitalisme tel qu'il existait à son époque.

«Dans cet état primitif qui précède l'appropriation des terres et l'accumulation des capitaux, le produit entier du travail appartient à l'ouvrier. Il n'a ni propriétaire ni maître avec qui il doive partager. (...)

Aussitôt que la terre devient une propriété privée, le propriétaire demande pour sa part presque tout le produit que le travailleur peut y faire croître ou y recueillir. Sa rente est la première déduction que souffre le produit du travail appliqué à la terre.

Il arrive rarement que l'homme qui laboure la terre possède par devers lui de quoi vivre jusqu'à ce qu'il recueille la moisson. En général sa subsistance lui est avancée sur le capital d'un maître, le fermier qui l'occupe, et qui n'aurait pas d'intérêt à le faire s'il ne devait pas prélever une part dans le produit de son travail, ou si son capital ne devait pas lui rentrer avec un profit. Ce profit forme une seconde déduction sur le produit du travail appliqué à la terre.

Le produit de presque tout autre travail est sujet à la même déduction en faveur du profit. Dans tous les métiers, dans toutes les fabriques, la plupart des ouvriers ont besoin d'un maître qui leur avance la matière du travail, ainsi que leurs salaires et leur subsistance, jusqu'à ce que leur ouvrage soit tout à fait fini. Ce maître prend une part du produit de leur travail ou de la valeur que ce travail ajoute à la matière à laquelle il est appliqué, et c'est cette part qui constitue son profit.

C'est par la convention qui se fait habituellement entre ces deux personnes, dont l'intérêt n'est nullement le même, que se détermine le taux commun des salaires. Les ouvriers désirent gagner le plus possible ; les maîtres, donner le moins qu'ils peuvent ; les premiers sont disposés à se concerter pour élever les salaires, les seconds pour les abaisser.

Il n'est pas difficile de prévoir lequel des deux partis, dans toutes les circonstances ordinaires, doit avoir l'avantage dans le débat, et imposer forcément à l'autre toutes ses conditions. Les maîtres, étant en moindre nombre, peuvent se concerter plus aisément ; et de plus, la loi les autorise à se concerter entre eux, ou au moins ne le leur interdit pas, tandis qu'elle l'interdit aux ouvriers. Nous n'avons point d'actes du parlement contre les lignes qui tendent à abaisser le prix du travail ; mais nous en avons beaucoup contre celles qui tendent à le faire hausser. Dans toutes ces luttes, les maîtres sont en état de tenir ferme plus longtemps. Un propriétaire, un fermier, un maître fabricant ou marchand, pourraient en général, sans occuper un seul ouvrier, vivre un an ou deux sur les fonds qu'ils ont déjà amassés. Beaucoup d'ouvriers ne pourraient pas subsister sans travail une semaine, très peu un mois, et à peine un seul une année entière. A la longue, il se peut que le maître ait autant besoin de l'ouvrier, que celui-ci a besoin du maître ; mais le besoin du premier n'est pas si pressant.

On n'entend guère parler, dit-on, de *Coalitions* entre les maîtres, et tous les jours on parle de celles des ouvriers. Mais il faudrait ne connaître ni le monde, ni la matière dont il s'agit, pour s'imaginer que les maîtres se liguent rarement entre eux. Les maîtres sont en tout temps et partout dans une sorte de ligue tacite, mais constante et uniforme, pour ne pas élever les salaires au-dessus du taux actuel. Violer cette règle est partout une action de faux-frère, et un sujet de reproche pour un maître parmi ses voisins et ses pareils. A la vérité, nous n'entendons jamais parler de cette ligue, parce qu'elle est l'état habituel, et on peut dire l'état naturel de la chose, et que personne n'y fait attention.

Souvent cependant les ouvriers opposent à ces coalitions

particulières une ligue défensive ; quelquefois aussi, sans aucune provocation de cette espèce, ils se coalisent de leur propre mouvement, pour élever le prix de leur travail. Leurs prétextes ordinaires sont tantôt le haut prix des denrées, tantôt le gros profit que font les maîtres sur leur travail. Mais que leurs ligues soient offensives ou défensives, elles sont toujours accompagnées d'une grande rumeur. Dans le dessein d'amener l'affaire à une prompte décision, ils ont toujours recours aux clameurs les plus emportées, et quelquefois ils se portent à la violence et aux derniers excès. Ils sont désespérés, et agissent avec l'extravagance et la fureur de gens au désespoir, réduits à l'alternative de mourir de faim ou d'arracher à leurs maîtres, par la terreur, la plus prompte condescendance à leurs demandes. Dans ces occasions, les maîtres ne crient pas moins haut de leur côté ; ils ne cessent de réclamer de toutes leurs forces l'autorité des magistrats civils, et l'exécution la plus rigoureuse de ces lois si sévères portées contre les ligues des ouvriers, domestiques et journaliers. En conséquence, il est rare que les ouvriers tirent aucun fruit de ces tentatives violentes et tumultueuses, qui, tant par l'intervention du magistrat civil que par la constance mieux soutenue des maîtres et la nécessité où sont la plupart des ouvriers de céder pour avoir leur subsistance du moment, n'aboutissent en général à rien autre chose qu'au châtiment ou à la ruine des chefs de l'émeute.

Mais quoique les maîtres aient presque toujours nécessairement l'avantage dans leurs querelles avec leurs ouvriers, cependant il y a un certain taux au-dessous duquel il est impossible de réduire, pour un temps un peu considérable, les salaires ordinaires, même de la plus basse espèce de travail.

Il faut de toute nécessité qu'un homme vive de son travail, et que son salaire suffise au moins à sa subsistance ; il faut même quelque chose de plus dans la plupart des circonstances, autrement il serait impossible au travailleur d'élever une famille, et alors la race de ces ouvriers ne pourrait pas durer au-delà de la première génération.

Il y a cependant certaines circonstances qui sont quelquefois favorables aux ouvriers, et les mettent dans le cas de hausser beaucoup leurs salaires au-dessus de ce taux, qui est évidemment le plus bas qui soit compatible avec la simple humanité.

Lorsque, dans un pays, la demande de ceux qui vivent de salaires, ouvriers, journaliers, domestiques de toute espèce, va continuellement en augmentant ; lorsque chaque année fournit de l'emploi pour un nombre plus grand que celui qui a été employé l'année précédente, les ouvriers n'ont pas besoin de se coaliser pour faire hausser leurs salaires. La rareté des bras occasionne une concurrence parmi les maîtres, qui mettent à l'enchère l'un sur l'autre pour avoir des ouvriers, et rompent ainsi volontairement la ligue naturelle des maîtres contre l'élévation des salaires.»[1]

• *Pourquoi une hiérarchie des salaires ?*

Enfin, dans son chapitre X du livre I de *La Richesse des nations*, A. Smith essaie de déterminer les sources des différences entre salaires. Il en retient cinq :

«Autant qu'il m'a été possible de l'observer, les circonstances principales qui suppléent à la modicité du gain pécunière dans quelques emplois, et contre-balancent sa supériorité dans d'autres, sont les cinq suivantes : 1° l'agrément ou le désagrément des emplois en eux-mêmes ; 2° la facilité ou le bon marché avec lequel on peut les apprendre, ou la difficulté et la dépense qu'ils exigent pour cela ; 3° l'occupation constante qu'ils procurent, ou les interruptions auxquelles ils sont exposés ; 4° le plus ou moins de confiance dont il faut que soient investis ceux qui les exercent, et 5° la probabilité ou improbabilité d'y réussir.»[1]

La détermination des profits

Nous avons vu que dans son chapitre VI, Smith avait montré que le montant des profits était proportionnel au capital engagé et ne constituait pas la rémunération d'un éventuel travail de direction et d'inspection. Dans son chapitre IX, il met en évidence une loi de la baisse tendancielle du taux de profit dans un contexte où règne la concurrence. Cette loi de la baisse tendancielle des taux de profit sera reprise, avec une argumentation différente par des auteurs tels que D. Ricardo et K. Mark.

1. A. Smith, *Recherches sur la nature et les causes de la richesse des nations*, Guillaumin.

«Quand les capitaux de beaucoup de riches commerçants sont versés dans un même genre de commerce, leur concurrence mutuelle tend naturellement à en faire baisser les profits, et quand les capitaux se sont pareillement grossis dans tous les différents commerces établis dans la société, la même concurrence doit produire le même effet sur tous. (...)

Dans un pays qui aurait atteint le dernier degré de richesse auquel la nature de son sol et de son climat et sa situation à l'égard des autres pays peuvent lui permettre d'atteindre, qui, par conséquent, ne pourrait plus ni avancer ni reculer ; dans un tel pays, les salaires du travail et les profits des capitaux seraient probablement très bas tous les deux. Dans un pays largement peuplé en proportion du nombre d'hommes que peut nourrir son territoire ou que peut employer son capital, la concurrence, pour obtenir de l'occupation, serait nécessairement telle, que les salaires y seraient réduits à ce qui est purement suffisant pour entretenir le même nombre d'ouvriers ; et comme le pays serait déjà pleinement peuplé, ce nombre ne pourrait jamais augmenter. Dans un pays richement pourvu de capitaux en proportion des affaires qu'il peut offrir en tout genre, il y aurait, dans chaque branche particulière de l'industrie, une aussi grande quantité de capital employé, que la nature et l'étendue de ce commerce pourraient le permettre : la concurrence y serait donc partout aussi grande que possible, et conséquemment les profits ordinaires aussi bas que possible.»[1]

Deux lectures

Dans le contexte de son époque, A. Smith fournit indiscutablement une argumentation favorable au développement du libéralisme.

Une autre lecture, à la lumière de l'évolution de la théorie économique du XXe siècle, insiste sur la perception par A. Smith des effets pervers du libéralisme.

1. A. Smith, *Recherches sur la nature et les causes de la richesse des nations.*

David Ricardo

David Ricardo constitue un cas particulier, parmi les auteurs classiques, dans la mesure où, plus que d'autres, sa paternité est revendiquée par de nombreux courants de pensée contemporains.

Les libéraux, et en particulier l'école néo-classique, s'inscrivent dans le prolongement de la problématique ricardienne lorsqu'ils se réfèrent à sa description de la régulation par la loi de l'offre et de la demande, tant sur le marché des biens que sur le marché du travail, à son apologie de la non-intervention de l'Etat et sa défense du libre échange par la formulation de la loi des avantages comparatifs.

Les marxistes voient en Ricardo leur prédécesseur dans la mesure où le «dernier des classiques» a repris et approfondi son étude de la valeur travail : l'analyse en termes de *travail incorporé* et non *commandé*, la prise en compte du travail intégré dans les machines en plus du travail immédiat, la fixation des salaires à un niveau qui assure la subsistance de l'ouvrier, le caractère relatif de la notion de *minimum de subsistance*, le concept de «marchandise», la baisse tendancielle des taux de profit...

La relecture des travaux de D. Ricardo par Piero Sraffa a donné un regain d'actualité aux idées de Ricardo. Une «nouvelle école» s'est forgée, elle se démarque des principaux courants actuels en s'inscrivant dans le cadre de la problèmatique ricardienne, en opposition au courant néo-classique contemporain.

Enfin, Ricardo se distingue des principaux auteurs de son époque et rejoint ceux d'aujourd'hui par le niveau d'abstraction, fréquemment élevé, de ses analyses.

Qui est David Ricardo ?

David Ricardo naît à Londres en avril 1772. En 1794, après avoir travaillé avec son père, il se lance dans les affaires et fait fortune. De 1809 à 1810, le «Morning Chronicle» publie des lettres de Ricardo sur les questions monétaires. Puis, paraissent en 1810, l'*Essai sur le haut prix du lingot* et, en 1815, l'*Essai sur l'influence du bas prix du blé sur les profits* dans lequel il se déclare favorable à l'entrée du blé étranger sur le territoire national.

C'est en 1817 que *Des principes de l'économie politique et de l'impôt* sont publiés. Cet ouvrage est le plus connu de ses travaux et son impact fut très important.

Des principes de l'économie politique et de l'impôt est une œuvre structurée autour de 32 chapitres :

I. De la valeur.
II. De la rente de la terre.
III. Du profit foncier des mines.
IV. Du prix naturel et du prix courant.
V. Des salaires.
VI. Des profits.
VII. Du commerce extérieur.
VIII. De l'impôt.
IX. Des impôts sur les produits naturels.
X. Des impôts sur les rentes.
XI. De la dîme.
XII. De l'impôt foncier.
XIII. Des impôts sur l'or.
XIV. Des impôts sur les maisons.
XV. Des impôts sur les profits.
XVI. Des impôts sur les salaires.
XVII. Des impôts sur les produits non agricoles.
XVIII. De la taxe des pauvres.
XIX. Des changements soudains dans les voies du commerce.
XX. Des propriétés distinctives de la valeur et des richesses.
XXI. Des effets de l'accumulation sur les profits et sur l'intérêt des capitaux.
XXII. Des primes à l'exportation et des prohibitions à l'importation.
XXIII. Des primes accordées à la production.
XXIV. De la doctrine d'Adam Smith sur la rente de la terre.
XXV. Du commerce colonial.
XXVI. Du revenu brut et du revenu net.
XXVII. De la monnaie et des banques.
XXVIII. De la valeur comparative de l'or, du blé, et de la main-d'œuvre, dans les pays riches et dans les pays pauvres.
XXIX. Des impôts payés par le producteur.
XXX. De l'influence que l'offre et la demande ont sur les prix.
XXXI. Des machines.
XXXII. De l'opinion de M. Malthus sur la rente.

Ricardo a échangé également une riche correspondance avec Robert Malthus, James Mill et Jean-Baptiste Say. En 1819, il devient membre du parlement. Il décède en 1823.

Ricardo libéral : la défense du libre-échange

La théorie des avantages comparatifs

Ricardo, à la suite d'A. Smith, va s'opposer aux mesures protectionnistes. En particulier, il sera partisan de la suppression des entraves grevant l'entrée du blé en provenance de l'étranger. La théorie des avantages absolus d'A. Smith montrait que le libre échange était souhaitable dans certains cas précis. Ricardo va monter que, même en l'absence d'avantages absolus, les pays tirent profit des échanges internationaux, à condition qu'ils détiennent des avantages comparatifs ; ce qui est le cas quasi général. Ainsi, «l'échange lie entre elles toutes les nations du monde civilisé par le nœud commun de l'intérêt, par des relations amicales, et en fait une seule et grande société».[1]

Pour démontrer cette idée, Ricardo prend un exemple chiffré. Il se situe dans une situation où il n'y a pas d'avantages absolus entre deux pays. L'Angleterre produit une certaine quantité de drap à partir du travail de 100 hommes, et un certain nombre de litres de vin à partir du travail de 120 hommes. Le Portugal produit les mêmes biens avec respectivement le travail de 90 hommes par an et de 80 hommes par an.

Production	Quantité de travail nécessaire au Portugal	Quantité de travail nécessaire en Angleterre
Vin : X litres	Travail de 80 personnes pendant un an	Travail de 120 personnes pendant un an
Drap : Y mètres	Travail de 90 personnes pendant un an	Travail de 100 personnes pendant un an

Il n'existe pas d'avantages absolus pour l'Angleterre : il faut plus de temps de travail pour fabriquer le vin et le drap en Angleterre qu'au Portugal.

1. D. Ricardo, *Des principes de l'économie politique et de l'impôt.*

Or, nous dit Ricardo, dans ce cas les deux pays ont intérêt à échanger leurs produits. Pourquoi ?

Si l'Angleterre fabrique du vin et drap sur son territoire, le travail de 220 hommes pendant un an est nécessaire. En revanche, si l'Angleterre fabrique du drap qui nécessite le travail de 100 hommes par an pour l'exporter et importe en échange du vin, elle pourra obtenir la même quantité de produits avec le travail de, par exemple, 200 hommes par an, ce qui représente une économie : le travail de 20 hommes par rapport à la situation où il n'y a pas d'échanges. La Grande-Bretagne a donc intérêt à importer du vin contre du drap.[1]

Quantité de travail nécessaire pour obtenir X litres de vin et Y mètres de drap en ANGLETERRE	
En l'absence d'échanges internationaux	Avec échange de drap anglais contre du vin étranger
Travail de 120 personnes pendant 1 an + travail de 100 personnes pendant 1 an = travail de 220 personnes pendant 1 an	Travail de 100 personnes pendant 1 an pour fabriquer Y mètres de drap pour la consommation nationale + travail de 100 personnes pendant 1 an pour fabriquer Y mètres de drap destinés à être vendus contre X litres de vin = travail de 200 personnes pendant 1 an

Si le Portugal produit vin et drap au niveau national, cela nécessitera le travail de 170 hommes par an. En revanche, s'il utilise le travail de 80 hommes par an pour pouvoir exporter du vin contre du drap, par exemple, il obtiendra la même quantité de produits avec le travail de 160 hommes par an seulement, ce qui représente une économie de travail de

1. Si l'on prend en compte les rapports de temps de travail nécessaire à la fabrication du vin et du drap au Portugal d'une part et en Angleterre d'autre part :
- L'Angleterre aura intérêt à échanger son drap contre du vin, tant qu'elle pourra échanger au Portugal Y mètres de drap contre plus de 100/120 X litres de vin. Le rapport d'échange étant défini à l'intérieur du Portugal, en l'absence d'échanges internationaux, par : Y mètres de drap = 90/80 X litres de vin, et 90/80 étant supérieur à 100/120, l'Angleterre aura la possibilité d'échanger Y mètres de drap au Portugal contre plus de 100/120 X litres de vin.
- Le même raisonnement appliqué au Portugal montre que celui-ci aura intérêt à échanger son vin contre du drap tant que X litres de vin pourront être échangés contre plus de 80/90 Y mètres de drap ; et étant donné le rapport d'échange qui existe en Angleterre (120/100 > 80/90), un tel échange est possible.

10 hommes par rapport à la situation où il n'y a pas d'échange. Le Portugal a donc intérêt à échanger du vin contre du drap.

Quantité de travail nécessaire pour obtenir X litres de vin et Y mètres de drap au PORTUGAL	
En l'absence d'échanges internationaux	Avec échange de vin portugais contre des draps étrangers
Travail de 80 personnes pendant 1 an + travail de 90 personnes pendant 1 an = travail de 170 personnes pendant 1 an	Travail de 80 personnes pendant 1 an pour produire X litres de vin destinés à la consommation nationale + travail de 80 personnes pendant 1 an pour produire X litres de vins destinés à être échangés contre Y mètres de drap = travail de 160 personnes pendant 1 an

Les deux pays retirent chacun un avantage de l'échange, ils ont intérêt à commercer. Cette loi des avantages comparatifs conduit à estimer que les pays n'ont pas intérêt à pratiquer des politiques protectionnistes et doivent, au contraire, être libre échangistes.

Cette analyse en termes d'avantages relatifs constitue toujours une des argumentations essentielles en faveur du libre échange. Elle a été affinée par les travaux d'auteurs plus modernes tels Heckscher, Ohlin, Samuelson et, dans son principe, elle est au cœur de la défense du libéralisme économique.

Cependant, Ricardo en avait précisé les hypothèses restrictives qui, en pratique, limitent considérablement la portée réelle de cette loi.

Les hypothèses retenues

➔ La théorie des avantages comparatifs repose sur l'hypothèse d'une rigidité des facteurs de production entre pays. Ricardo considère que les individus répugnent à quitter leur pays d'origine ou à placer leurs capitaux en dehors de leur pays. Il en résulte que les échanges nationaux et internationaux ne reposent pas sur les mêmes principes. Il est possible, dans le cadre du négoce international, d'échanger des biens qui ont nécessité des quantités différentes de travail pour leur fabrication.

Ricardo insiste en précisant qu'en cas de mobilité des capitaux au niveau international, les entreprises auraient intérêt à se délocaliser plutôt qu'à produire sur leur propre territoire et d'échanger avec l'étranger. Dans le contexte du siècle où il écrit, il exclut cette éventualité et considère réaliste l'hypothèse de rigidité des facteurs de production.

Aujourd'hui, avec le développement des firmes multinationales, on assiste à un accroissement de la mobilité du travail et du capital au niveau mondial et à une remise en cause d'un des supports essentiels de l'analyse en termes d'avantages comparatifs pour la défense du libre échange.

«Dans un même pays, les profits sont en général toujours au même niveau, ou ne diffèrent qu'en raison de ce que le capital peut être consacré à un emploi plus ou moins sûr et agréable. Il n'en est pas de même d'un pays à l'autre. Si les profits des capitaux employés dans le Yorkshire surpassaient ceux des capitaux employés à Londres, les fonds passeraient bien vite de Londres dans le Yorkshire, et les profits se nivelleraient. Mais si le sol de l'Angleterre devenait moins productif, ou si l'accroissement des capitaux et de la population venait à faire monter les salaires et à faire baisser les profits, il ne s'ensuivrait pas pour cela que le capital et la population dussent nécessairement abandonner l'Angleterre, et se porter en Hollande, en Espagne ou en Russie, où les profits pourraient être plus élevés.

Si le Portugal n'avait aucune relation commerciale avec d'autres pays, au lieu d'employer son capital et son industrie à faire du vin, avec lequel il achète aux autres nations le drap et la quincaillerie nécessaires pour son propre usage, ce pays se trouverait forcé de consacrer une partie de ce capital à la fabrication de ces articles, qu'il n'obtiendrait plus probablement qu'en qualité inférieure et en quantité moindre.

La masse de vin que le Portugal doit donner en échange pour le drap anglais n'est pas déterminée par la quantité respective de travail que la production de chacun de ces deux articles a coûté ; — ce qui arriverait s'ils étaient tous deux fabriqués en Angleterre ou au Portugal.

(...)

L'Angleterre (pourrait donner) le produit du travail de cent hommes en échange du produit du travail de quatre-vingts. Un pareil échange ne saurait avoir lieu entre les individus du même pays. On ne peut échanger le travail de cent Anglais pour celui de quatre-vingts autres Anglais ; mais le produit du travail de cent Anglais peut être échangé contre le produit du travail de quatre-vingt Portugais, de soixante Russes ou de cent-vingt Asiatiques. Il est aisé d'expliquer la cause de la différence qui existe à cet égard entre un pays et plusieurs : cela tient à l'activité avec laquelle un capital passe constamment, dans le même pays, d'une province à l'autre pour trouver un emploi plus profitable, et aux obstacles qui en pareil cas s'opposent au déplacement des capitaux d'un pays à l'autre.

Dans la supposition que nous venons de faire, les capitalistes de l'Angleterre et les consommateurs des deux pays gagneraient sans doute à ce que le vin et le drap fussent l'un et l'autre faits au Portugal, le capital et l'industrie anglaise passant par conséquent, à cet effet, de l'Angleterre au Portugal.
Dans le cas supposé, la valeur relative de ces deux objets se règlerait d'après le même principe que si l'une était une production du Yorkshire et l'autre de Londres ; et dans tout autre cas, si les capitaux affluent librement vers les pays où ils trouvent un emploi plus profitable, il ne pourra exister dans le taux des profits, et dans le prix réel des choses, de différence autre que celle qui proviendrait du surcroît de travail nécessaire pour les porter aux différents marchés.

Nous savons cependant, par expérience, que bien des causes s'opposent à la sortie des capitaux. Telles sont : la crainte bien ou mal fondée de voir s'anéantir au-dehors un capital dont le propriétaire n'est pas le maître absolu, et la répugnance naturelle qu'éprouve tout homme à quitter sa patrie et ses amis pour aller se confier à un gouvernement étranger, et assujettir des habitudes anciennes à des mœurs et à des lois nouvelles. Ces sentiments, que je serais fâché de voir affaiblir décident la plupart des capitalistes à se contenter d'un taux de profits moins élevé dans leur propre pays, plutôt que d'aller chercher dans des pays étrangers un emploi plus lucratif pour leurs fonds.»[1]

1. D. Ricardo, *Des principes de l'économie politique et de l'impôt*, chapitre VII.

La théorie de la répartition et de la croissance

L'analyse de la répartition de Ricardo est regardée par la plupart des économistes comme un de ses apports les plus originaux.

Ricardo reprend la distinction faite par Smith entre trois catégories de revenus : la rente est la rémunération du propriétaire foncier ; le profit, la rémunération du capital ; et, le salaire, le prix du travail.

Comment se déterminent et varient ces trois catégories de revenu ?

A quel niveau se fixe la rente ?

• *Une définition de la rente plus restrictive que celle d'A. Smith*

«La rente est cette portion du produit de la terre que l'on paie au propriétaire pour avoir le droit d'exploiter les facultés productives et impérissables du sol. Cependant on confond souvent la rente avec l'intérêt et le profit du capital, et dans le langage vulgaire on donne le nom de rente à tout ce que le fermier paie annuellement au propriétaire.

Supposons deux fermes contiguës, ayant une même étendue, et un sol d'une égale fertilité, mais dont l'une, pourvue de tous les bâtiments et instruments utiles à l'agriculture, est de plus bien entretenue, bien fumée, et convenablement entourée de haies, de clôtures et de murs, tandis que tout cela manque à l'autre. Il est clair que l'une s'affermera plus cher que l'autre ; mais dans les deux cas on appellera rente la rémunération payée au propriétaire. Il est cependant évident qu'une portion seulement de l'argent serait payée pour exploiter les propriétés naturelles et indestructibles du sol, le reste représenterait l'intérêt du capital consacré à amender le terrain et à ériger les constructions nécessaires pour assurer et conserver le produit. Adam Smith donne parfois au mot rente le sens rigoureux dans lequel je cherche à le restreindre, mais le plus souvent il l'emploie dans le sens vulgairement usité. »[1]

1. D. Ricardo, *Des principes de l'économie politique et de l'impôt*, chapitre VII.

• *La rente provient de la différence de fertilité des terres*

Lorsque les hommes commencent à s'installer dans une contrée riche et fertile, les terres sont disponibles en abondance. Il ne peut y avoir de rente. A partir du moment où la population augmente, la culture des terres moins fertiles s'avère nécessaire ; la rente du propriétaire foncier apparaît.

La concurrence entre les producteurs conduit à l'établissement d'un prix du blé unique sur le marché qui tend vers son «prix naturel» ; celui-ci est fonction de la quantité de travail nécessaire pour produire sur la terre la moins fertile.

Les terres les plus fertiles permettent d'obtenir, étant donné la qualité de leur terre, plus de blé avec la même quantité de travail. Les propriétaires vont donc pouvoir percevoir une rente qui sera égale à la différence entre la production de blé sur leur domaine et celle obtenue avec la même quantité de travail et de capital sur les terres les moins productives mises en exploitation.

La terre la moins fertile ne produira pas de rente puisque le prix naturel correspond exactement au coût de production. Ainsi, la rente n'est pas un élément constitutif du prix, elle n'existe que grâce à la différence de productivité des terres.

Si la terre jouissait partout des mêmes propriétés, si son étendue était sans bornes, et sa qualité uniforme, on ne pourrait rien exiger pour le droit de la cultiver, à moins que ce ne fût là où elle devrait à sa situation quelques avantages particuliers. C'est donc uniquement parce que la terre varie dans sa force productive, et parce que, dans le progrès de la population, les terrains d'une qualité inférieure, ou moins bien situés, sont défrichés, qu'on en vient à payer une rente pour avoir la faculté de les exploiter. Dès que par suite des progrès de la société on se livre à la culture des terrains de fertilité secondaire, la rente commence pour ceux des premiers, et le taux de cette rente dépend de la différence dans la qualité respective des deux espèces de terre.

Dès que l'on commence à cultiver des terrains de troisième qualité, la rente s'établit aussitôt pour ceux de la seconde, et est réglée de même par la différence dans leurs facultés productives. La rente des terrains de première qualité hausse en même temps, car elle doit se maintenir toujours au-dessus de celle de la seconde qualité, et cela en raison de la différence de produits que rendent ces terrains avec une quantité donnée de travail et de capital. A chaque accroissement de population qui force un peuple à cultiver des terrains d'une qualité inférieure pour en tirer des subsistance, le loyer des terrains supérieurs haussera. (...)

LA RENTE CHEZ RICARDO

Période 1 : une seule qualité de terrain est utilisée

Terrain	Capital et travail utilisés	Produit net	Rente
1	K W	100 quarters de blé	0 quarter

Le prix naturel des 100 quarters de blé sera fonction de la quantité de travail nécessaire pour les produire sur le terrain de catégorie 1 : il n'y a pas de rente.

Période 2 :

La population et les besoins alimentaires ont augmenté. Deux qualités de terrain aux fertilités différentes sont exploitées. Le capital utilisé sur chaque terrain est identique (K), le travail également (W).

Terrains	Capital et travail utilisés	Produit net	Rente
1	K W	100 quarters de blé	10 quarters de blé
2	K W	90 quarters de blé	0 quarter de blé

Le prix naturel d'un quarter de blé est fonction de la quantité de travail nécessaire pour le produire sur le terrain 2. Le propriétaire du terrain 1 bénéficie d'une rente égale à :
100 quarters - 90 quarters, soit 10 quarters de blé.

La valeur du blé se règle d'après la quantité de travail employée à la produire sur les dernières qualités de terrains ou d'après cette portion de capital qui ne paie pas de rente. Le blé ne renchérit pas, parce qu'on paie une rente ; mais c'est au contraire parce que le blé est cher que l'on paie une rente ; et l'on a remarqué, avec raison, que le blé ne baisserait pas, lors même que les propriétaires feraient l'entier abandon de leurs rentes. Cela n'aurait d'autre effet que de mettre quelques fermiers dans le cas de vivre en seigneurs, mais ne diminuerait nullement la quantité de travail nécessaire pour

Période 3 :

La population et les besoins alimentaires augmentent encore. Trois qualités de terrains aux fertilités différentes sont exploitées. Le capital utilisé sur chaque terrain est identique (K), le travail également (W).

Terrain	Capital et travail utilisés	Produit net	Rente
1	K W	100 quarters de blé	20 quarters de blé
2	K W	90 quarters de blé	10 quarters de blé
3	K W	80 quarters de blé	0 quarter de blé

Le prix naturel du quarter de blé est fonction de la quantité de travail nécessaire pour le produire sur le terrain 3. Le propriétaire du terrain 1 perçoit une rente plus élevée que pendant la période 2 et égale à :
100 quarters - 80 quarters, soit 20 quarters de blé.
Le propriétaire du terrain 2 perçoit une rente égale à 90 quarters - 80 quarters soit 10 quarters.
Le propriétaire du terrain le moins fertile ne perçoit pas de rente.

La rente est égale à la différence entre les produits obtenus par l'emploi de deux quantités égales de capital et de travail sur des terrains de fertilité différente.

faire venir des produits bruts sur les terrains cultivés les moins productifs.»[1]

• *La rente tend à croître en période de croissance économique.*

La croissance s'accompagne d'une augmentation de la population et des besoins en denrées alimentaires. Les terres de moins en moins fertiles, qui demandent plus de travail ou plus de capital pour une même production, doivent être exploitées. Il en résulte une augmentation des «prix naturels» et donc de la rente. Seule, la liberté des échanges internationaux, l'importation de blé et l'amélioration des méthodes de production agricoles peuvent modérer cette hausse des prix et de la rente.

«La hausse des rentes est toujours l'effet de l'accroissement de la richesse nationale, et de la difficulté de se procurer des subsistances pour le surcroît de population : c'est un signe, mais ce n'est jamais une cause de la richesse ; car la richesse s'accroît souvent très rapidement pendant que la rente reste stationnaire, ou même pendant qu'elle baisse. La rente hausse d'autant plus rapidement, que les terrains disponibles diminuent de facultés productives. Là où la richesse augmente avec le plus de vitesse, c'est dans les pays où les terres disponibles sont les plus fertiles, où par des améliorations dans l'agriculture, on peut multiplier les produits sans aucune augmentation proportionnelle dans la quantité de travail, et où, par conséquent, l'accroissement des rentes est lent.»[1]

A quel niveau se fixent les salaires ?

• *Le prix naturel du travail dépend du minimum de subsistance de l'ouvrier.*

Comme toute autre marchandise, le travail a un «prix naturel» et un «prix courant». Le «prix naturel» est celui qui correspond au salaire de subsistance, c'est-à-dire au salaire minimum pour que l'ouvrier puisse vivre et entretenir sa descendance qui assure sa reproduction. Ce prix naturel dépend donc du prix des différents biens nécessaires à l'ouvrier et à sa famille.

1. D. Ricardo, *Des principes de l'économie politique et de l'impôt*, chapitre VII.

«Le travail, ainsi que toutes choses que l'on peut acheter ou vendre, et dont la quantité peut augmenter ou diminuer, a un prix naturel et un prix courant. Le prix naturel du travail est celui qui fournit aux ouvriers, en général, les moyens de subsister et de perpétuer leur espèce sans accroissement ni diminution. Les ressources qu'a l'ouvrier pour subvenir à son entretien et à celui de la famille nécessaire pour maintenir le nombre des travailleurs ne tiennent pas à la quantité d'argent qu'il reçoit pour son salaire, mais à la quantité de subsistances et d'autres objets nécessaires ou utiles dont l'habitude lui a fait un besoin, et qu'il peut acheter avec l'argent de ses gages. Le prix naturel du travail dépend donc du prix des subsistances et de celui des choses nécessaires ou utiles à l'entretien de l'ouvrier et de sa famille. Une hausse dans les prix de ces objets fera hausser le prix naturel du travail, lequel baissera par la baisse des prix.»[1]

• *Un minimum sociologique*

Le minimum de subsistance n'est d'ailleurs pas, aux yeux de Ricardo, identique selon les époques et, à un moment donné dans le temps, selon les pays. Le salaire de subsistance varie selon le contexte historique et les besoins apparaissent relatifs.

«On aurait tort de croire que le prix naturel des salaires est absolument fixe et constant, même en estimant en vivres et autres articles de première nécessité ; il varie à différentes époques dans un même pays, et il est très différent dans des pays divers. Cela tient essentiellement aux mœurs et aux habitudes du peuple. L'ouvrier anglais regarderait son salaire comme au-dessous du taux naturel, et insuffisant pour maintenir sa famille, s'il ne lui permettait d'acheter d'autre nourriture que des pommes de terre, et d'avoir pour demeure qu'une misérable hutte de terre ; et néanmoins cela paraît suffisant aux habitants des contrées où «la vie est à bon marché», et où l'homme n'a que des besoins aussi modérés que faciles à satisfaire.

Il y a bien des choses qui constituent aujourd'hui le bien-être du paysan anglais, et qu'on aurait regardées comme des objets de luxe à des époques reculées de notre histoire.

1. D. Ricardo, *Des principes de l'économie politique et de l'impôt*, chapitre VII.

Les progrès de la société faisant toujours baisser le prix des articles manufacturés, et hausser celui des matières premières, il s'opère à la longue une telle disproportion dans leur valeur relative, que dans les pays riches, un ouvrier peut, moyennant le sacrifice d'une petite quantité de sa nourriture, satisfaire amplement tous ses autres besoins.»[1]

• *Le prix courant du travail tend vers le prix naturel*

Le prix courant du travail correspond au salaire que perçoit réellement l'ouvrier et dépend du jeu de l'offre et de la demande. Comme pour toutes autres marchandises, le *prix courant* tend à se rapprocher du *prix naturel.* Lorsque l'offre de travail est relativement rare par rapport à la demande, les salaires ont tendance à s'élever au-dessus de leur prix naturel et les ouvriers qui peuvent alors se procurer beaucoup de biens voient leur niveau de vie et leur effectif augmenter. L'offre de travail s'accroît, les salaires diminuent et peuvent même descendre en deçà du prix naturel engendrant, dans ce cas, une misère ouvrière grave et une forte mortalité. L'offre de travail se réduit alors, et les salaires croissent à nouveau et tendent vers le prix naturel.

«Le prix courant du travail est le prix que reçoit réellement l'ouvrier, d'après les rapports de l'offre et de la demande, le travail étant cher quand les bras sont rares, et à bon marché lorsqu'ils abondent. Quelque grande que puisse être la déviation du prix courant relativement au prix naturel du travail, il tend, ainsi que toutes les denrées, à s'en rapprocher. C'est lorsque le prix courant du travail s'élève au-dessus de son prix naturel que le sort de l'ouvrier est réellement prospère et heureux, qu'il peut se procurer en plus grande quantité tout ce qui est utile ou agréable à la vie, et par conséquent élever et maintenir une famille robuste et nombreuse. Quand, au contraire, le nombre des ouvriers s'accroît par le haut prix du travail, les salaires descendent de nouveau à leur prix naturel, et quelquefois même l'effet de la réaction est tel, qu'ils tombent encore plus bas.

1. D. Ricardo, *Des principes de l'économie politique et de l'impôt*, chapitre VII.

La croissance économique profite aux salariés dans la mesure où le prix courant peut, en période de croissance, se maintenir pendant un temps indéterminé au-dessus du prix naturel.

«Malgré la tendance qu'ont les salaires à revenir à leur taux naturel, leur prix courant peut cependant, dans la marche de la civilisation, et pendant un temps indéterminé, se maintenir constamment plus haut ; car à peine l'impulsion, donnée par une augmentation de capital, a-t-elle augmenté la demande d'ouvriers, qu'une nouvelle augmentation peut produire le même effet. Et si cet accroissement de capital est graduel et constant, le besoin de bras continuera à servir d'encouragement à la population.»[1]

Cette analyse de la détermination des salaires va profondément influencer Karl Marx et, à sa suite les marxistes.

• *Les salaires doivent être livrés à la concurrence du marché.*

Ricardo partage l'avis de Malthus selon lequel l'intervention du gouvernement en faveur des pauvres ne peut être que néfaste. Il s'agit de l'un des aspects de la défense ricardienne en faveur du libéralisme économique.

«Ainsi que tout autre contrat, les salaires doivent être livrés à la concurrence franche et libre du marché, et n'être jamais entravés par l'intervention du Gouverneur.

La tendance manifeste et directe de la législation anglaise sur les indigents est diamétralement en opposition avec ces principes, qui sont de toute évidence. Ces lois, bien loin de répondre au vœu bienfaisant du législateur, qui ne voulait qu'améliorer la condition des pauvres, n'ont d'autre effet que d'empirer à la fois et celle du pauvre et celle du riche ; — au lieu d'enrichir les pauvres, elles ne tendent qu'à appauvrir les riches. Tant que nos lois actuelles sur les pauvres seront en vigueur, il est dans l'ordre naturel des choses que les fonds destinés à l'entretien des indigents s'accroissent progressi-

1. D. Ricardo, *Des principes de l'économie politique et de l'impôt*, chapitre VII.

vement, jusqu'à ce qu'ils aient absorbé tout le revenu net du pays, ou au moins tout ce que le Gouvernement pourra nous en laisser après qu'il aura satisfait ses demandes perpétuelles de fonds pour les dépenses publiques.»[1]

Mécanisation et niveau des salaires

Quelle est l'influence du développement de la mécanisation sur le niveau des salaires ? La pensée de Ricardo a évolué sur cette question.

• *Le progrès technique favorise les travailleurs*

Dans un premier temps, Ricardo pensa que le progrès technique devait être favorable aux ouvriers puisque le développement du machinisme devait contribuer à accroître la productivité et donc faire baisser les prix. Le pouvoir d'achat des travailleurs devait ainsi augmenter. Et ce, d'autant plus que le progrès technique ne devait pas entraîner de sous-emploi : le secteur modernisé, si les gains de productivité sont plus importants que l'expansion de la demande, peut connaître des licenciements ; mais en compensation, les capitalistes vont investir dans d'autres industries et créer de nouveaux emplois dans la mesure où ils ne vont pas garder improductif le capital qui servait auparavant à entretenir les ouvriers licenciés. Ainsi, la demande globale de travail ne se modifie pas et ne pèse pas de façon négative sur les salaires ; seules jouent les conséquences positives liées à l'amélioration des performances.

«Dès le moment où je commençai à étudier les questions économiques, je crus que toute machine qui avait pour effet d'introduire dans une branche quelconque de la production une économie de main-d'œuvre, produisait un bien général qu'altéraient seulement les crises qui accompagnent le plus souvent le déplacement des capitaux et du travail d'une industrie vers une autre. (...)

1. D. Ricardo, *Des principes de l'économie politique et de l'impôt.*

Je croyais encore que les machines étaient une institution éminemment favorable aux classes ouvrières en ce qu'elles acquéraient ainsi les moyens d'acheter une plus grande masse de marchandises avec les mêmes salaires en argent : et je pensais, de plus, que les salaires ne subiraient aucune réduction par la raison que les capitalistes auraient besoin de la même somme de travail qu'auparavant, quoique ce travail dût être dirigé dans des voies nouvelles. Si, par l'emploi de machines nouvelles, on parvenait à quadrupler la quantité de bas fabriqués, et que la demande de bas ne fît que doubler, il faudrait nécessairement licencier un certain nombre d'ouvriers ; mais comme le capital qui servait à les entretenir existait toujours et que l'intérêt des capitalistes devait être d'employer productivement ce capital, il me paraissait qu'il irait alimenter quelque autre industrie utile à la société. (...)

Comme je pensais que la demande de travail serait la même et que les salaires ne baisseraient pas, je pensais aussi que les classes inférieures participeraient, comme toutes les autres classes, aux avantages résultant du bas prix des marchandises, et par conséquent de l'emploi des machines.»[1]

• *Le progrès technique pèse sur les travailleurs*

Après cette première analyse teintée d'un optimisme certain, Ricardo adopta une attitude beaucoup plus pessimiste. A partir d'un exemple chiffré, Ricardo montre que l'introduction de la machine peut s'accompagner d'une diminution du fonds de salaire dans la mesure où le capital destiné à financer les salaires peut se transformer en capital technologique. Il s'agit d'une possibilité et non d'un cas général. Ainsi, certains mécanismes peuvent jouer dans le sens d'une compensation entre emplois perdus et créés. En particulier, la diminution des prix consécutive au progrès technique peut entraîner un accroissement de l'épargne, donc des capitaux utilisés de façon productive, et de l'emploi.

«Je suis convaincu que la substitution des forces mécaniques aux forces humaines pèse quelquefois très lourdement, très péniblement sur les épaules des classes laborieuses.

1. D. Ricardo, *Des principes de l'économie politique et de l'impôt*, chapitre 31.

Mon erreur provenait de ce que je faisais toujours croître parallèlement le revenu net et le revenu brut d'une société, et que tout prouve, au contraire, que les fonds où les propriétaires et les capitalistes puisent leurs revenus peuvent grandir tandis que celui qui sert à maintenir la classe ouvrière diminue. D'où il suit que la cause même qui accroît le revenu net d'un pays peut en même temps activer l'accroissement de la population, aggraver la concurrence des travailleurs et diminuer leur bien-être.

Supposons qu'un capitaliste spécule sur une somme de 20 000 £, et qu'il joigne aux fonctions d'un fermier celles d'un fabricant de denrées de première nécessité. Supposons encore que, sur ce capital, 7 000 £ soient engagées dans des constructions, des instruments, etc. et que le reste soit employé sous forme de capital circulant, à solder le travail. Supposons, enfin, que les profits soient de 10 %, et que les 20 000 £ rapportent régulièrement et annuellement 2 000 £.

Chaque année notre capitaliste commence ses opérations en achetant la nourriture et les objets de consommation qu'il vendra dans le cours de l'année à ses ouvriers, jusqu'à concurrence de 13 000 £. Pendant tout ce temps il leur donne sous forme de salaires la même somme de monnaie, et ceux-ci lui restituent au bout de l'année pour 15 000 £ de subsistance, d'objets de première nécessité. Sur ces 15 000 £ il en est 2 000 qu'il consomme lui-même ou dont il peut disposer comme il lui plaît. Le produit brut de cette année aura donc été 15 000 £ et le produit net de 2 000 £. Supposons maintenant que l'année suivante le capitaliste emploie la moitié de ses ouvriers à construire une machine, et l'autre moitié à produire, comme auparavant, des subsistances et des denrées de première nécessité. Pendant cette année, encore, il dépenserait 13 000 £ en salaires, et vendrait à ses ouvriers la même quantité de nourriture et d'autres objets ; mais qu'arriverait-il l'année suivante ?

Le travail détourné vers la fabrication de la machine abaisserait de moitié la quantité et la valeur totale des subsistances et des denrées de première nécessité produites anciennement. La machine vaudrait 7 500 £ : les subsistances et autres objets 7 500 £ de sorte que la richesse du capitaliste serait absolument la même, car outre ces deux valeurs, son capital fixe serait toujours de 7 000 £, donnant en somme le fonds primitif de 20 000 £ joint aux 2 000 £ de bénéfice annuel.

Mais après avoir réduit pour ses dépenses personnelles cette somme de 2 000 £, il ne lui restera plus pour continuer ses opérations, qu'un capital circulant de 5 500 £. Sa faculté de payer et maintenir des ouvriers se trouvera donc réduite de 13 000 £ à 5 500 £ et par conséquent tout le travail défrayé jadis par la différence, 7 500 £ se trouveraient en excès.

La quantité restreinte de travail que pourra occuper actuellement le capitaliste, devra, sans doute, grâce aux machines, et après la défalcation faite des frais de réparation et d'entretien, produire une valeur égale à 7 500 £ et reconstituer le capital circulant avec un bénéfice de 2 000 £ sur le fonds primitif ; mais s'il en est ainsi et si le revenu net n'est pas diminué, il importera fort peu au capitaliste que le revenu brut soit de 3 000, de 10 000 ou de 15 000 £.

Quoique la valeur du produit net n'ait pas diminué, et que sa puissance d'acheter d'autres marchandises se soit au contraire notablement accrue, le produit brut n'en aura pas moins été ramené, dans ce cas, de 15 000 £ à 7 500 £, et comme la faculté d'entretenir une population et d'employer du travail, dépend toujours du produit brut d'une nation, et non de son produit net, la demande de bras diminuera nécessairement, la population deviendra excessive et les classes ouvrières entreront dans une période de détresse et d'angoisse.

Cependant, comme le fonds qui grossit les épargnes de chacun est proportionnel au revenu net, la diminution du prix des marchandises, — suite de l'introduction des machines, aurait pour résultat évident d'accroître la facilité d'épargner, de transformer des revenus en capitaux. Or, comme chaque accroissement de capital lui permettrait d'employer un plus grand nombre de bras, une fraction des ouvriers rejetés hors des ateliers par les engins mécaniques trouverait de nouveau à s'utiliser. Et s'il arrivait que, sous l'influence des machines, l'accroissement de la production fût assez grand pour fournir, sous forme de produit net, une quantité de nourriture et de denrées de première nécessité aussi considérable et, par conséquent, on n'aurait pas à subir les maux d'une surpopulation.

Tout ce que je tiens à prouver, c'est que la découverte et l'usage des forces mécaniques peuvent être suivis d'une diminution de produit brut : et toutes les fois qu'il en sera ainsi, la classe laborieuse souffrira, car elle deviendra excessive comparativement aux fonds destinés à la maintenir, et une fraction de ses membres se verra privée de travail et de salaire.»[1]

L'analyse des profits

• *Les taux de profit tendent à s'égaliser entre les branches*

➔ Ricardo part du principe que chaque entrepreneur essaie de placer son capital de la manière la plus avantageuse. Si dans un secteur, le taux de profit se trouve plus élevé que dans un autre, les capitaux afflueront vers cette industrie entraînant ainsi un accroissement de l'offre par rapport à la demande. Les prix diminuent jusqu'à égalisation des taux de profit entre industries. Ainsi, les taux de profit tendent à s'égaliser entre les branches lorsque les marchandises se vendent à leur prix naturel. Implicitement, Ricardo pose l'hypothèse d'une parfaite transparence des marchés, d'une information parfaite. Celle-ci sera explicitement formulée dans le modèle de la concurrence pure et parfaite des néo-classiques.

• *Les profits dépendent du niveau des salaires*

➔ Aux yeux de Ricardo, plus les salaires sont élevés, plus les profits sont faibles. Or, les premiers dépendent du prix des biens de subsistance, en particulier du prix du blé. Comme la baisse des salaires permet un accroissement des profits, Ricardo fut opposé au *Corn law* voté en 1815 qui limitait les importations de blé, et fut un ardent défenseur de l'ouverture des frontières au blé étranger de façon à favoriser une baisse des prix de cette denrée de première nécessité.

1. D. Ricardo, *Des principes de l'économie politique et de l'impôt*, chapitre XXXI.

« Nous avons vu que le prix du blé [a] se règle par la quantité de travail nécessaire pour le produire, au moyen de cette portion du capital qui ne paie pas de rente. Nous avons vu aussi que tous les articles manufacturés haussent et baissent de prix à mesure qu'il faut, pour les produire, plus ou moins de travail. Ni le fermier qui cultive cette espèce de terres dont la qualité règle les prix courants, ni le manufacturier qui fabrique des marchandises, ne réservent aucune portion du produit pour la rente. La valeur entière de leurs articles se partage en deux seules portions, dont l'une constitue les profits du capital, et l'autre est consacrée au salaire des ouvriers.

En supposant que le blé et les objets manufacturés se vendent toujours au même prix, les profits seront toujours élevés ou réduits, selon la hausse ou la baisse des salaires. Mais si le prix du blé hausse, parce que sa production exige plus de travail, cette cause ne fera point hausser le prix des objets manufacturés dont la fabrication n'exige point de travail additionnel. Dans ce cas, si les salaires restent les mêmes, les profits ne changeront pas ; mais comme il est indubitable que les salaires montent par la hausse du blé, les profits alors doivent nécessairement baisser.

Si un fabricant donnait toujours ses marchandises pour la même somme d'argent, pour 1 000 livres sterling, par exemple, ses profits dépendraient du prix du travail nécessaire pour leur fabrication. Ils seraient moindres avec des salaires de 800 livres qu'avec d'autres de 600 livres. A mesure donc que les salaires hausseraient, les profits diminueraient. Mais si le prix des produits agricoles augmente, l'on pourrait demander si du moins le fermier n'aura pas les mêmes profits, quoiqu'il paie de plus forts salaires. Certainement non ; car non seulement il aura, ainsi que le manufacturier, à payer plus de gages à chacun des ouvriers qu'il emploie, mais il sera obligé de payer une rente, ou d'employer un plus grand nombre d'ouvriers, pour obtenir le même produit. La hausse des produits agricoles ne sera que proportionnée à cette rente ou au nombre additionnel des ouvriers employés, et elle ne saurait le dédommager de la hausse des salaires.

a. Le lecteur est prié de se rappeler que dans le but d'être plus clair, j'ai considéré l'argent, ou la monnaie, comme invariable dans sa valeur ; et par conséquent toute variation de prix comme l'effet d'un changement dans la valeur de la marchandise seulement.

(Note de Ricardo)

Si le manufacturier et le fermier employaient chacun dix hommes, et si les salaires haussaient de 24 livres à 25 livres par an, pour chaque homme, il leur coûterait à chacun 250 livres au lieu de 240 livres par an. Voilà tout ce qu'il en coûtera de plus au manufacturier pour avoir la même quantité de marchandises ; mais le fermier d'un terrain neuf aura probablement besoin d'employer un homme de plus, et par conséquent de débourser pour ses gages 25 livres de plus ; et le fermier d'un vieux fonds de terre sera forcé de payer pour rente précisément cette même somme additionnelle de 25 livres : car, sans cette augmentation de travail, le blé n'aurait pas pu hausser. L'un et l'autre auront à débourser 275 livres ; l'un, uniquement pour payer les salaires, et l'autre, pour les salaires et la rente ; et chacun d'eux dépensera 25 livres de plus que le manufacturier. Ils seront remboursés de ces 25 livres par la hausse du prix des produits de la terre, et, par conséquent, leurs profits seront toujours dans le même rapport avec ceux du manufacturier.»[1]

• *Profits ordinaires et extraordinaires*

Néanmoins, des profits extraordinaires peuvent être acquis par les capitalistes lorsque le prix courant s'élève par le jeu de l'offre et de la demande. Le «profit ordinaire» est déterminé par rapport au prix naturel de chaque marchandise et si une cause quelconque, les exigences de la mode par exemple, conduit à accroître l'offre par rapport à la demande, le prix courant s'élève et engendre des profits extraordinaires. Mais, cette situation n'est pas durable. Les entrepreneurs attirés par une espérance de profit importante investissent dans les secteurs très rentables, contribuant ainsi à accroître l'offre jusqu'à ce que celle-ci atteigne le niveau de la demande, que le prix diminue jusqu'à son prix naturel et que le profit s'établisse au niveau du profit ordinaire.

On reconnaît, de façon moins formalisée sans doute, mais semblable dans ses principes, l'analyse menée par les néoclassiques de l'équilibre de l'entreprise sur le long terme en situation de concurrence pure et parfaite.

1. D. Ricardo, *Des principes de l'économie politique et de l'impôt*, chapitre VI, Flammarion.

« L'on devrait se rappeler que le prix courant varie toujours, et varie d'abord par le rapport de l'offre et la demande. C'est ainsi que du drap qu'on peut donner à 40 s. l'aune en prélevant les profits ordinaires sur le capital, pourrait hausser jusqu'à 60 ou 80 s., en raison des exigences de la mode, ou par suite de quelque autre cause, qui tout à coup, et sans qu'on s'y attendît, en augmenterait la demande ou en diminuerait l'approvisionnement. Les fabricants de draps feront, pendant quelque temps, des profits extraordinaires ; mais les capitaux afflueront vers ce genre de fabrique jusqu'à ce que l'offre soit au niveau de la demande, et alors le prix du drap baissera de nouveau à 40 s., qui est son prix naturel et absolu. De même des demandes de blé plus considérables peuvent en élever le prix assez haut pour que le fermier en retire plus que les profits ordinaires. S'il y a bon nombre de terrains fertiles, le prix du blé baissera bientôt à son ancien niveau, après que la quantité nécessaire de capital aura été employée sur ces terrains — les profits restant d'ailleurs les mêmes. Mais s'il n'y avait pas assez de terres fertiles, et si, pour produire ce surcroît de blé, il fallait plus que la quantité ordinaire de travail et de capital, le blé ne baisserait plus à son ancien niveau. Son prix naturel s'élèverait, et le fermier, au lieu d'obtenir constamment de plus grands profits, se verrait forcé de se contenter du taux diminué qui est la suite inévitable de la hausse de main-d'œuvre, hausse causée par celle des choses nécessaires.»[1]

• *La baisse tendancielle des taux de profit*

Les profits dépendent de l'importance des salaires. Or, ceux-ci ont tendance à se fixer à un niveau qui correspond au minimum de subsistance de l'ouvrier et de sa famille qui lui-même dépend du prix des denrées de première nécessité. Or, celles-ci, en particulier le blé, ont tendance à voir leur prix augmenter en même temps que l'accroissement de la population qui accompagne la croissance. Des terres de moins en moins fertiles, nécessitant de plus en plus de travail pour obtenir la même quantité de blé, doivent être exploitées. Les taux

1. D. Ricardo, *Des principes de l'économie politique et de l'impôt*, chapitre VI.

de profit tendent donc à baisser. Néanmoins, cette tendance peut être freinée par diverses causes, en particulier par le progrès technique qui permet des gains de productivité. Cet aspect de l'analyse ricardienne sera repris dans ses conclusions par Karl Marx mais avec une argumentation différente.

«Les profits tendent naturellement à baisser, parce que, dans le progrès de la société et de la richesse, le surcroît de subsistances nécessaires exige un travail toujours croissant. Cette tendance, ou, pour ainsi dire, cette gravitation des profits, est souvent et heureusement arrêtée par le perfectionnement des machines qui aident à la production des choses nécessaires, ainsi que par l'effet des découvertes agronomiques, qui nous donnent le moyen d'épargner une portion de travail, et de diminuer ainsi le prix des articles de première nécessité pour la consommation de l'ouvrier. »[1]

L'état stationnaire

La croissance économique ne peut se maintenir que dans la mesure où les taux de profit sont élevés. En conséquence, la baisse tendancielle des profits conduira à long terme l'économie vers un état stationnaire marqué par l'absence de croissance économique.

« Il est aussi impossible au fermier et au manufacturier de vivre sans profits, qu'à l'ouvrier d'exister sans salaire. Le motif qui les porte à accumuler diminuera à chaque diminution des profits, et il cessera entièrement quand ils seront tellement minimes qu'ils ne leur offriront plus un dédommagement suffisant de leur peine, et du risque qu'ils courent nécessairement en employant leur capital d'une manière productive.»[1]

Pour retarder le plus possible la venue de l'état stationnaire, il faut adopter des politiques de soutien des profits. Ainsi, les tarifs douaniers protecteurs sur les blés doivent être abolis car ils provoquent une élévation du prix du pain qui pèse sur le niveau des salaires et donc exerce une action à la baisse des profits.

1. D. Ricardo, *Des principes de l'économie politique et de l'impôt*, chapitre VI.

La théorie de la valeur et des prix

L'analyse de la valeur

Ricardo reprend la distinction de Smith entre valeur d'usage et valeur d'échange et adhère au principe de la valeur travail mais son raisonnement diffère sur de nombreux points.

• *Les deux sources de la valeur échangeable*

Ricardo ne va pas voir dans le travail l'unique source de la valeur échangeable des biens. Celle-ci est double. Elle réside d'une part dans la quantité de travail nécessaire pour acquérir les marchandises ; d'autre part, dans le degré de rareté des biens. Il distingue alors deux catégories d'objets. Ceux dont la valeur ne dépend que de la rareté, telles les œuvres d'art, et les autres.

Ayant établi que la première catégorie de biens ne pèse que très faiblement dans l'ensemble des échanges, Ricardo est conduit à limiter son analyse à la seconde sorte de biens sur lesquels porte l'essentiel du commerce. Il donne ainsi une définition restrictive au concept de «marchandise» qui désigne l'ensemble des biens reproductibles en grande quantité par l'industrie de l'homme. Il sera suivi dans cette démarche par Karl Marx.

• *Une analyse en termes de «travail incorporé»*

Ricardo pense que l'origine de la valeur des «marchandises» se trouve dans la quantité de travail nécessaire pour les produire, c'est-à-dire dans la quantité de travail qui est incorporée aux marchandises et ceci aussi bien dans les sociétés primitives que dans les sociétés modernes. Il rejette donc l'analyse menée par Smith pour les sociétés avancées en termes de «travail commandé».

Par ailleurs, la quantité de travail dont il faut tenir compte doit inclure celle qui a été nécessaire pour fabriquer les outils et les machines. Cette précision constitue un argument supplémentaire qui permet à Ricardo de soutenir que, quel que soit l'état d'avancement de la société, c'est toujours le même principe, la quantité de travail nécessaire à la fabrication des marchandises, qui détermine les fondements de la valeur. En effet, la distinction entre sociétés primitives et avancées est, de son point de vue, artificielle dans la mesure où, partout et toujours, un minimum d'outils et d'instruments sont nécessaires pour acquérir des biens. De plus, dans son analyse de la répartition, Ricardo va, à la différence d'Adam Smith, considérer que la rente n'est pas une partie constituante du prix. Ce dernier se décompose en profit et en salaire.

« La valeur des marchandises se trouve modifiée, non seulement par le travail immédiatement appliqué à leur production, mais encore par le travail consacré aux outils, aux machines, aux bâtiments qui servent à les créer.

Même dans cet état primitif des sociétés dont il est question dans Adam Smith, le chasseur sauvage a besoin d'un capital quelconque pour tuer le gibier. S'il n'avait aucune espèce d'arme offensive, comment tuerait-il un castor ou un daim ? La valeur de ces animaux se composerait donc d'abord du temps et du travail employés à leur destruction, et ensuite du temps et du travail nécessaires au chasseur pour acquérir son capital, c'est-à-dire l'arme dont il s'est servi.

Supposons que l'arme propre à tuer le castor exige, pour sa fabrication, beaucoup plus de travail que celle qui suffit pour tuer le daim, en raison de la difficulté plus grande d'approcher du premier de ces animaux, et de la nécessité d'être par conséquent muni d'une arme propre à porter un coup assuré. Dans ce cas, il est probable qu'un castor vaudra plus que deux daims, précisément parce que, tout considéré, il faudra plus de travail pour tuer le premier. (...)

Qu'on suppose les occupations de la société plus étendues, en sorte que les uns fournissent les canots, les filets et les appareils nécessaires à la pêche ; et les autres, les semences et les instruments grossiers dont on se sert en commençant une culture : il sera toujours vrai de dire cependant que la valeur échangeable des objets produits est proportionnée au travail employé à leur production immédiate, et je ne dis pas seulement à leur production immédiate, mais encore à la fabrication des instruments et machines nécessaires à l'industrie qui les produit.

Si nous envisageons un état de société *encore plus avancé*, où les arts et le commerce fleurissent, nous verrons que c'est toujours le même principe qui détermine les variations dans la valeur des marchandises. En estimant, par exemple, la valeur échangeable des bas de coton, nous verrons qu'elle dépend de la totalité du travail nécessaire pour les fabriquer et les porter au marché. Il y a d'abord le travail nécessaire à la culture de la terre où l'on a récolté le coton brut ; puis celui qui a servi à le transporter dans le pays où l'on doit fabriquer les bas — ce qui comprend une partie du travail employé à la construction du navire qui doit porter le coton, et qui est payé dans le fret des marchandises. Puis, vient le travail du fileur et du tisserand, et une partie de celui de l'ingénieur, du serrurier, du charpentier, qui ont construit les bâtiments et les machines ; enfin les services du détaillant et de plusieurs autres personnes qu'il serait inutile d'énumérer. La somme totale de toutes ces sortes de travaux détermine la quantité des divers objets qui doit être échangée contre ces bas ; et une pareille estimation de tout le travail employé à la production de ces objets eux-mêmes, règlera également la quantité qui doit en être donnée pour les bas.»[1]

➔ • *La quantité de travail incorporée dans les marchandises détermine leur valeur relative et non pas leur valeur absolue.*

«Je n'ai pas dit, et il est essentiel de se le rappeler, que par cela seul que le travail consacré à une marchandise s'élève à 1 000 £ et celui consacré à une autre marchandise à 2 000 £, la valeur de ces deux objets doit être nécessairement de 1 000 £ et de 2 000 £ : j'ai dit simplement que cette valeur serait dans le rapport de 1 à 2, et que ces marchandises s'échangeraient d'après ce rapport. Il importe fort peu à la vérité de notre théorie, que l'un de ces produits se vende à raison de 1 100 £ Je n'examinerai même pas cette question en ce moment ; ce que j'affirme seulement, c'est que leur valeur relative se règle sur les quantités relatives de travail consacrées à leur production.»[1]

1. D. Ricardo, *Des principes de l'économie politique et de l'impôt*, Chapitre I.

Prix naturels et prix courants

Ricardo distingue, à la suite d'A. Smith, plusieurs catégories de prix. Le *prix naturel* correspond à la quantité de travail nécessaire à la production des marchandises. Le *prix courant* est fonction de l'offre et de la demande et peut s'écarter de *façon accidentelle et passagère* de ce prix. Le *prix courant* tend à se rapprocher du *prix naturel*. En effet, lorsque le *prix courant* augmente, l'offre s'accroît et les prix tendent à diminuer, et inversement jusqu'au niveau du *prix naturel*. Les écarts entre *prix courant* et *prix naturel* orientent les capitaux vers les industries qui bénéficient d'un taux de profits élevé suite à une hausse des prix excessive par rapport au *prix naturel*. L'accroissement de l'offre dans ces secteurs tend à faire baisser les prix, et donc les taux de profits, et ceci dans toutes les activités. Ainsi, il existe une tendance à l'égalisation des taux de profits lorsque les marchandises sont à leur prix naturel.

«Chacun étant libre d'employer son capital comme il lui plaît, il est naturel qu'il cherche à le placer de la manière la plus avantageuse ; il ne se contentera pas d'un profit de 10 %, si, par un autre emploi, il peut en tirer 15 %. Ce désir inquiet, qu'a tout capitaliste, d'abandonner un placement moins lucratif pour un autre qui le soit davantage, tend singulièrement à établir l'égalité dans le taux de tous les profits, ou à en fixer les proportions de telle sorte que les individus intéressés puissent estimer et compenser entre elles tout avantage que l'un aurait ou paraîtrait avoir sur l'autre. (...)

Supposons que toutes les marchandises soient à leur prix naturel, et par conséquent que le taux des profits du capital reste le même dans toutes les industries ; ou bien supposons que les profits ne diffèrent que parce que ces marchandises ont, dans l'esprit des parties intéressées, quelque avantage réel ou imaginaire dont on jouit ou auquel on renonce. Supposons ensuite qu'un changement dans la mode augmente la demande des soieries et diminue celle des étoffes de laine : leur prix naturel restera le même, car la quantité de travail nécessaire à leur production n'aura pas changé ; mais le prix courant des soieries haussera, et celui des étoffes de laine baissera. Par conséquent les profits du fabricant de soieries se trouveront au-dessus, et ceux du fabricant d'étoffes de laine, au-dessous du taux ordinaire des profits ; et ce changement survenu dans les profits s'étendra au salaire des ouvriers. Cependant la demande extraordinaire des soieries serait bientôt satisfaite, au moyen des capitaux et de l'industrie détournés des manufactures de draps vers celles des soieries ; et alors les prix courants des étoffes de soie et de laine se rapprocheraient de nouveau de leurs prix naturels, et chacune de ces branches de manufactures ne donnerait plus que les profits ordinaires.

C'est donc l'envie qu'a tout capitaliste de détourner ses fonds d'un emploi déterminé vers un autre plus lucratif, qui empêche le prix courant des marchandises de rester longtemps beaucoup au-dessus ou beaucoup au-dessous de leur prix naturel. C'est cette concurrence qui établit la valeur échangeable des marchandises, de telle sorte qu'après le paiement des salaires pour le travail nécessaire à leur production, et après les autres dépenses indispensables pour donner au capital engagé toute sa faculté de production, l'excédent de valeur est dans chaque espèce de manufacture en raison de la valeur du capital empoyé.

Dans le premier chapitre de *La Richesse des Nations*, tout ce qui a rapport à cette question est traité avec beaucoup de sagacité. Quant à nous, après avoir pleinement reconnu les effets qui, dans certains emplois du capital, peuvent modifier accidentellement le prix des denrées, celui des salaires et les profits des fonds sans avoir aucune influence sur le prix général des denrées, des salaires ou des profits ; après avoir, dis-je, reconnu ces effets qui se font également sentir à toutes les époques de la société, nous pouvons les négliger entièrement en traitant des lois qui règlent les prix naturels, les salaires naturels et les profits naturels, toutes choses indépendantes de ces causes accidentelles. En parlant donc de la valeur échangeable des choses, ou du pouvoir qu'elles ont d'en acheter d'autres, j'entends toujours parler de cette faculté qui constitue leur prix naturel, toutes les fois qu'elle n'est point dérangée par quelque cause momentanée ou accidentelle.»[1]

1. D. Ricardo, *Des principes de l'économie politique et de l'impôt.*

Jean-Baptiste Say

Qui est Jean-Baptiste Say ?

Jean-Baptiste Say, né en janvier 1767, est issu d'une famille de marchands protestants. A 19 ans, il se rend en Angleterre où il fait connaissance avec l'œuvre d'Adam Smith, *La Richesse des nations*. Au moment de la Révolution française, il a 22 ans et s'intéresse à la vie politique. Il sympathise avec les idées nouvelles faisant l'apologie de la liberté, de l'égalité réclamant l'abolition des privilèges et la protection de la propriété privée, garante de l'exercice des libertés. Il s'engage volontairement dans l'armée en 1792 ; puis, pendant six ans, il devient rédacteur en chef d'une revue qu'il a créée, *La décade philosophique et littéraire*. En 1799, il devint tribun mais, opposé aux idées trop interventionnistes de Napoléon Bonaparte, il est ensuite écarté du Tribunat.

En 1803, paraît son ouvrage le plus célèbre, *Le Traité d'économie politique*. Celui-ci est organisé, de façon très didactique, autour de trois livres qui traitent respectivement «De la production des richesses», «De la distribution des richesses» et de «De la consommation des richesses».

En 1819, sous la Restauration, il enseigne au Conservatoire des Arts et Métiers ; puis, en 1831 au Collège de France où il est nommé professeur d'économie politique.

Outre son célèbre *Traité d'économie politique*, il fait paraître plusieurs écrits dont un *Catéchisme d'économie politique*, un ouvrage intitulé *De l'Angleterre et des Anglais* et un *Cours complet d'économie politique* qui reprenait le contenu de l'enseignement qu'il avait dispensé au Conservatoire des Arts et Métiers. Il décède en novembre 1832 à l'âge de 65 ans.

La défense du libéralisme

Jean-Baptiste Say va s'attacher à défendre le libéralisme économique, la libre concurrence et la propriété privée, et à condamner l'intervention de l'Etat dans l'économie tant sur le plan interne qu'externe. Il s'inscrit ainsi dans la lignée d'Adam Smith dont il se réclame. Mais, il va se démarquer de l'école classique anglaise par sa vision idyllique du fonctionnement des mécanismes du marché.

Son argumentation repose d'abord sur une adhésion à la théorie de la valeur-utilité et sur une définition large du concept de richesse qui lui permet de contester la vision pessimiste ricardienne de la répartition. Ce clivage entre A. Smith, D. Ricardo et T.R. Malthus d'une part et J.B. Say et ses disciples a conduit à distinguer l'école anglaise, qui adhère à la théorie de la valeur-travail, de l'école française, qui retient la notion de valeur-utilité.

Le raisonnement de Jean-Baptiste Say est également fondé sur sa célèbre «loi des débouchés» qui ne fera pas l'unanimité parmi l'école anglaise et qui donnera lieu à une controverse entre Ricardo (convaincu par la démonstration de Say), et Malthus (qui la contestait). Cette «loi des débouchés» tend à démontrer que l'économie de marché se régule de façon spontanée en situation de concurrence.

Ainsi, Jean-Baptiste Say va-t-il plus loin que les classiques anglais dans sa défense du libéralisme économique. Il ne montre pas seulement que ce système est le meilleur moyen possible pour assurer la croissance et l'enrichissement, mais aussi qu'il entraîne peu de coûts économiques et sociaux sur la longue période. Certes, il ne nie pas la possibilité de déséquilibres sur le court terme avec tous leurs effets négatifs, il perçoit les problèmes sociaux liés à l'industrialisation mais, pour l'essentiel, son message est fortement teinté d'optimisme quant aux conséquences du libéralisme. Ceci explique que la pensée de Jean-Baptiste Say constitue un des fondements de la pensée néo-classique qui va adhérer au principe de la valeur-utilité et à la «loi des débouchés» et qu'elle se trouve au centre de controverses : entre libéraux et marxistes sur la question de la valeur, entre néo-classiques et Keynésiens sur la «loi des débouchés».

L'adhésion à la valeur utilité et une définition large du concept de richesse

Le prix, un indicateur de l'utilité des biens

J.B. Say distingue, comme ses contemporains anglo-saxons, valeur d'échange et valeur d'usage mais, ces deux notions ne recouvre pas la même acception chez l'auteur français.

La valeur d'échange des objets, dit-il, est égale au prix, c'est-à-dire à la quantité de monnaie que l'on doit donner pour acquérir un bien. La valeur réelle des choses réside dans leur valeur d'usage, c'est-à-dire dans la faculté qu'elles ont de pouvoir satisfaire les besoins humains ; J.B. Say la nomme «utilité».

Dans un système où règne la liberté de produire et de signer des contrats sans aucune entrave ni taxation, ni ingérence de l'Etat, le prix courant tend à s'établir au niveau de la valeur réelle des biens. Le prix est «une indication de l'utilité que les hommes reconnaissent dans une chose». Certes, les frais de production constituent une limite inférieure en-deçà de laquelle les prix ne peuvent descendre mais, pour Say, il n'y a aucune raison pour que les prix restent fixés à ce niveau. Ceux-ci dépendent de ce que le consommateur accepte de donner en unités monétaires pour voir ses besoins satisfaits.

En conséquence, il est conduit à adopter une définition très large du concept de richesse, «la production étant une création d'utilité».

«Je dirai que créer des objets qui ont une utilité quelconque, c'est créer des richesses, puisque l'utilité de ces choses est le premier fondement de leur valeur, et que leur valeur est de la richesse.

Mais on ne crée pas des objets : la masse des matières dont se compose le monde ne saurait augmenter ni diminuer. Tout ce que nous pouvons faire, c'est de reproduire ces matières sous une autre forme qui les rende propres à un usage quelconque qu'elles n'avaient pas, ou seulement qui augmente l'utilité qu'elles pouvaient avoir. Alors il y a création, non pas de matière mais d'utilité ; et comme cette utilité leur donne de la valeur, il y a *production de richesses*.

C'est ainsi qu'il faut entendre le mot *production* en économie politique, et dans tout le cours de cet ouvrage. La production n'est point une création de matière, mais une création d'utilité. Elle ne se mesure point suivant la longueur, le volume ou le poids du produit, mais suivant l'utilité qu'on lui a donnée.

De ce que le prix est la mesure de la valeur des choses, et de ce que leur valeur est la mesure de l'utilité qu'on leur a donnée, il ne faudrait pas tirer la conséquence absurde qu'en faisant monter leur prix par la violence, on accroît leur utilité. La valeur échangeable, ou le prix, n'est une indication de l'utilité que les hommes reconnaissent dans une chose, qu'autant que le marché qu'ils font ensemble n'est soumis à aucune influence étrangère à cette même utilité ; de même qu'un baromètre n'indique la pesanteur de l'atmosphère qu'autant qu'il n'est soumis à aucune action autre que celle de la pesanteur de l'atmosphère.

En effet, lorsqu'un homme vend à un autre un produit quelconque, il lui vend l'utilité qui est dans ce produit ; l'acheteur ne l'achète qu'à cause de son utilité, de l'usage qu'il en peut faire. Si, par une cause quelconque, l'acheteur est obligé de la payer au-delà de ce que vaut pour lui cette utilité, il paie une valeur qui n'existe pas, et qui, par conséquent, ne lui est pas livrée.[a]

C'est ce qui arrive quand l'autorité accorde à une certaine classe de négociants le privilège exclusif de faire un certain commerce, celui des marchandises de l'Inde, par exemple ; le prix de ces marchandises en est plus élevé, sans que leur utilité, leur valeur intrinsèque soit plus grande. Cet excédent de prix est de l'argent qui passe de la bourse des consommateurs dans celle des négociants privilégiés, et qui n'enrichit les uns qu'en appauvrissant inutilement les autres exactement de la même somme.

De même, quand le gouvernement met sur le vin un impôt qui fait vendre 15 sous une bouteille qui, sans cela, ce serait vendue 10 sous, fait-il autre chose que faire passer, pour

a. Ceci recevra de nouveaux développements. Il nous suffit, quant à présent, de savoir qu'en quelque état que se trouve la société, plus la liberté de produire et de contracter est entière, et plus les prix courants se rapprochent de la valeur réelle des choses.
(Note de J.B. Say)

chaque bouteille, 5 sous de la main des producteurs ou des consommateurs de vin dans celle du percepteur ? La marchandise n'est ici qu'un moyen d'atteindre plus ou moins commodément le contribuable, et sa valeur courante est composée de deux éléments, savoir : en premier lieu, sa valeur réelle fondée sur son utilité, et ensuite la valeur de l'impôt que le gouvernement juge à propos de faire payer pour la laisser fabriquer, passer ou consommer.

Il n'y a donc véritablement production de richesse que là où il y a création ou augmentation d'utilité.»[1]

Produits matériels et immatériels

Ainsi, Say rejette la distinction entre activité productive et improductive retenue par Smith et il est conduit à différencier les «produits matériels» qui sont susceptibles d'être conservés et les «produits immatériels» qui correspondent aux services et dont la caractéristique est d'être consommés en même temps que produits.

«Un médecin vient visiter un malade, observe les symptômes de son mal, lui prescrit un remède, et sort sans laisser aucun produit que le malade ou sa famille puisse transmettre à d'autres personnes, ni même conserver pour la consommation d'un autre temps.

L'industrie du médecin a-t-elle été improductive ? Qui pourrait le penser ? Le malade a été sauvé. Cette production était-elle incapable de devenir la matière d'un échange ? Nullement, puisque le conseil du médecin a été échangé contre ses honoraires ; mais le besoin de cet avis a cessé dès le moment qu'il a été donné. Sa production était de le dire ; sa consommation, de l'entendre ; il a été consommé en même temps que produit.

C'est ce que je nomme un *produit immatériel.*

L'industrie d'un musicien, d'un acteur, donne un produit du même genre ; elle vous procure un divertissement, un plaisir, qu'il vous est impossible de conserver, de retenir, pour le consommer plus tard, ou pour l'échanger de nouveau contre d'autres jouissances. Celle- ci a bien son prix ; mais elle ne

1. Jean-Baptiste Say, *Traité d'économie politique,* Livre I, Chap. I, Calmann-Lévy.

subsiste plus, si ce n'est dans le souvenir, et n'a plus aucune valeur échangeable, passé le moment de sa production.

Smith refuse aux résultats de ces industries le nom de *produit.* Il donne au travail auquel elles se livrent le nom d'*improductif,* et c'est une conséquence du sens qu'il attache au mot *richesse*, au lieu de donner ce nom à toutes les choses qui ont une valeur échangeable *susceptible de se conserver ;* et par conséquent il le refuse aux produits dont la consommation a lieu à l'instant même de leur création. Cependant l'industrie d'un médecin, et, si l'on veut multiplier les exemples, l'industrie d'un administrateur de la chose publique, d'un avocat, d'un juge, qui sont du même genre, satisfont à des besoins tellement nécessaires, que, sans leurs travaux, nulle société ne pourrait subsister. Les fruits de ces travaux ne sont-ils pas réels ? Ils sont tellement réels, qu'on se les procure au prix d'un autre produit qui est matériel, auquel Smith accorde le nom de richesse, et que, par ces échanges répétés, les producteurs de produits immatériels acquièrent des fortunes.»[1]

L'accroissement des services peut-il constituer une source d'enrichissement au même titre que les autres biens ? En particulier, est-il avantageux de multiplier les services rendus par l'Etat ? Jean-Baptiste Say répond par la négative.

«De la nature des produits immatériels, il résulte qu'on ne saurait les accumuler, et qu'ils ne servent point à augmenter le capital national. Une nation où il se trouverait une foule de musiciens, de prêtres, d'employés, pourrait être une nation fort divertie, bien endoctrinée, et admirablement bien administrée ; mais voilà tout. Son capital ne recevrait de tout le travail des hommes industrieux aucun accroissement direct, parce que leurs produits seraient consommés à mesure qu'ils seraient créés.

En conséquence, lorsqu'on trouve le moyen de rendre plus nécessaire le travail d'une de ces professions, on ne fait rien pour la prospérité publique ; en augmentant ce genre de travail productif, on en augmente en même temps la consommation. Quand cette consommation est une jouissance, on peut s'en consoler ; mais quand elle-même est un mal, il faut convenir qu'un semblable système est déplorable.

1. Jean-Baptiste Say, *Traité d'économie politique,* Chapitre XIII, Calmann-Lévy.

C'est ce qui arrive partout où l'on complique la législation. Le travail des gens de loi, devenant plus considérable et plus difficile, occupe plus de monde et se paie plus cher. Qu'y gagne-t-on ? D'avoir ses droits mieux défendus ? Non, certes : la complication des lois est bien plutôt favorable à la mauvaise foi, en lui offrant de nouveaux subterfuges, tandis qu'elle n'ajoute presque jamais rien à la solidité du bon droit. On y gagne de plaider plus souvent et plus longtemps. (...)

On est heureux sans doute de pouvoir se procurer un bon médecin lorsqu'on n'a pu éviter une maladie ; mais il vaut mieux encore n'être pas malade. Compliquer les lois pour les faire débrouiller par les légistes, c'est se donner un mal pour prendre la peine de la guérir. Les produits immatériels, comme les autres, ne sont des produits qu'autant que l'avantage qui en résulte ne peut être acquis à moins de frais ; or, la voie la plus simple d'être affranchi d'un inconvénient, c'est de ne pas s'y soumettre de propos délibéré.»[1]

Fonder son analyse sur la valeur-utilité et sur une conception large des richesses ne conduit pas Say à valoriser le développement des services rendus par l'Etat.

Une remise en cause de l'analyse de la répartition de Ricardo

L'analyse de Ricardo en matière de répartition est pessimiste dans la mesure où elle conclut au caractère durable des faibles salaires et à la tendance vers un état stationnaire qui sera atteint lorsque la motivation à investir des entreprises sera insuffisante, étant donné la faiblesse des taux de profit. La croissance des économies de marché est donc, à terme, limitée.

• *Les revenus, contrepartie de la participation à l'activité productrice*

J.B. Say va proposer une étude différente de la répartition qui présente toute perception de revenu comme une juste contrepartie de la participation de chacun à l'activité productrice. En conséquence, les salaires n'apparaissent plus comme relativement bas et la vision de l'état stationnaire disparaît. C'est

1. Jean-Baptiste Say, *Traité d'économie politique*, Chapitre XIII, Calmann-Lévy.

une des raisons pour lesquelles la pensée néo-classique s'est, par la suite, ralliée à l'analyse de la valeur de J.B. Say aux dépens de celle de l'école anglaise.

Pour J.B. Say, plusieurs agents concourent à la production par l'apport de leur travail, de leur capital ou de leur terre. Le produit ainsi obtenu est ensuite distribué entre tous ceux qui ont participé à la création de richesses par le libre jeu de l'offre et de la demande qui fixe les prix de chaque service productif. Le propriétaire foncier perçoit le «profit du fonds de terre», les apporteurs de capitaux le «profit du capital» et les «industrieux», c'est-à-dire les simples salariés et les entrepreneurs, le «profit de l'industrie» qui se décompose en salaires et en profit de l'entrepreneur. Toutes les catégories de revenu sont donc fondamentalement de même nature et toutes ont pour contrepartie une valeur produite, chaque «service productif» a contribué à l'accroissement des richesses et en perçoit une part.

«Les raisons qui déterminent la valeur des choses s'appliquent indifféremment à toutes les choses qui ont une valeur, même aux plus fugitives ; elles s'appliquent par conséquent aux services productifs que rendent l'industrie, les capitaux et les terres dans l'acte de la production. Ceux qui disposent de l'une de ces trois sources de la production sont marchands de cette denrée que nous appelons ici *services productifs* ; les consommateurs des produits en sont les acheteurs. Les entrepreneurs d'industrie ne sont, pour ainsi dire, que des intermédiaires qui réclament les services productifs nécessaires pour tel produit en proportion de la demande qu'on fait de ce produit. Le cultivateur, le manufacturier et le négociant comparent perpétuellement le prix que le consommateur veut et peut mettre à telle ou telle marchandise, avec les frais qui seront nécessaires pour qu'elle soit produite ; s'ils en décident la production, ils établissent une demande de tous les services productifs qui devront y concourir, et fournissent ainsi une des bases de la valeur de ces services.

D'un autre côté, les agents de la production, hommes et choses, terres, capitaux, ou gens industrieux, s'offrent plus ou moins, suivant divers motifs et forment ainsi l'autre base de la valeur qui s'établit pour ces mêmes services.

Chaque produit achevé paie, par la valeur qu'il a acquise, la totalité des services qui ont concouru à sa création. Plusieurs de ces services ont été acquittés avant l'achèvement du produit, et il a fallu que quelqu'un en fît l'avance ; d'autres ont été acquittés après l'achèvement du produit et sa vente : dans tous les cas, ils l'ont été avec la valeur du produit.»[1]

• Analyse de la répartition et défense du libéralisme

Ainsi, la défense du libéralisme économique s'enrichit d'une idée nouvelle : la libre détermination des revenus sur le marché conduit à la justice économique : personne ne «récolte là où il n'a pas semé».

L'optimisme de J.B. Say va aussi s'exprimer dans sa «démonstration» de l'impossibilité des crises générales avec sa célèbre «loi des débouchés».

La loi des débouchés

Qu'est-ce que la loi des débouchés ?

J.B. Say pose la question de savoir ce qui ouvre des débouchés aux produits et il répond : «l'achat d'un produit ne peut être fait qu'avec la valeur d'un autre», «c'est la production qui ouvre des débouchés aux produits». En effet, celui qui n'a pas participé à l'activité productrice ne perçoit pas de revenus et ne peut donc rendre solvables ses besoins sur le marché. Il ne donnera naissance à aucune demande. Inversement, un individu qui produit pour une valeur de 1 000 F, par exemple, va engendrer sous forme de profits, d'intérêts, de salaires... une distribution de revenus d'un montant équivalent à 1 000 F.

«Les entrepreneurs des diverses branches d'industrie ont coutume de dire que la difficulté n'est pas de produire, mais de vendre ; qu'on produirait toujours assez de marchandises, si l'on pouvait facilement en trouver le débit. Lorsque le placement de leurs produits est lent, pénible, peu avantageux, ils disent que *l'argent est rare* ; l'objet de leurs désirs est une consommation active qui multiplie les ventes et soutienne les prix. Mais si on leur demande quelles circonstances, quelles causes sont favorables au placement de leurs produits, on s'aperçoit que le plus grand nombre n'a que des idées confuses sur ces matières, observe mal les faits et les explique plus mal encore, tient pour constant ce qui est douteux, souhaite ce qui est directement contraire à ses intérêts, et cherche à obtenir de l'autorité une protection féconde en mauvais résultats.

Pour nous former des idées plus sûres, et d'une haute application, relativement à ce qui ouvre des débouchés aux produits de l'industrie, poursuivons l'analyse des faits les plus connus, les plus constants ; rapprochons-les de ce que nous avons déjà appris par la même voie ; et peut-être découvrirons-nous des vérités neuves, importantes, propres à éclairer les désirs des hommes industrieux et de nature à assurer la marche des gouvernements jaloux de les protéger.

L'homme dont l'industrie s'applique à donner de la valeur aux choses en leur créant un usage quelconque ne peut espérer que cette valeur sera appréciée et payée que là où d'autres hommes auront les moyens d'en faire l'acquisition. Ces moyens, en quoi consistent-ils ? En d'autres valeurs, d'autres produits, fruits de leur industrie, de leurs capitaux, de leurs terres : d'où il résulte, quoique au premier aperçu cela semble un paradoxe, que c'est la production qui ouvre des débouchés aux produits.

Que si un marchand d'étoffes s'avisait de dire : *Ce ne sont pas d'autres produits que je demande en échange des miens, c'est de l'argent,* on lui prouverait aisément que son acheteur est mis en état de le payer en argent que par des marchandises qu'il vend de son côté. «Tel fermier, peut-on lui répondre, achètera vos étoffes si ses récoltes sont bonnes ; il achètera d'autant plus qu'il aura produit davantage. Il ne pourra rien acheter, s'il ne produit rien.

«Vous-mêmes, vous n'êtes mis à même de lui acheter son froment et ses laines, qu'autant que vous produisez des étoffes.»[1]

1. J.B. Say, *Traité d'économie politique*, Chapitre XV, Livre 1, Calmann-Lévy.

L'impossibilité des crises générales

J.B. Say tire plusieurs conséquences de son analyse. En premier lieu, plus la production sera importante, plus la demande le sera. Des secteurs en pleine croissance exercent des effets d'entraînement sur d'autres activités. Mais, surtout pour J.B. Say, «un produit terminé offre dès cet instant, un débouché à d'autres produits pour tout le montant de sa valeur» ce qui rend impossible toute crise générale et durable, parce que la demande tend toujours à correspondre à l'offre. Seules les crises sectorielles sont possibles et se résorbent spontanément par le libre jeu des mécanismes du marché.

«La première conséquence qu'on peut tirer de cette importante vérité, c'est que, dans tout Etat, plus les producteurs sont nombreux et les productions multipliées, et plus les débouchés sont faciles, variés et vastes.

Dans les lieux qui produisent beaucoup, se crée la substance avec laquelle seule on achète : je veux dire la *valeur*. L'argent ne remplit qu'un office passager dans ce double échange ; et, les échanges terminés, il se trouve toujours qu'on a payé des produits avec des produits.

Il est bon de remarquer qu'un produit terminé offre, *dès cet instant*, un débouché à d'autres produits pour tout le montant de sa valeur. En effet, lorsque le dernier producteur a terminé un produit, son plus grand désir est de le vendre, pour que la valeur de ce produit ne chôme pas entre ses mains. Mais il n'est pas moins empressé de se défaire de l'argent que lui procure sa vente, pour que la valeur de l'argent ne chôme pas non plus. Or, on ne peut se défaire de son argent qu'en demandant à acheter un produit quelconque. On voit donc que le fait seul de la formation d'un produit ouvre, dès l'instant même, un débouché à d'autres produits.

C'est pour cela qu'une bonne récolte n'est pas seulement favorable aux cultivateurs, et qu'elle l'est en même temps aux marchands de tous les autres produits. On achète davantage toutes les fois qu'on recueille davantage. Une mauvaise récolte, au contraire, nuit à toutes les ventes. Il en est de même des récoltes faites par les arts et le commerce. Une branche de commerce qui prospère fournit de quoi acheter, et procure conséquemment des ventes à tous les autres commerces ; et d'un autre côté, quand une partie des manufactures ou des genres de commerce devient languissante, la plupart des autres en souffrent.

Cela étant ainsi, d'où vient, demandera-t-on, cette quantité de marchandises qui, à certaines époques, encombrent la circulation, sans pouvoir trouver d'acheteurs ? Pourquoi ces marchandises ne s'achètent-elles pas les unes les autres ?

Je répondrai que des marchandises qui ne se vendent pas, ou qui se vendent à perte, excèdent la somme des besoins qu'on a de ces marchandises, soit parce qu'on en a produit des quantités trop considérables, soit plutôt parce que d'autres productions ont souffert. Certains produits surabondent, parce que d'autres sont venus à manquer.

En termes plus vulgaires, beaucoup de gens ont moins acheté, parce qu'ils ont moins gagné ; et ils ont moins gagné, parce qu'ils ont trouvé des difficultés dans l'emploi de leurs moyens de production, ou bien parce que ces moyens leur ont manqué.

Aussi l'on peut remarquer que les temps où certaines denrées ne se vendent pas bien sont précisément ceux où d'autres denrées montent à des prix excessifs[a] ; et comme ces prix élevés seraient des motifs pour en favoriser la production, il faut que des causes ou des moyens violents, comme des désastres naturels ou politiques, l'avidité ou l'impéritie des gouvernements, maintiennent forcément d'un côté cette pénurie, qui cause un engorgement de l'autre. Cette cause de maladie politique vient-elle à cesser, les moyens de production se portent vers les routes où la production est demeurée en arrière ; en avançant dans ces voies-là, elle favorise l'avancement de la production dans toutes les autres. Un genre de production devancerait rarement les autres, et ses produits seraient rarement avilis, si tous étaient toujours laissés à leur entière liberté.»[1]

Ainsi, la loi des débouchés conduit J.B. Say à nier la possibilité de survenance d'un déséquilibre général entre l'offre et la demande et à défendre la thèse d'une régulation spontanée de l'activité économique par les mécanismes du marché.

a. Le sens de ce chapitre-ci n'est pas qu'on ne puisse pas produire d'une certaine marchandise *trop* en proportion des besoins, mais seulement que ce qui favorise le débit d'une marchandise, c'est la production d'une autre. (Note de J.B. Say).

1. Jean-Baptiste Say, *Traité d'économie politique*, Calmann-Lévy.

La consommation pure et simple ne contribue pas à l'enrichissement

Pour Say, en matière de politique économique, l'encouragement de la consommation par les Etats ne peut conduire à l'enrichissement d'un pays.

«La consommation pure et simple, celle qui n'a d'autre objet que de provoquer de nouveaux produits, ne contribue point à la richesse du pays. Elle détruit d'un côté de qu'elle fait produire d'un autre côté. Pour que la consommation soit favorable, il faut qu'elle remplisse son objet essentiel, qui est de satisfaire à des besoins. Lorsque Napoléon exigeait qu'on parût à sa cour avec des habits dorés, il causait à ses courtisans une perte égale, tout au moins aux gains qu'il procurait à ses brodeurs. C'était pis encore lorsqu'il autorisait par des licences un commerce clandestin avec l'Angleterre, à la charge d'exporter en marchandises françaises une valeur égale à celle qu'on voulait importer. Les négociants qui faisaient usage de ces licences chargeaient sur leurs navires des marchandises qui, ne pouvant être admises de l'autre côté du détroit, étaient jetées à la mer en sortant du port. Le gouvernement, tout à fait ignorant en économie politique, s'applaudissait de cette manœuvre comme étant favorable à nos manufactures. Mais quel en était l'effet réel ? Le négociant, obligé de perdre la valeur entière des marchandises françaises qu'il exportait, vendait en conséquence le sucre et le café qu'il rapportait d'Angleterre, le consommateur français payait le montant des produits dont il n'avait pas joui. C'était comme si, pour encourager les fabriques, on avait acheté, aux dépens des contribuables, les produits manufacturés pour les jeter à la mer.

Pour encourager l'industrie, il ne suffit pas de la consommation pure et simple ; il faut favoriser le développement des goûts et des besoins qui font naître parmi les populations l'envie de consommer ; de même que, pour favoriser la vente, il faut aider les consommateurs à faire des gains qui les mettent en état d'acheter. Ce sont les besoins généraux et constants d'une nation qui l'excitent à produire, afin de se mettre en pouvoir d'acheter, et qui par là donnent lieu à des consommations constamment renouvelées et favorables au bien-être des familles.

Après avoir compris que la demande des produits en général est d'autant plus vive que la production est plus active, vérité constante malgré sa tournure paradoxale, on doit peu se mettre en peine de savoir vers quelle branche d'industrie il est à désirer que la production se dirige. Les produits créés font naître les demandes diverses, déterminées par les mœurs, les besoins, l'état des capitaux, de l'industrie, des agents naturels du pays ; les marchandises les plus demandées sont celles qui présentent, par la concurrence des demandeurs, de plus forts intérêts pour les capitaux qui y sont consacrés, de plus gros profits pour les entrepreneurs, de meilleurs salaires pour les ouvriers ; et ce sont celles-là qui sont produites de préférence.»[1]

Un principe controversé

➔ Cette thèse sera reprise par les néo-classiques qui chercheront à montrer l'existence d'un équilibre général et simultané sur tous les marchés en situation de concurrence pure et parfaite. Elle sera aussi vivement critiquée, à l'époque de J.B. Say d'abord par Malthus et Sismondi, et ensuite par Keynes qui résumera la position de Say par la célèbre maxime «l'offre crée sa propre demande».

Ces critiques portent essentiellement sur les hypothèses sous-jacentes à la démonstration de Say : la monnaie est considérée comme un voile qui n'a pas d'effet sur le niveau de la production et des échanges.

«Vous prétendez que c'est de l'argent qu'il vous faut : je vous dis, moi, que ce sont d'autres produits.
En effet, pourquoi désirez-vous cet argent ? N'est-ce pas dans le but d'acheter des matières premières pour votre industrie, ou des comestibles pour votre bouche ? Vous voyez bien que ce sont des produits qu'il vous faut, et non de l'argent. La monnaie d'argent qui aura servi dans la vente de vos produits, et dans l'achat que vous aurez fait des produits d'un autre ira, un moment après, servir au même usage entre deux autres contractants ; elle servira ensuite à d'autres ; et à d'autres encore, sans fin : de même qu'une voiture qui, après avoir

1. Jean-Baptiste Say, *Traité d'économie politique*, Calmann-Lévy.

transporté le produit que vous aurez vendu, en transportera un autre, puis un autre. Lorsque vous ne vendez pas facilement vos produits, dites-vous que c'est parce que les acquéreurs manquent de voitures pour les emporter ? Eh bien ! l'argent n'est que la voiture de la valeur des produits. Tout son usage a été de voiturer chez vous la valeur des produits que l'acheteur avait vendus pour acheter les vôtres ; de même, il transportera, chez celui auquel vous ferez un achat, la valeur des produits que vous aurez vendus à d'autres.

C'est donc avec la valeur de vos produits transformée momentanément en une somme d'argent, que vous achetez, que tout le monde achète les choses dont chacun a besoin.»[1]
J.B. Say pensait que les individus n'avaient qu'une hâte : se débarrasser de leur argent.

«Lorsque le dernier producteur a terminé un produit, son plus grand désir est de le vendre, pour que la valeur de ce produit ne chôme pas entre ses mains. Mais, il n'est pas moins empressé de se défaire de l'argent que lui procure sa vente, pour que la valeur de l'argent ne chôme pas non plus.» [1]

Or, la monnaie n'est pas nécessairement neutre. Keynes, en particulier, a mis en évidence qu'elle pouvait être désirée pour elle-même et thésaurisée. Dans ce cas, l'ensemble des disponibilités monétaires acquises à partir d'un processus de production n'est pas nécessairement réinjecté dans l'économie. Par ailleurs, Say assimile l'épargne à une consommation ultérieure. Même une somme «enfouie et non utilisée» sera un jour ou l'autre utilisée et constituera une demande.

«Lors même que ce serait pour enfouir la somme, le but ultérieur est toujours d'acheter quelque chose avec la somme. Si ce n'est l'enfouisseur qui achète, c'est son héritier, c'est celui aux mains de qui la somme tombe par quelque accident que ce soit ; car de la monnaie, en tant que monnaie, ne peut servir à aucun autre usage.»[1]

En posant une telle hypothèse, Say ne tient pas compte des délais. Or, pendant la durée de la thésaurisation, la compression de la demande peut engendrer une baisse de l'incitation à investir et donc amorcer une récession qui peut se généraliser et devenir durable avec tous les effets négatifs que cela comporte sur les plans économique et social.

1. Jean-Baptiste Say, *Traité d'économie politique*, Livre I, Chapitre XV, Calmann-Lévy.

La défense du libre-échange et de la thèse de « la main invisible »

La «loi des débouchés» renforce par ailleurs la défense du libéralisme économique. Cette défense s'inscrit d'une part dans la lignée de la pensée d'A. Smith et de la théorie de la main invisible, d'autre part dans le cadre de la défense du libre échange dans les relations extérieures.

«Une seconde conséquence du même principe, c'est que chacun est intéressé à la prospérité de tous, et que la prospérité d'un genre d'industrie est favorable à la prospérité de tous les autres. En effet, quels que soient l'industrie qu'on cultive, le talent qu'on exerce, on en trouve d'autant mieux l'emploi, et l'on en tire un profit d'autant meilleur, qu'on est plus entouré de gens qui gagnent eux-mêmes. (...)

Que feraient un actif manufacturier, un habile négociant dans une ville mal peuplée et mal civilisée de certaines portions de l'Espagne ou de la Pologne ? Quoiqu'il n'y rencontrât aucun concurrent, il y viendrait peu, parce qu'on y produit peu ; tandis qu'à Paris, à Amsterdam, à Londres, malgré la concurrence de cent marchands comme lui, il pourra faire d'immenses affaires. La raison en est simple : il est entouré de gens qui produisent beaucoup dans une multitude de genres, et qui font des achats avec ce qu'ils ont produit, c'est-à-dire avec l'argent provenant de la vente de ce qu'ils ont produit.

Une troisième conséquence de ce principe fécond, c'est que l'importation des produits étrangers est favorable à la vente des produits indigènes : car nous ne pouvons acheter les marchandises étrangères qu'avec des produits de notre industrie, de nos terres et de nos capitaux, auxquels ce commerce par conséquent procure un débouché. — C'est en argent, dira-t-on, que nous payons les marchandises étrangères. — Quand cela serait, notre sol ne produisant point d'argent, il faut acheter cet argent avec des produits de notre industrie ; ainsi donc, soit que les achats qu'on fait à l'étranger soient acquittés en marchandises ou en argent, ils procurent à l'industrie nationale des débouchés pareils. »[1]

Ainsi, Jean-Baptiste Say s'affirme comme un ardent défenseur du libéralisme économique, mais avec une vision plus optimiste que l'école anglaise dans les arguments invoqués.

1. Jean-Baptiste Say, *Traité d'économie politique*, Calmann-Lévy.

Une certaine perception des problèmes sociaux

Quoique les problèmes sociaux ne soient pas au centre de la démonstration de Jean-Baptiste Say, il ne faudrait pas déduire de son apologie du libéralisme économique qu'il était absolument aveugle face aux conditions de vie des travailleurs de son époque. Son analyse des avantages de la division du travail qui est entièrement reprise d'Adam Smith, s'accompagne par exemple, d'une mise en évidence des inconvénients liés à ce type d'organisation ; mais, conclut J.B. Say, les inconvénients sont «largement compensés par les facilités qu'une civilisation plus avancée procure à tous les hommes pour perfectionner leur intelligence et leurs qualités morales».

« Un homme qui ne fait, pendant toute sa vie, qu'une même opération, parvient à coup sûr à l'exécuter mieux et plus promptement qu'un autre homme ; mais en même temps il devient moins capable de toute autre occupation, soit physique, soit morale ; ses autres facultés s'éteignent, et il en résulte une dégénération dans l'homme considéré individuellement. C'est un triste témoignage à se rendre, que de n'avoir jamais fait que la dix-huitième partie d'une épingle ; et qu'on ne s'imagine pas que ce soit uniquement l'ouvrier qui, toute sa vie, conduit une lime ou un marteau, qui dégénère ainsi de la dignité de sa nature ; c'est encore l'homme qui, par état, exerce les facultés les plus déliées de son esprit. C'est bien par une suite de la séparation des occupations que près des tribunaux il y a des procureurs dont l'unique occupation est de représenter les plaideurs, et de suivre pour eux tous les détails de la procédure. On ne refuse pas en général à ces hommes de loi l'adresse ni l'esprit de ressources dans les choses qui tiennent à leur métier ; cependant il est tel procureur, même parmi les plus habiles, qui ignore les plus simples procédés des arts dont il fait usage à tout moment : s'il faut qu'il raccommode le moindre de ses meubles, il ne saura par où s'y prendre ; il lui sera impossible même d'enfoncer un clou sans faire sourire le plus médiocre apprenti : et qu'on le mette dans une situation plus importante ; qu'il s'agisse de sauver la vie d'un ami qui se noie, de préserver sa ville des embûches de l'ennemi, il sera bien autrement embarrassé ; tandis qu'un paysan grossier, l'habitant d'un pays demi-sauvage, se tirera avec honneur d'une semblable difficulté.

Dans la classe des ouvriers, cette incapacité pour plus d'un emploi rend plus dure, plus fastidieuse et moins lucrative la condition des travailleurs. Ils ont moins de facilité pour réclamer une part équitable dans la valeur totale du produit. L'ouvrier qui porte dans ses bras tout un métier peut aller partout exercer son industrie, et trouver des moyens de subsister ; l'autre n'est qu'un accessoire, et qui se trouve forcé d'accepter la loi qu'on juge à propos de lui imposer.

En résultat, on peut dire que la séparation des travaux est un habile emploi des forces de l'homme ; qu'elle accroît en conséquence les produits de la société, c'est-à-dire sa puissance et ses jouissances, mais qu'elle ôte quelque chose à la capacité de chaque homme pris individuellement.

Cet inconvénient, au reste, est amplement compensé par les facilités qu'une civilisation plus avancée procure à tous les hommes pour perfectionner leur intelligence et leurs qualités morales. L'instruction de la première enfance mise à la portée des familles d'ouvriers, l'instruction qu'ils peuvent puiser dans des livres peu chers, et cette masse de lumières qui circule perpétuellement au milieu d'une nation civilisée et industrieuse, ne permettent pas qu'aucun de ses membres soit abruti seulement par la nature de son travail. Un ouvrier d'ailleurs n'est pas constamment occupé de sa profession ; il passe nécessairement une partie de ses instants à ses repas et ses jours de repos au sein de sa famille. S'il se livre à des vices abrutissants, c'est plutôt aux institutions sociales qu'à la nature de son travail qu'il faut les attribuer.»[1]

1. J.B. Say, *Traité d'économie politique*, Calmann-Lévy.

Thomas-Robert Malthus

Qui est Thomas-Robert Malthus ?

Thomas-Robert Malthus est né en Angleterre, en février 1766, d'un père qui adhérait aux idées de Rousseau, de Condorcet et qu'il contestera plus tard. Il devint pasteur et s'intéressa à l'économie politique.

En 1798, paraît son *Essai sur le principe de population*[1] qui est un véritable réquisitoire contre l'assistance de l'Etat à l'égard des pauvres.

En 1805, il enseigne l'histoire et l'économie politique au collège de Haileybury. En 1820, paraissent ses *Principes d'économie politique.*

C'est dans le chapitre unique du livre 2, qu'il conteste la «loi des débouchés» de J.B. Say et qu'il met en évidence le rôle primordial de la demande effective comme stimulant de la croissance, s'opposant sur ce point à Ricardo avec lequel il échange une riche correspondance. Il meurt en décembre 1834.

Les *Principes d'économie politique* comprennent sept chapitres.

Livre 1 :

Chapitre 1 : Des définitions de la richesse et du travail productif.
Chapitre 2 : De la nature, des causes et des mesures de la valeur.
Chapitre 3 : De la rente de la terre.
Chapitre 4 : Des salaires du travail.
Chapitre 5 : Des profits du capital.
Chapitre 6 : De la distinction entre la richesse et la valeur.

Livre 2 :

Chapitre unique : Des progrès de la richesse.

1. Le titre complet de cet ouvrage est *Essai sur le principe de population, en tant qu'il influe sur le progrès futur de la société. Avec des remarques sur les théories de M. Godwin, de M. Condorcet et d'autres auteurs.*

La défense du libéralisme

Malthus est profondément attaché au système fondé sur l'appropriation privée des moyens de production et au libéralisme économique. Néanmoins, sa vision du capitalisme est teintée de pessimisme. Sa «loi de la population» défend l'idée que, quel que soit le système économique, le niveau de vie de la majorité de la population ne peut guère s'élever. En contestant la «loi des débouchés», il affirmera la possibilité des crises générales de surproduction.

Ce qui domine dans sa pensée, c'est la défense des libres mécanismes du marché. Néanmoins, ses positions diffèrent quelque peu selon que l'on se réfère à son *Essai sur le principe de population* ou à ses *Principes d'économie politique.* Dans le premier ouvrage, il se définit comme un ardent défenseur du libéralisme et un opposant déterminé à toute intervention de l'Etat pour assister les pauvres. Mais, dès cet ouvrage, il tempère un peu son aversion contre l'ingérence de l'Etat puisqu'il admet qu'un palliatif à la situation misérable de la population peut se trouver dans un encouragement de l'agriculture par l'attribution de primes.

Dans le second, en revanche, s'il reste très méfiant à l'égard d'un engagement important de l'Etat dans l'économie et d'une pression fiscale accrue, il n'hésitera pas à en être l'avocat en cas de «nécessité absolue» et à condition qu'elle reste de faible ampleur et limitée dans le temps : l'intervention des gouvernements ne doit être qu'un palliatif, il est toujours préférable de lui substituer des mécanismes d'ajustement privés et, en toutes circonstances, son importance doit être limitée.

Les conséquences que tire Malthus de ses analyses sont très dures vis-à-vis de la classe ouvrière et des pauvres en général, puisqu'elles conduisent à leur refuser toute aide publique, quel que soit leur niveau d'indigence.

Cependant, s'il garde une certaine actualité, c'est que la «loi de la population», pose le problème de la liaison entre accroissement démographique et croissance économique qui concerne toujours aujourd'hui les pays du Tiers Monde ; et par son analyse de la demande effective, il a ouvert en partie la voie aux travaux de John Maynard Keynes.

La loi de la population

A l'aube du XIXe siècle, la misère ouvrière était grande et avait suscité de nombreux travaux sur les possibilités et les modalités d'avènement d'une société meilleure. La loi de la population de Malthus s'inscrit dans le cadre de ce débat. La démonstration de Malthus induit une défense du libéralisme économique dans la mesure où d'une part elle conduit à ne pas rendre responsable le système capitaliste de la misère importante qui accompagne l'industrialisation et d'autre part, elle aboutit à prôner un désengagement de l'Etat dans le domaine social.

La pauvreté n'est pas une conséquence du système libéral

• *Le décalage entre les taux de croissance de la population et des biens de subsistance*

Malthus s'oppose aux idées défendues, en particulier par Godwin, selon lesquelles la pauvreté et les coûts sociaux seraient une résultante de la répartition inégale des richesses. Il va démontrer que la misère est inhérente à tout système, qu'elle est la résultante de données et de mécanismes présents dans toute société quelle qu'elle soit.

La pauvreté procède du décalage existant entre le taux dc croissance des biens de subsistance et celui, sans entrave, de la population. Les biens alimentaires croissent en progression arithmétique : 1,2,3,4,5,6,7,8... et la population en progression géométrique : 1,2,4,8,16,32,64,128... Cet écart entre la progression des denrées alimentaires et celle de la population n'est pas dû aux institutions mais à des données naturelles. Les terres nouvelles mises en exploitation sont moins fertiles que les anciennes et la «passion réciproque entre les sexes» qui a une faible probabilité de s'éteindre selon Malthus, incite les hommes à engendrer toujours plus d'enfants. L'accroissement de la population, s'il s'exerce sans frein, creuse ainsi un fossé entre les besoins et les biens de subsistance disponibles, et la misère prolifère.

«On a dit que la grande question à débattre aujourd'hui est celle de savoir si l'homme va désormais s'élancer, à une allure accélérée, vers un progrès sans limite, encore inimaginable, ou bien s'il est condamné à osciller perpétuellement entre le bien-être et la misère, tous ses efforts le laissant toujours à une distance incommensurable du but poursuivi. (...)

J'ai lu avec grand plaisir certaines dissertations sur la perfectibilité de l'homme et de la société. J'ai été réjoui et séduit par le tableau enchanteur qu'elles offrent. Je souhaite ardemment des progrès aussi heureux. Mais je vois de grandes — et, à mon sens, insurmontables — difficultés sur le chemin qui y mène. Ces difficultés, je me propose maintenant de les exposer, et je déclare, en même temps, que, loin de m'en réjouir comme d'un moyen de triompher sur les partisans du changement, rien ne me ferait plus plaisir que de les voir complètement éliminées.

L'argument le plus important que j'avancerai n'est certes pas nouveau. Les principes sur lesquels il repose ont été exposés en partie par Hume, et plus largement par le Docteur Adam Smith. (...)

Je pense pouvoir poser franchement deux postulats :

Premièrement, que la nourriture est nécessaire à l'existence de l'homme ;

Deuxièmement, que la passion réciproque entre les sexes est une nécessité, et restera à peu près ce qu'elle est à présent.

Depuis que nous avons un tant soit peu de connaissances sur l'humanité, ces deux lois semblent avoir été des lois permanentes de notre nature ; et comme nous n'y avons encore constaté aucune modification, nous n'avons pas le droit de conclure qu'elles cesseront jamais d'être ce qu'elles sont maintenant, à moins de nous dresser immédiatement contre l'Etre qui, au commencement, organisa le système de l'univers, et qui, pour le bien de ses créatures, en accomplit toujours les diverses opérations suivant des lois immuables.

Je ne sache pas qu'aucun auteur ait imaginé que, sur cette terre, l'homme sera capable, un jour, de vivre sans nourriture. Mais Mr Godwin a supposé que la passion réciproque entre les sexes pourrait s'éteindre avec le temps. Cependant, comme il qualifie cette partie de son œuvre de glissement dans le domaine des hypothèses, je ne m'y attarderai pas davantage pour l'instant, sauf à dire que les meilleurs arguments en faveur de la perfectibilité de l'homme sont issus de méditations sur les grands progrès qu'il a déjà faits depuis l'état sauvage, et des difficultés qu'il y a à dire où il s'arrêtera. Mais, jusqu'à présent, pas le moindre progrès n'a été fait vers l'extinction de la passion réciproque entre les sexes. Elle semble exister aujourd'hui avec autant de force qu'il y a deux ou quatre mille ans. Il y a des exceptions isolées maintenant comme il y en a toujours eu ; mais, comme ces exceptions ne paraissent pas augmenter en nombre, ce serait sûrement une manière non scientifique de raisonner que d'inférer, simplement de l'existence d'une exception, qu'à l'avenir l'exception deviendra la règle, et la règle l'exception.

Supposant donc mes postulats acceptés, je dis que le pouvoir multiplicateur de la population est infiniment plus grand que le pouvoir qu'a la terre de produire la subsistance de l'homme.

Si elle n'est pas freinée, la population s'accroît en progression géométrique. Les subsistances ne s'accroissent qu'en progression arithmétique. Une connaissance élémentaire des nombres montrera l'immensité du premier pouvoir de multiplication comparé au second.

Les effets de ces deux pouvoirs inégaux doivent être maintenus en équilibre par le moyen de cette loi de notre nature qui fait de la nourriture une nécessité vitale pour l'homme.

Ceci implique que, de la difficulté de se nourrir, résulte un frein puissant, agissant constamment sur la population. Cette difficulté existe forcément quelque part, et doit nécessairement être cruellement ressentie par une grande partie de l'humanité.»[1]

• *L'expansion de la population connaît des freins*

Si la population tend à croître rapidement, son expansion connaît tout de même certains freins : la misère, le vice et l'attitude des individus qui les conduit à ne pas se marier avant de pouvoir subvenir aux besoins de leurs enfants.

La crainte de ne pouvoir entretenir ses enfants joue un rôle de frein préventif dans toutes les classes de la société et, Malthus, hostile au développement du « vice » est partisan du

1. Thomas-Robert Malthus, *Essai sur le principe de population*, Chapitre 1, PUF.

mariage tardif ou du célibat pour éviter la prolifération humaine. La misère joue un rôle de frein actif par la mortalité et concerne essentiellement les «classes inférieures» de la société.

Les mécanismes par lesquels ces freins assurent la régulation sont doubles. Les premiers contribuent à ralentir le rythme de croissance démographique. Un surcroît de population engendre une rareté relative des denrées alimentaires et donc une hausse du prix des biens de subsistance. Par ailleurs, l'abondance de main-d'œuvre sur le marché du travail tend à faire baisser les salaires. Les indigents se trouvent alors dans une situation très misérable qui conduit à une stagnation démographique parce qu'ils ne peuvent plus entretenir leur famille et ne sont pas incités à se marier. Les seconds entraînent une hausse de la natalité. Les bas niveaux des salaires et l'accroissement des besoins incitent les agriculteurs à défricher de nouvelles terres et la production augmente.

Les pauvres peuvent alors espérer entretenir une famille plus nombreuse et la population augmente faisant jouer de nouveau les mécanismes qui conduisent à une grande misère. Ainsi, l'humanité oscille entre le bien-être et la misère et la tendance constante à l'accroissement de la population tend à empêcher toute amélioration durable de la situation des pauvres.

«Nous supposerons que, dans un pays donné, les moyens de subsistance soient juste suffisants pour entretenir sans peine les habitants. La poussée constante de la population, que l'on voit se manifester même dans les sociétés les plus dissolues, accroît le nombre des hommes avant que les moyens de subsistance ne se soient accrus. Les pauvres vivent alors nécessairement beaucoup plus mal, et nombre d'entre eux sont réduits à une extrême misère. Le nombre des travailleurs étant également en excès par rapport à l'emploi disponible sur le marché, le prix du travail ne peut qu'avoir tendance à baisser ; tandis que, dans le même temps, le prix des produits alimentaires tend à monter. Le travailleur doit donc se donner plus de peine pour gagner autant qu'auparavant. Pendant cette période de misère, les raisons de ne pas se marier et la difficulté d'entretenir une famille sont si grandes que la population stagne. Dans le même temps, le bas prix du travail, l'abondance des travailleurs, et la nécessité où ils sont d'intensifier leur activité, incitent les agriculteurs à employer davantage de main-d'œuvre sur leurs terres, afin d'opérer de nouveaux défrichements, et de fumer et amender plus à fond ce qui est déjà en culture ; jusqu'à ce qu'enfin les moyens de subsistance redeviennent à la mesure de la population, comme ils l'étaient à la période initiale. La condition du travailleur étant alors à nouveau passablement satisfaisante, les entraves à l'accroissement de la population se relâchent dans une certaine mesure, et ces mêmes mouvements de recul et de progrès du bien-être se répètent.»[1]

• *La pauvreté est inhérente à toute société*

Ainsi ce ne sont pas les mécanismes du marché, la protection de la propriété privée qui sont responsables du dénuement de beaucoup. La pauvreté est la conséquence naturelle d'une loi qui s'impose à tout système. Changer les institutions, pour rendre la société meilleure et accroître le bien-être, est donc un vain projet sans espoir de réussite.

«Cette inégalité naturelle entre le pouvoir de multiplication de la population et le pouvoir de production de la terre, et cette importante loi de notre nature qui maintient constamment leurs effets, en équilibre, constituent le grand obstacle, qui me paraît insurmontable, sur le chemin de la perfectibilité de la société. Tout autre argument n'a qu'une faible et secondaire importance en regard de celui-ci. Je ne vois aucun moyen par lequel l'homme puisse échapper au poids de cette loi qui s'impose à toute la nature vivante. Aucune utopie égalitaire, aucun code agrarien, même poussés à l'extrême, ne pourraient en écarter le joug, ne fût-ce que pour un siècle. Et cette loi semble donc s'opposer de manière décisive à l'éventualité d'une société dont tous les membres vivraient dans l'aisance, le bonheur et le loisir correspondant, sans éprouver la moindre angoisse pour assurer leur subsistance et celle de leurs familles.

En conséquence, si les prémisses sont justes, le raisonnement aboutit à réfuter la perfectibilité de la masse de l'humanité.»[1]

Certes, Malthus ne nie pas, à la suite d'Adam Smith, que

1. Thomas-Robert Malthus, *Essai sur le principe de population*, Chapitre I, II et X, PUF.

les fermiers et les capitalistes peuvent se coaliser, par des ententes illégales, pour exercer une pression à la baisse des salaires. Mais, en tout état de cause, «aucune forme possible de société» ne peut enrayer la misère pour une grande partie de l'humanité «ni dans une situation d'inégalité, ni *surtout* dans une situation égalitaire».

«Il arrive très rarement que le prix nominal du travail baisse universellement ; mais nous savons bien que, souvent, il reste au même niveau alors que le prix nominal des subsistances a peu à peu augmenté. Ce qui équivaut, en fait, à une chute réelle du prix du travail ; et, pendant cette période, la condition des classes inférieures de la communauté ne peut qu'empirer graduellement. Mais les fermiers et les capitalistes s'enrichissent grâce au bas prix réel du travail. L'accroissement de leur capital leur permet d'employer une main-d'œuvre plus nombreuse. Ainsi l'emploi peut-il devenir abondant et le prix du travail s'élever en conséquence. Mais le manque de liberté sur le marché du travail, qui affecte plus ou moins toutes les sociétés, soit du fait des réglementations paroissiales, soit, plus généralement, du fait qu'il est facile pour les riches de s'associer, et que c'est difficile pour les pauvres, ce manque de liberté a pour effet d'empêcher le prix du travail de s'élever dans un délai normal, et le maintient plus longtemps à bas niveau ; éventuellement jusqu'à une année de disette, où les cris d'imploration sont trop forts et l'indigence trop manifeste pour qu'on puisse y résister.

La véritable cause de la hausse du prix du travail se trouve ainsi masquée. Les riches affectent de la concéder aux pauvres, dans un mouvement de compassion et de bonté, en considération d'une année de disette ; et, quand revient l'abondance, ils se plaignent de la façon la plus déraisonnable que le prix ne retombe pas, alors qu'un peu de réflexion leur montrerait que, sans cette inique conspiration de leur part, il aurait dû s'élever beaucoup plus tôt.

Mais, bien que les riches contribuent souvent, par des ententes déloyales, à prolonger une période de misère chez les pauvres, cependant, aucune forme possible de société ne pourrait prévenir l'action quasi permanente de la misère sur une grande partie de l'humanité, ni dans une situation d'inégalité, ni surtout dans une situation égalitaire.»[1]

L'Etat ne doit pas intervenir pour assister les pauvres...

Face à cette situation très difficile pour la grande partie de la population, l'Etat doit-il intervenir pour secourir les indigents ? Doit-on mettre en place un système de répartition des richesses plus égalitaire qui assurerait à tous un minimum vital ? A ces questions, Malthus répond par la négative.

Malthus est partisan de la suppression de la «loi sur les pauvres» qui était alors en vigueur en Angleterre. L'assistance aux plus démunis permet aux plus pauvres d'assurer la subsistance d'un plus grand nombre d'enfants et la croissance démographique s'accélère.

Or, la misère vient précisément d'un excès de population. L'Etat, en accordant des aides, ne fait donc qu'aggraver la situation.

Par ailleurs, si la masse de biens disponibles reste constante, la poussée démographique et l'accroissement de la demande engendrent une hausse du prix des biens alimentaires et une baisse des salaires réels. Ainsi, «les lois des pauvres tendent à aggraver la situation courante des pauvres».

«En Angleterre, les lois des pauvres tendent à aggraver la situation courante des pauvres des deux manières suivantes. Elles ont tout d'abord une tendance évidente à faire croître la population sans faire croître les subsistances nécessaires à son entretien. Un pauvre peut se marier avec une perspective faible ou nulle de pouvoir nourrir une famille sans assistance. On peut donc dire qu'en quelque sorte, ces lois créent les pauvres qu'elles entretiennent. Et, comme par suite de cet accroissement de population, les approvisionnements du pays doivent être distribués à tous les habitants en portions plus petites, il est évident que le travail de ceux qui ne sont pas entretenus par l'assistance paroissiale leur procurera une quantité de nourriture plus faible qu'avant ; en conséquence, un plus grand nombre d'entre eux seront poussés à réclamer une assistance.

Deuxièmement, la quantité de subsistances consommées dans les asiles, par une fraction de la société qu'on ne peut considérer en général comme la fraction la plus estimable,

1. Thomas-Robert Malthus, *Essai sur le principe de population,* PUF.

réduit la part qui, autrement, reviendrait aux éléments plus actifs et plus respectables ; ainsi, par un processus analogue, un plus grand nombre est contraint à demander assistance. Si l'on améliorait la vie des pauvres dans les asiles, cette redistribution de l'argent dans la société tendrait à abaisser plus manifestement encore la condition de ceux qui ne sont pas dans les asiles, en provoquant une hausse du prix des subsistances. (...)

Aussi cruel que cela puisse paraître dans des cas particuliers, on devrait considérer la pauvreté assistée comme honteuse. Un tel aiguillon semble absolument nécessaire pour promouvoir le bonheur de la grande masse de l'humanité ; et toute tentative quelconque d'affaiblissement de cet aiguillon, quelque charitable qu'en soit l'intention apparente, ira toujours à l'encontre de son propre but. Si la perspective d'une assistance paroissiale pousse au mariage des hommes qui n'ont guère de chance — voire aucune — d'assurer par eux-mêmes l'entretien de leur famille, non seulement ils sont poussés traîtreusement à attirer le malheur et la dépendance sur eux-mêmes et sur leurs enfants, mais aussi, sans le savoir, à faire tort à tous ceux de leur classe. Un ouvrier qui se marie sans être capable de nourrir une famille peut, à certains égards, être considéré comme un ennemi pour tous ses compagnons. (...)

Les patrons d'industrie se plaignent unanimement que des salaires élevés corrompent tous leurs ouvriers ; mais on conçoit difficilement que ces hommes n'épargneraient pas une partie de leurs salaires élevés pour l'entretien futur de leurs familles, au lieu de la gaspiller dans l'ivrognerie et la dissipation, s'ils ne comptaient pas sur l'assistance de la paroisse pour les soutenir en cas de malheur. Les pauvres employés dans les manufactures considèrent que cette assistance leur permet de dépenser tout ce qu'ils gagnent et de s'amuser tant qu'ils peuvent : cela semble évident vu le nombre de familles qui tombent à la charge des paroisses aussitôt qu'une grande manufacture fait faillite ; pourtant les salaires perçus dans cette manufacture, quand elle était prospère, étaient peut-être suffisamment au-dessus du prix ordinaire dans la région pour leur permettre d'épargner assez d'argent pour subsister en attendant d'avoir trouvé un autre débouché à leur activité.

Un homme qui pourrait ne pas être détourné d'aller au cabaret par l'idée que, en mourant ou en tombant malade, il laisserait sa femme et ses enfants à la charge de la paroisse, pourrait néanmoins hésiter à gaspiller ainsi son salaire s'il était certain que, dans un cas comme dans l'autre, sa famille n'aurait plus qu'à mourir de faim ou à s'en remettre aux hasards de la charité.»[1]

... L'Etat ne doit pas assurer une répartition plus égalitaire des revenus...

Malthus est également le détracteur des thèses en faveur d'une répartition plus égalitaire des revenus. Si les richesses sont également réparties, plus aucun frein à l'expansion de la population ne joue, et, à terme la pénurie s'installe. Chacun agit alors de façon égoïste et violente pour s'approprier le peu de biens disponibles relativement aux besoins. Mieux vaut, nous dit Malthus, une société dont la réglementation protège la propriété privée, même si celle-ci engendre des inégalités.

«L'homme ne peut pas vivre dans l'abondance. Tous les hommes ne peuvent se partager équitablement les libéralités de la nature. S'il n'y avait pas de réglementation de la propriété, chaque homme serait contraint de défendre par la force le peu qu'il possède. L'égoïsme triompherait. Il y aurait perpétuellement des sujets de discorde. Chaque esprit particulier serait constamment dans l'angoisse à propos de son soutien physique, et nulle intelligence ne serait laissée libre d'errer à son gré dans le champ de la pensée.»[1]

... Mais l'Etat peut éventuellement intervenir en aidant les agriculteurs

Malthus est fondamentalement convaincu que rien ne peut empêcher l'existence d'une très grande misère pour «les classes inférieures» de la société. Néanmoins, il n'exclut pas qu'une politique appropriée puisse la retarder ou l'alléger, même s'il ne s'agit que d'un palliatif.

1. Thomas-Robert Malthus, *Essai sur le principe de population*, Chapitre V, PUF.

Il convient qu'une certaine intervention de l'Etat peut contribuer à soulager la condition des plus démunis. De quelle façon ? L'aide directe aux pauvres ne doit en aucun cas être financière et doit se limiter pour les cas de misère extrême à la création d'asiles où le travail pourrait être obligatoire, ou encore à une assistance privée. En revanche, Malthus ne rejette pas l'idée d'un encouragement financier à la production agricole par l'attribution de primes aux agriculteurs pour l'exploitation de nouvelles terres.

«Eliminer la pauvreté des classes inférieures de la société est assurément une tâche ardue. La vérité est que la pression de la misère sur cette partie de la collectivité est un mal si profondément ancré que l'ingéniosité humaine ne peut avoir prise sur elle. Si j'avais à proposer un palliatif — des palliatifs, c'est tout ce que permet la nature du problème —, ce serait, en premier lieu, l'abolition complète de toutes les lois paroissiales actuelles. Cela donnerait, en tout cas, indépendance et liberté d'action aux paysans anglais, dont on peut difficilement dire qu'ils en ont présentement. Il leur serait alors possible de s'établir, sans rencontrer d'obstacle, là où il y aurait l'espoir d'un emploi plus abondant et d'un prix du travail plus élevé. Ainsi, le marché du travail serait libre, et les obstacles qui, dans l'état actuel des choses, empêchent, souvent pour fort longtemps, son prix de s'élever suivant la demande, seraient supprimés.

Deuxièmement, on pourrait accorder des primes pour la mise en valeur de nouvelles terres, et prodiguer tous les encouragements possibles à l'agriculture plutôt qu'à l'industrie, et aux labours plutôt qu'aux pâturages. Tous les efforts devraient être faits pour affaiblir et détruire toutes ces institutions concernant les corporations, l'apprentissage, etc., qui font que le travail est plus mal payé dans l'agriculture que dans le commerce et l'industrie. (...)

De tels encouragements à l'agriculture tendraient à amener sur le marché une quantité accrue de travail salutaire ; dans le même temps, en augmentant la production du pays, ils éleveraient le prix relatif du travail et amélioreraient la condition du travailleur. Etant dès lors dans une meilleure

1. Thomas-Robert Malthus, *Essai sur le principe de population*, Chapitre X, PUF.

situation, et n'ayant aucun espoir d'assistance paroissiale, il serait plus apte, et aussi plus disposé, à adhérer à des associations pour se prémunir contre la maladie, la sienne ou celle de sa famille.

Enfin, pour les cas de misère extrême, on pourrait instituer des asiles de comté, financés par des taxes levées sur l'ensemble du royaume, et gratuits pour tous les gens de tous les comtés et même de toutes les nations. La nourriture devrait y être grossière, et les gens qui en seraient capables, obligés à travailler. Il serait souhaitable qu'ils ne soient pas considérés comme de confortables refuges contre toutes les vicissitudes, mais simplement comme des endroits où une grande détresse puisse trouver quelques soulagements. Une partie de ces maisons (ou d'autres spécialement construites) pourrait être réservée dans un but extrêmement profitable, qui a souvent retenu l'attention : celui de fournir un lieu où n'importe quel homme, du pays ou d'ailleurs, puisse, à tout moment, accomplir une journée de travail et en toucher le prix au cours du marché. Sans aucun doute, il resterait de nombreux cas où la charité individuelle pourrait s'exercer.

Un plan de ce genre, dont le préalable devrait être l'abolition de toutes les lois paroissiales actuelles, paraît le mieux fait pour augmenter la quantité de bonheur des gens du peuple en Angleterre. Empêcher le retour périodique de la misère échappe, hélas, au pouvoir de l'homme.»[1]

La loi de Malthus est-elle d'actualité ?

➔ La vision pessimiste de Malthus quant à l'évolution des biens de subsistance par rapport à la population, et donc les limites qu'il voyait au progrès de la société, a été contredite par les faits dans les pays développés. Elle reposait implicitement sur une hypothèse d'absence de progrès de la productivité et sur celle, non démontrée, d'une croissance géométrique de la population. Or, aucune de ces deux hypothèses ne se trouve réalisée. Les économies occidentales ont connu une croissance exceptionnelle de la productivité dans le secteur agricole et

1. Thomas-Robert Malthus, *Essai sur le principe de population*, PUF.

des richesses alimentaires disponibles. Parallèlement, la population, après avoir connu une phase d'expansion liée à la baisse du taux de mortalité consécutif aux progrès de la médecine et de l'hygiène a vu naître un nouveau mode de régulation fondé sur la faiblesse conjointe des taux de mortalité et de natalité. Elle n'a donc pas connu un rythme de progression géométrique mais au contraire une croissance faible voire une quasi stagnation ces dernières années. La loi de la population ne semble donc pas jouer dans les pays développés.

En revanche, la question de la validité de cette loi reste posée pour certains pays du Tiers Monde et Malthus semble à cet égard retrouver une certaine actualité. A la conférence de Bucarest en 1974, bon nombre de pays en développement ont minimisé le rôle de la pression démographique comme frein au développement ; ils ont reconnu l'importance de cette question à la conférence de Mexico en 1984. Néanmoins, l'adhésion à la pensée de Malthus se limite à son diagnostic selon lequel la croissance de la population peut constituer un frein au progrès de l'humanité. Elle ne s'étend pas à ses propositions de politique économique dans le domaine social et surtout pas à sa vision pessimiste et inéluctable de la misère. Au contraire, la plupart de ces pays, dont la Chine, essaient de mettre en place une politique de régulation des naissances antinataliste en vue de freiner la croissance de la population par un autre mode de régulation que celui de la misère.

La question du rôle de la demande effective

Dans ses *Principes d'économie politique*, Malthus s'interroge sur les causes principales de la croissance. La première condition du progrès réside dans les possibilités matérielles d'accroissement de la production, dans les facultés productives d'un pays constituées par l'accumulation du capital, la fertilité du sol et le progrès technique. Mais cette condition, si elle est nécessaire, n'est pas suffisante. Si les entreprises ne sont pas motivées pour investir, on ne peut espérer un enrichissement de la nation. Malthus centre son argumentation sur les motivations qui poussent les entreprises à accumuler.

D'emblée, il pose le rôle fondamental des institutions dans l'incitation à investir et la défense de la propriété privée est regardée comme un contexte indispensable à toute croissance.

«Au nombre des causes fondamentales, nécessaires, qui influent sur la richesse de nations, il faut incontestablement mettre au premier rang celles qui ont rapport à la politique et à la morale. La garantie des propriétés, sans laquelle, complète ou partielle, il ne saurait y avoir d'encouragement à l'industrie individuelle, dépend, avant tout, de la constitution politique d'un pays, de la bonté de ses lois et de la manière dont elles sont exécutées. Et ces habitudes qui tendent à rendre les hommes à la fois laborieux et probes, et qui sont par conséquent les plus favorables à la production et à la conservation de la richesse, reposent principalement sur les mêmes causes combinées avec l'instruction morale et religieuse.»[1]

Une fois ce principe établi, il met en évidence un paradoxe : des pays richement dotés en moyens de production peuvent être relativement plus pauvres que d'autres faiblement pourvus de moyens matériels de production. Cette situation résulte pour Malthus de l'insuffisance des stimulants de la production dans les pays à faible niveau de développement. La question qui se pose alors est de déterminer quels stimulants poussent une nation à accumuler.

La contestation de la « loi des débouchés »

Sur cette question, Malthus va contester la thèse de J.B. Say selon laquelle l'apparition de crises générales de surproduction est impossible. La raison essentielle qui incite les entreprises à produire est l'existence de débouchés. Sur ce point Malthus est en accord avec Say. Là où son avis diverge, c'est lorsque Say affirme qu'il ne peut exister une insuffisance générale de débouchés dans la mesure où toute production engendre une demande d'un montant équivalent. Malthus montre que la demande peut s'établir à un niveau trop faible pour assurer l'écoulement sur le marché des marchandises. Son argumentation s'articule autour de plusieurs points.

1. Thomas-Robert Malthus, *Principes d'économie politique*, Livre II, Calmann-Lévy.

• *La demande effective doit exister dès la décision de production*

D'abord, initialement, une entreprise ne peut décider de produire 1 000 F de marchandises pour la seule et unique raison qu'ainsi elle va engendrer 1 000 F de revenus et donc 1 000 F de demande supplémentaire. Il faut que, dès la décision d'investir, cette demande effective se manifeste sur le marché. Dans le cas contraire, le stimulant à la production n'existe pas.

«Tous ceux qui connaissent la nature de la demande effective comprendront parfaitement que, partout où le droit de propriété individuelle est établi, et où les besoins de la société sont satisfaits au moyen de l'industrie et des échanges, le désir qu'un individu quelconque peut avoir de posséder les choses nécessaires, utiles ou purement agréables, quelque fort qu'il soit, ne contribuera en rien à les faire produire, s'il n'existe pas ailleurs une demande correspondante pour quelques-unes des choses que cet individu possède. Un homme qui ne possède que son travail, ne fait de demande de produits qu'autant que ceux qui en ont à leur disposition ont besoin de son travail. Et aucun travail productif ne sera jamais demandé, à moins que le produit qui doit en résulter n'ait une valeur plus forte que celle du travail qui a été employé à la créer. Il ne saurait y avoir un plus grand nombre de bras employés dans un genre quelconque d'industrie, par le seul motif de la demande que peuvent faire des produits de cette industrie les personnes qui y sont occupées. Il n'est point de fermier qui voulût se donner la peine de surveiller le travail de dix journaliers de plus, par le seul motif que la totalité de son produit rapportera au marché un excédent de prix égal à la somme additionnelle qu'il a donnée en payement à ses journaliers. Il faut, dans l'état prévu de la denrée en question sur le marché, quelque chose qui soit antérieur et étranger à la demande occasionnée par les nouveaux ouvriers, pour que le fermier soit amené à consacrer un nombre plus considérable de bras à la production de cette denrée.»[1]

1. Thomas-Robert Malthus, *Principe d'économie politique*, Calmann Lévy.

• *Un revenu n'engendre pas nécessairement une demande effective de même montant*

Ensuite, s'il est exact que 1 000 F de production donnent naissance à 1 000 F de revenus distribués, il est inexact d'affirmer que ceux-ci génèrent une demande effective d'un montant équivalent de 1 000 F. Les articles fabriqués par l'entreprise ont un aspect matériel et doivent correspondre aux goûts des consommateurs.

«On conviendra sans peine que si un nouveau produit est mis en vente, lequel, en raison du travail qu'il a coûté, possède une valeur courante exceptionnelle, il se produira nécessairement une augmentation dans la demande ; car cela suppose, non un simple accroissement de quantité, mais bien un accroissement de valeur dû à ce que ce produit se trouve mieux adapté aux goûts, aux besoins et à la consommation de la société. La grande difficulté consiste à fabriquer ou à obtenir de tels produits.»[1]

Il n'est pas vrai que la totalité des profits est systématiquement utilisée comme des revenus et consacrée à des dépenses. En particulier, une augmentation de l'épargne peut entraîner une restriction de la demande.

«On a supposé que si un certain nombre de fermiers et de manufacturiers étaient dans l'habitude d'échanger les uns avec les autres l'excédent de leur nourriture et de leur habillement, et si tout à coup leurs facultés productives augmentaient tellement que les uns comme les autres pussent, à l'aide du même travail, produire les objets de luxe, outre les articles qu'ils obtenaient auparavant, il ne se présenterait aucune difficulté quant à la demande, car une partie des objets de luxe que le fermier produirait s'échangeraient contre une partie des objets de luxe produits par le manufacturier. Le seul résultat, résultat on ne peut plus heureux, serait que les deux contractants se trouveraient mieux pourvus et en possession de plus de jouissances.

Mais dans cet échange de jouissances mutuelles, on suppose deux choses, qui sont précisément les deux points en discussion. On suppose que les jouissances du luxe sont toujours préférées à l'indolence, et que chacune des deux clas-

1. Thomas-Robert Malthus, *Essai sur le principe de population*, Livre II, Calmann-Lévy.

ses de contractants consomme ses profits comme des revenus. Nous examinerons bientôt ce que pourrait être l'effet du désir de faire des épargnes dans de telles circonstances. Si l'on préférait l'indolence aux objets de luxe, il en résulterait évidemment une moindre demande en face de ressources productives plus amples et aussi un manque d'emploi pour les ouvriers. Le cultivateur, pouvant dans ce cas se procurer les choses nécessaires et utiles à l'usage desquelles il était accoutumé, moyennant moins d'efforts et de peine, et n'ayant pas encore contracté un goût décidé pour les rubans, la dentelle et les velours aimerait probablement mieux se livrer à l'indolence, et travailler moins à la terre. (...)

Pendant que les fermiers seraient disposés à consommer les objets de luxe produits par les manufacturiers, et ces derniers à consommer ceux du fermier, tout marcherait bien ; mais si l'une des parties, ou toutes les deux s'avisaient d'épargner afin d'améliorer leur condition, et de pourvoir à l'entretien et à l'avenir de leur famille, l'état des choses deviendrait très différent. Le fermier, au lieu de se donner des rubans, de la dentelle et du velours, se contenterait de vêtements plus simples ; mais par cette économie, il ôterait au manufacturier les moyens de lui acheter autant de produits que par le passé ; il n'y aurait évidemment point de débouchés pour les résultats de tant de travail employé à la terre, travail dont la force productive se trouverait même fort augmentée. Par la même raison, le manufacturier, au lieu de se donner la jouissance de prendre du tabac et de manger du sucre et des raisins, pourrait préférer s'en priver pour faire des économies, en songeant à l'avenir ; mais il ne pourrait pas le faire, par suite de la parcimonie des fermiers et du défaut de demande pour les produits manufacturés. (...)

Si dans un système d'épargne, tout ce qui serait perdu par le capitaliste était gagné par le travailleur, l'obstacle à l'accroissement de la richesse ne serait que temporaire, ainsi que le dit M. Ricardo, et les suites n'en seraient point à craindre. Mais si la transformation du revenu en capital, poussée audelà d'un certain point, doit, en diminuant la demande effective pour les produits, laisser les classes ouvrières sans ouvrage, il est évident que les habitudes de parcimonie poussées trop loin peuvent être suivies, tout d'abord, des effets les plus désastreux et causer ensuite un déclin sensible et permanent dans la richesse et la population.»[1]

Le rôle primordial de la demande effective

• *Un stimulant de la croissance*

Ainsi, Malthus croit possibles les crises générales de surproduction et fait jouer à la demande effective un rôle primordial dans la croissance comme stimulant indispensable de l'activité économique.

«La première chose dont on ait besoin (...), avant même tout accroissement de capital et de population, c'est une demande effective de produits, c'est-à-dire une demande faite par ceux qui ont les moyens et la volonté d'en donner un prix suffisant.»[1]

Cette analyse n'est pas en contradiction avec sa «loi de la population». En effet, les produits alimentaires et les produits industriels sont de nature essentiellement différente. Les premiers ne sont pas extensibles indéfiniment alors que les seconds peuvent être multipliés à volonté par l'activité humaine. En conséquence, la demande de biens alimentaires exerce peu d'effets d'entraînement sur la production agricole, alors que la demande de biens manufacturés est un stimulant essentiel à l'activité économique.

«On devrait toujours se rappeler qu'il y a une différence essentielle entre les produits alimentaires et les produits manufacturés dont les matières premières sont très abondantes. Pour ceux-ci, la demande de nourriture n'a en aucune façon le même pouvoir créateur. Dans un pays où tous les endroits fertiles sont exploités, il faut offrir des prix élevés pour encourager l'agriculteur à répandre son engrais sur une terre dont il ne peut attendre un rendement rémunérateur avant plusieurs années. Or, avant que l'espoir d'un profit ne soit suffisamment grand pour encourager ce type d'investissement agricole, et pendant que la nouvelle récolte pousse, le manque de nourriture peut provoquer une grande misère. La demande de quantités accrues de subsistances est, à quelques excep-

1. Thomas-Robert Malthus, *Principe d'économie politique*, Livre II, Calmann-Lévy.

tions près, constante et universelle, et pourtant on voit avec quelle lenteur on y répond dans tous les pays de peuplement ancien.»[1]

• *Les facteurs favorables à l'accroissement de la demande effective*

Ayant donné un rôle central à la demande effective dans le progrès des richesses, Malthus va chercher à déterminer quels sont les facteurs qui peuvent contribuer à accroître la demande pour assurer la croissance.

Malthus ne verra pas dans la hausse des salaires de la classe ouvrière un stimulant efficace à la production ; il verra dans une intervention modérée et très limitée de l'Etat une politique de soutien possible de la demande.

En soi, l'accroissement de la population ne peut constituer pour Malthus un stimulant efficace puisqu'il se heurte aux effets pervers de la «loi de la population» et atteint spontanément des limites fixées par la quantité de substances alimentaires disponibles.

L'accroissement des salaires des ouvriers n'est pas non plus souhaitable car il a des effets contradictoires. S'il permet un soutien de la demande, il pèse en même temps sur les coûts des entreprises et entraîne une baisse des profits.

«Il est fort à désirer que les classes ouvrières soient bien payées, par une raison bien plus importante que toutes les considérations relatives à la richesse ; je veux dire, pour le bonheur de la grande masse de la société. Mais une grande augmentation de consommation parmi les classes ouvrières doit beaucoup augmenter les frais de production ; elle doit aussi faire baisser les profits, et diminuer ou détruire les motifs qui engagent à accumuler, avant que l'agriculture, les manufactures et le commerce aient atteint un haut degré de prospérité. Si chaque travailleur venait à consommer le double du blé qu'il consomme à présent, un tel surcroît de demande, bien loin d'encourager la richesse, ferait probablement abandonner la culture de beaucoup de terrains, et amènerait une grande diminution du commerce intérieur et extérieur. »[2]

1. Thomas-Robert Malthus, *Essai sur le principe de population*, PUF, 1980.

2. Thomas-Robert Malthus, *Principe d'économie politique*, Livre II, Calmann-Lévy.

Le soutien de la demande effective peut passer par une intervention appropriée de l'Etat à condition qu'elle reste modérée et temporaire.

Il peut être avantageux de favoriser l'emploi de travailleurs improductifs. En effet, ils ont pour caractéristique de consommer plus de biens matériels qu'ils n'en produisent. Par ailleurs, lorsque ceux-ci sont embauchés par «les classes moyennes élevées», ils contribuent à les décharger des tâches matérielles et leur permettent de s'adonner à des activités productives.

Malthus préconise d'occuper les ouvriers à des travaux publics : réparation des routes... Certes, une telle politique implique une intervention de l'Etat dans l'économie et la levée d'impôts pour financer les individus employés, mais, elle favorise la distribution de revenus qui vont ouvrir des débouchés, permettre aux entreprises d'écouler leur production excédentaire, de faire hausser les taux de profits et donc les capacités d'accumulation des entreprises.

«Il est important aussi, dans les efforts que nous faisons pour venir actuellement au secours des classes ouvrières, de se convaincre qu'il serait à désirer qu'on les employât à ces sortes de travaux dont les produits ne soient pas mis en vente sur les marchés, tels que la réparation des routes et les travaux publics. On ne pourrait pas objecter à cette manière d'employer une forte somme, levée au moyen de l'impôt, que cela tendrait à diminuer le capital affecté au travail productif ; car, jusqu'à un certain point, c'est là précisément ce dont nous avons besoin ; mais ce système aurait peut-être pour effet de ne pas laisser apercevoir assez le manque réel de demande nationale pour les bras, en empêchant ainsi la population de s'adapter graduellement à la diminution de cette demande. On pourrait cependant trouver un puissant correctif à cet inconvénient dans la valeur des salaires qu'on accorderait aux ouvriers. Tout bien considéré, j'ose dire que l'emploi des pauvres à la réparation des routes et aux travaux publics, et la disposition des propriétaires et des gens riches, à bâtir, à améliorer, à embellir leurs domaines, et à employer des ouvriers et des domestiques à gages, sont les seuls moyens à l'aide desquels nous puissions porter directement remède aux maux qu'a fait naître le dérangement de la proportion entre les produits et la consommation, dérangement occasionné par le nombre de soldats, de matelots et d'autres individus employés pendant la guerre, et qui ont été subitement convertis en ouvriers productifs.

Si par l'action d'une de ces causes, ou de toutes les trois réunies, nous pouvons obtenir que la proportion entre l'approvisionnement et la consommation soit plus avantageuse, et cela au point d'augmenter la valeur échangeable de la totalité des produits, le taux des profits pourra alors continuer à hausser autant que la qualité des terrains cultivés, jointe à l'intelligence des cultivateurs, le permettra.

Et aussitôt que le capitaliste pourra commencer à faire des épargnes sur des profits assurés et croissants, au lieu de les devoir à la diminution de sa dépense, c'est-à-dire aussitôt que le revenu national estimé en numéraire et le pouvoir qu'ont ces espèces de mettre en œuvre du travail domestique et étranger, commenceront à augmenter tous les ans et d'une manière soutenue, on pourra alors avec succès et sans danger commencer à recouvrer notre capital perdu, en employant le moyen ordinaire d'économiser une partie du revenu augmenté pour ajouter à notre fonds.»[1]

Malthus va même trouver des avantages à l'inflation à cause de la redistribution des richesses qu'elle peut entraîner qui peut être favorable à un essor de la demande. Néanmoins, il pense que la manipulation de la masse monétaire à cette fin est beaucoup trop dangereuse.

«C'est une opinion assez répandue, surtout parmi les classes mercantiles, que rien n'augmenterait aussi promptement et avec autant d'efficacité le revenu et la consommation de la nation qu'une émission considérable de papier-monnaie. Mais ceux qui ont adopté cette opinion se sont trompés sur la nature du grand et incontestable avantage que la richesse nationale peut tirer quelquefois d'une dépréciation de l'argent de circulation. L'effet essentiel de cette dépréciation c'est d'enlever à ceux qui ont des revenus fixes une partie de leur propriété, et de donner plus de moyens d'acquérir les produits du pays à ceux qui achètent et vendent (...)

Peut-être une augmentation subite de la monnaie, et la facilité de faire des emprunts qui s'ensuivrait, pourraient, quel-

1. Thomas-Robert Malthus, *Principe d'économie politique*, Livre II, Calmann-Lévy.

les que fussent les circonstances, donner un élan temporaire au commerce, mais cet élan ne serait que temporaire.»[1]

Malthus est-il alors un partisan de l'intervention de l'Etat pour soutenir l'activité économique ? Pas véritablement. Il reste fondamentalement méfiant vis-à-vis de l'ingérence de l'Etat qu'il considère comme très dangereuse. Il pense que c'est un outil qui ne peut être utilisé que de façon très ponctuelle, en cas de crise grave pour rétablir l'équilibre. Mais cette intervention provoque un accroissement de la fiscalité ; or, la réduction des dépenses publiques est très difficile. L'effet dépressif qui s'en suivrait serait trop fort.

«Pour ceux qui vivent de revenus fixes, c'est un bien très grand et sans mélange que d'être allégés des impôts ; pour les négociants et les marchands, c'est quelquefois un bien et quelquefois un mal, suivant les circonstances ; mais, quant aux classes ouvrières, il n'y a point de suppression d'impôts, ni d'abaissement dans le prix du blé, qui puissent compenser pour elles le manque d'ouvrage. Si la demande générale de bras vient à manquer, et surtout si elle manque tout d'un coup, les classes laborieuses seront malheureuses au milieu de l'abondance ; si, au contraire, la demande d'ouvriers est considérable, ils seront comparativement riches au milieu de la cherté.

Exposer ces faits, ce n'est point plaider la cause des impôts ; c'est au contraire présenter une des raisons les plus fortes contre eux, c'est faire voir qu'ils sont un grand mal, non seulement lorsqu'on les établit, mais encore et surtout lorsqu'on cherche par la suite à les supprimer.»[1]

1. Thomas-Robert Malthus, *Essai sur le principe de population*, PUF, 1980.

Augustin Cournot ou l'émergence d'un nouveau courant de pensée

Qui est Augustin Cournot ?

Pendant la période classique émerge une approche tout à fait nouvelle de l'économie politique dont peu d'auteurs saisissent l'importance à l'époque. Ces aspects originaux apparaissent en particulier dans l'œuvre de Cournot, l'un des précurseurs de l'école néo-classique.

Antoine-Augustin Cournot est né le 28 août 1801 à Gray et décède le 2 avril 1877. Ayant fait des études de droit et de mathématiques, il devient professeur de mathématiques, recteur de l'académie de Grenoble, puis recteur de l'académie de Dijon. Il a écrit plusieurs ouvrages de philosophie dont l'*Essai sur le fondement de nos connaissances et sur les caractères de la critique philosophique* en 1851.

Son intérêt pour les mathématiques et le raisonnement probabiliste l'amena à publier un *Traité élémentaire de la théorie des fonctions et du calcul infinitésimal* en 1841, l'*Exposition de la théorie des chances et des probabilités* en 1843, *De l'origine et des limites de la correspondance entre l'algèbre et la géométrie* en 1847. Sa contribution à la pensée économique s'exprime dans *Recherches sur les principes mathématiques de la théorie des richesses* en 1838, *Principes de la théorie des richesses* en 1863 et *Revue sommaire des doctrines économiques* en 1877.

Si Cournot est considéré comme un des précurseurs de la pensée néo-classique, c'est que ses travaux ouvrent la voie à une approche en termes d'économie pure, à l'utilisation de l'outil mathématique en économie politique et à l'étude théorique des différents marchés.

Cournot ouvre la voie à l'étude de l'économie pure

L'examen des mécanismes de l'économie politique doit se faire, selon Cournot, à partir de modèles abstraits dont les caractéristiques sont définies avec précision. La conformité de cette construction théorique avec la réalité n'a pas, dans un premier temps, d'importance. L'essentiel est de dégager des lois et des règles de fonctionnement de l'économie politique valables dans un cadre d'hypothèses choisies, de façon à lever toute ambiguïté et à se dégager de toute considération d'ordre moral. L'économie politique doit être abordée comme une véritable science qui a «pour objet essentiel les lois sous l'empire desquelles se forment et circulent les produits de l'industrie humaine, dans des sociétés assez nombreuses pour que les individualités s'effacent, et qu'il n'y ait plus à considérer que des masses soumises à une sorte de mécanisme, fort analogue à celui qui gouverne les grands phénomènes du monde physique».[1]

Cournot se fait l'apôtre de l'utilisation de l'outil mathématique

C'est en 1838 que Cournot publie un mémoire intitulé *Recherche sur les principes mathématiques de la théorie des richesses*, dans lequel il démontre l'intérêt que présente l'utilisation du langage mathématique pour exprimer des relations économiques qui se prêtent à une formulation algébrique.

Cet ouvrage eut peu de succès lors de sa sortie en France. C'est pourquoi en 1863 dans *Principes de la théorie des richesses*, puis en 1877 dans *Revue sommaire des doctrines économiques*, Cournot reprit l'ensemble de ses idées, en particulier sa logique en termes de ce que l'on appellera plus tard « l'économie pure », en les développant sous forme littéraire.

1. *Traité de l'enchaînement des idées fondamentales*, 1911.

Néanmoins, dès le début des années 1870, la démarche initiale de Cournot trouvait des avocats chez Léon Walras et les fondateurs de l'école néo-classique, qui allaient suivre et approfondir la voie ouverte par Cournot. Celui-ci cite, dans l'avant-propos de la *Revue sommaire des doctrines économiques* une intervention de Léon Walras faite en sa faveur en août 1873 et expose les raisons qui l'ont conduit à renoncer aux développements mathématiques après en avoir privilégié l'usage :

«J'en demande pardon au lecteur, mais des circonstances singulières font que je ne puis guère rendre compte de la présente publication sans entrer dans quelques détails personnels. Il me faut remonter jusqu'en 1838, année où j'ai fait paraître le mince volume ou plutôt le mémoire intitulé : *Recherches sur les principes mathématiques de la théorie des richesses*. Malgré le mauvais succès de quelques devanciers qui avaient visiblement fait fausse route, je m'étais figuré qu'il devait y avoir de l'avantage à appliquer les signes mathématiques à l'expression d'idées et de rapports qui sont effectivement du ressort des mathématiques ; et je comptais encore sur un nombre honnête de lecteurs dans un siècle où l'on étudie surtout les mathématiques pour être ingénieur, et où l'on recherche surtout l'état d'ingénieur en vue de se faire admettre sur un bon pied dans les grandes entreprises qui donnent la richesse. Le public a paru en juger autrement. (...)

J'en étais là en 1863, lorsqu'il me prit envie de savoir si j'avais péché par le fond des idées ou seulement par la forme : et à cette fin je repris mon travail de 1838 en le développant là où les développements manquaient, et surtout en le dépouillant absolument de l'attirail d'algèbre qui effarouche tant en ces matières. De là le livre intitulé : *Principes de la théorie des richesses*. (...)

Toutefois, après plus de trente ans, une autre génération d'économistes, découvrait que j'avais frayé jadis, quoique *trop timidement et trop partiellement*, une voie bonne à suivre, et où j'aurais même été quelque peu précédé à mon insu par un homme de mérite, le docteur Whewell. Pendant qu'un autre Anglais, M. Jevons, s'occupait d'élargir cette voie, un jeune Français, M. Léon Walras, professeur d'économie politique à Lausanne, osait dire en plein Institut qu'on avait eu tort de faire si peu d'attention à ma méthode et à mon algorithme dont il usait à bon droit pour exposer à son tour une théorie nouvelle, plus amplement développée ».[1]

C'est en note de ce texte que Cournot cite l'intervention de L. Walras en sa faveur :

«M. Cournot est le premier qui ait tenté franchement et sérieusement l'application des mathématiques à l'économie politique. Il l'a fait dans un ouvrage intitulé : *Recherches sur les principes mathématiques de la théorie des richesses,* publié en 1838, et qu'aucun auteur français, à ma connaissance, n'a jamais critiqué. Voici plusieurs années que je travaille, de mon côté, à élaborer l'économie politique pure comme une science naturelle et mathématique. J'y suis parvenu, en me fondant sur d'autres principes économiques et en recourant à d'autres procédés mathématiques que M. Cournot... Ainsi nos recherches ne se confondent pas, et je crois pouvoir dire que je ne lui ai rien emprunté que sa méthode ; mais cela seul est déjà beaucoup, et j'ai tenu à mentionner l'auteur d'une tentative remarquable sur laquelle je répète qu'aucun jugement n'a été porté, et à laquelle, par conséquent, j'ose dire que justice n'a pas été rendue.» *(Principes d'une théorie mathématique de l'échange,* mémoire lu à l'Académie des sciences morales et politiques, les 16 et 23 août 1873.)

Cournot, par sa contribution à l'analyse probabiliste, va également étendre la méthode mathématique à l'analyse des faits sociaux dans la mesure où le raisonnement en termes de probabilité permet d'intégrer l'incertitude.

Cournot approfondit l'étude théorique des différents marchés

➔ L'analyse du monopole, de la concurrence, des échanges entre les différents marchés constitue un précédent à l'intérêt porté par les néo-classiques à l'examen des différents types de marchés. Inscrite dans la logique de ce que l'on nommera «l'économie pure», cette démarche consiste, non pas à rechercher les conditions réelles favorables à l'accroissement des

1. M. Cournot, *Revue sommaire des doctrines économiques*, Hachette, 1877.

richesses, mais à décrire le fonctionnement de diverses catégories fictives de marchés, définies à partir d'un ensemble d'hypothèses restrictives. La liaison avec les faits observables n'est pas exclue et la transition entre l'approche théorique et empirique permet de donner des éléments de réponse à la question de l'origine de l'enrichissement qui seront, chez Cournot, favorables au libéralisme. Mais, l'approche normative est d'abord privilégiée par rapport à l'approche descriptive. La construction cournotienne du modèle de monopole est, à cet égard, exemplaire, et comparer la formulation littéraire avec celle qui utilise l'outil mathématique permet de percevoir que la logique fondamentale reste la même, la mise en équation à partir de signes algébriques ne constituant qu'un moyen commode d'enlever toute ambiguïté au discours.

Analyse du monopole : formulation littéraire

«Ne craignons pas de prendre des exemples scolastiques, c'est-à-dire fictifs, pourvu qu'ils soient simples. Supposons qu'un homme se trouve propriétaire d'une source minérale à laquelle on a reconnu ou cru reconnaître des propriétés curatives qu'aucune autre source ne possède. Il pourrait, grâce à son monopole, exiger 20 F du litre ; mais il s'apercevrait bien vite, à la rareté des demandes, que ce n'est pas là le moyen de tirer de la source le meilleur parti possible. Il abaissera donc le prix successivement, sauf à le relever un peu si ses livres lui montrent qu'il l'avait par trop abaissé, et finalement il s'arrêtera au taux qui lui donne la meilleure rente ou le produit *maximum.* Des frais généraux, tels que ceux qui ont pour objet la captation et la garde de la source, l'entretien des bassins où on la puise et des bâtiments où on l'emmagasine, ne changeraient rien à la fixation du prix par le monopoleur et tomberaient entièrement à sa charge, attendu que le produit net passerait pas sa valeur *maximum* en même temps que le produit brut.

Comme exemple de monopoles grevés de frais qui dépendent de la quantité produite, on peut citer celui de l'inventeur ou de l'acquéreur du secret d'une préparation pharmaceutique pour laquelle il faut payer des matières premières et une main-d'œuvre. Alors le prix auquel s'arrête le monopoleur, et qui correspond nécessairement au *maximum* du produit net, de la rente ou du fermage, cesse de se confondre avec le prix qui correspondrait au *maximum* du produit brut ou de la valeur d'inventaire. Toute addition faite aux frais de cette catégorie élève le prix de la denrée ; mais le calcul montre que, suivant la nature de la loi de la demande, la hausse de prix peut être tantôt plus forte, tantôt plus faible que la part afférente à chaque unité de la denrée dans les frais additionnels. Il ne faudrait donc pas croire que le monopoleur peut se prévaloir de son monopole pour rejeter en tout cas la surcharge sur les consommateurs.»[1]

Analyse du monopole : formulation mathématique

«Supposons, pour la commodité du langage, qu'un homme se trouve propriétaire d'une source minérale, à laquelle on vient de reconnaître des propriétés salutaires qu'aucune autre ne possède. Il pourrait sans doute fixer à 100 F le prix du litre de cette eau ; mais il s'apercevrait bien vite, à la rareté des demandes, que ce n'est pas le moyen de tirer grand parti de sa propriété. Il abaissera donc successivement le prix du litre jusqu'au terme qui lui donnera le plus grand profit possible ; c'est-à-dire que, si $F(p)$ désigne la loi de la demande, il finira, après divers tâtonnements, par adopter la valeur de p qui rend le produit $p\,F(p)$ un maximum, ou qui est déterminée par l'équation

$$(1) \qquad F(p) + pF'(p) = 0$$

Le produit

$$pF(p) = \frac{[F(p)]^2}{-F'(p)}$$

sera la rente annuelle du propriétaire de la source, et cette rente ne dépendra que de la nature de la fonction F.

Pour que l'équation (1) soit applicable, il faut admettre qu'à la valeur de p qui s'en déduit, correspond une valeur de D que peut livrer annuellement le propriétaire de la source, ou qui n'excède pas le produit annuel de cette source. S'il en était

1. *Revue sommaire des doctrines économiques*, Hachette, 1877.

autrement, le propriétaire ne pourrait, sans se porter dommage, abaisser le prix du litre autant qu'il serait de son intérêt de le faire, dans le cas d'une abondance plus grande. La source produisant annuellement un nombre de litres exprimés par Δ, si l'on tire p de la relation $F(p) = \Delta$, on aura nécessairement le prix du litre tel qu'il doit s'établir définitivement par suite de la concurrence des acheteurs.

Dans l'exemple choisi pour type, comme le plus simple de tous, le producteur n'a à supporter aucun frais de production, ou ses frais peuvent être considérés comme insensibles. Passons à celui d'un homme qui posséderait le secret d'une préparation pharmaceutique, d'une eau minérale artificielle, pour laquelle il faudrait payer les matières premières et la main-d'œuvre. Ce ne sera plus la fonction $p\,F(p)$, ou le *produit brut* annuel, que le producteur devra s'efforcer de porter à sa valeur *maximum*, mais le *produit net*, ou la fonction $p\,F(p) - \varphi(D)$, $\varphi(D)$ désignant les frais qu'exige la fabrication d'un nombre de litres égal à D. Puisque D est lié à p par la relation $D = F(p)$, la fonction complexe

$$p\,F(p) - \varphi(D)$$

peut être considérée comme dépendant implicitement de la seule variable p, quoique en général les frais de production soient une fonction explicite, non du prix de la denrée produite, mais de la quantité produite. En conséquence, le prix p auquel le producteur doit porter la denrée, sera déterminé par l'équation

$$(2) \qquad D + \frac{dD}{dp}\left[p - \frac{d.\,\varphi(D)}{d\,D}\right] = O$$

Ce prix déterminera à son tour le produit net annuel ou le revenu de l'inventeur, la valeur capitale de son secret ou de son *fonds productif*, dont la propriété, aussi bien que celle d'un fonds de terre ou d'un meuble corporel, est garantie par les lois et peut circuler dans le commerce. Si cette valeur est nulle ou sensiblement nulle, le propriétaire du fonds productif n'en retirera aucun profit pécuniaire ; il l'abandonnera sans rétribution, ou pour une rétribution minime, au premier exploitateur. Le prix du litre ne représentera que les valeurs des matières premières, les salaires ou profits des agents qui ont concouru à le fabriquer et à en procurer la vente, avec l'intérêt des capitaux nécessaires à l'exploitation.

Les termes de notre exemple s'opposent à ce qu'on admette, dans ce cas, une limitation des forces productives, par suite de laquelle le producteur ne pourrait abaisser le prix au taux qui, d'après la loi de la demande, donnerait le produit net *maximum*.

Mais, dans une foule d'autres cas, une limitation semblable peut avoir lieu, et si $\triangle$ exprime la limite que la production ou la demande ne peuvent pas dépasser, le prix sera déterminé par la relation $F(p) = \triangle$, comme s'il n'y avait pas de frais de production. Ces frais ne sont alors nullement supportés par les consommateurs ; ils diminuent seulement le revenu du producteur. Ils pèsent, non pas précisément sur le propriétaire (qui, à moins d'être inventeur au premier occupant, ce qui rentre dans les circonstances initiales dont la théorie n'a point à s'occuper, a acquis, par lui ou par ses auteurs, la propriété en raison du revenu), mais sur la propriété même. Une diminution dans les frais ne tournera qu'au profit du producteur, tant qu'il n'en résultera pas pour lui la faculté de produire davantage.

Revenons au cas où cette faculté lui est acquise, et où le prix p est déterminé en conséquence de l'équation (2).

Nous observerons que le coefficient

$$\frac{d \,.\, \varphi(D)}{d\,D}$$

qui peut d'ailleurs croître ou décroître quand D augmente, doit être supposé positif, car il serait absurde que les frais *absolus* de production décrussent quand la production s'accroît.

Nous ferons remarquer aussi que l'on a nécessairement

$$p > \frac{d.\varphi(D)}{d\,D}$$

car d D étant l'accroissement de la production, $d.\varphi(D)$ est l'accroissement des frais, $p\,d$ D est l'accroissement du produit brut ; et, quelle que soit l'abondance de la source productrice, le producteur s'arrêtera toujours quand l'accroissement de dépense surpassera l'accroissement de produit.

C'est aussi ce qui résulte surabondamment de la forme de l'équation (2), attendu que D est toujours une quantité positive, et $\frac{d\,D}{dp}$ une quantité négative.

Dans la suite de nos recherches, nous aurons rarement l'occasion de considérer directement la fonction $\varphi(D)$, mais seulement son coefficient différentiel

$$\frac{d.\varphi\,(D)}{d\,D}$$

que nous désignerons par la caractéristique $\varphi'(D)$. Ce coefficient différentiel est une nouvelle fonction de D, dont la forme exerce la plus grande influence sur la solution des principaux problèmes de la science économique.

La fonction $\varphi'(D)$ est, selon la nature des forces productrices et des denrées produites, susceptible de croître ou de décroître quand D augmente.

Pour ce qu'on appelle proprement *produits manufacturés*, il arrive d'ordinaire que les frais sont proportionnellement moindres quand la production s'accroît, ou, en d'autres termes, que D croissant, $\varphi'(D)$ est une fonction décroissante. Ceci tient à une organisation plus avantageuse du travail, à des remises sur les prix des matières premières, lorsqu'on les achète en gros, enfin à l'atténuation de ce que les producteurs appellent les *frais généraux*. Il peut cependant arriver, même dans l'exploitation des produits de cette nature, que l'exploitation poussée au-delà de certaines limites, provoque le renchérissement des matières premières et de la main-d'œuvre, au point que la fonction $\varphi'(D)$ redevienne croissante avec D.

Quand il s'agit de l'exploitation des terres arables, des mines, des carrières, de la richesse éminemment foncière, la fonction $\varphi'(D)$ est croissante avec D ; et c'est, comme nous ne tarderons pas à le voir, en raison de cette seule circonstance, que les terres, les mines, les carrières donnent un revenu net à leurs propriétaires, bien avant qu'on n'ait tiré du sol tout ce qu'il peut physiquement produire, et nonobstant la grande division de ces propriétés, qui établit entre les producteurs une concurrence que l'on peut regarder comme indéfinie. Au contraire, les fonds productifs, placés dans des circonstances telles que, D croissant, $\varphi'(D)$ décroisse, ne peuvent donner un revenu net ou un *fermage* que dans le cas d'un monopole proprement dit, ou d'une concurrence assez bornée pour que les effets d'un monopole exercé collectivement soient encore sensible.»[1]

1. A. Cournot, *Recherches sur les principes mathématiques de la théorie de la richesse*, Hachette, 1838.

Deuxième partie

Des économistes réformistes à Karl Marx

La réalité sociale du XIXe siècle, la misère qui accompagne le développement industriel provoquent de violentes réactions contre l'école classique.

Ces réactions conduisent leurs auteurs à envisager soit des politiques réformistes qui ne condamnent pas l'économie de marché, soit des ruptures plus profondes avec l'organisation capitaliste, en particulier à travers la mise en cause de la propriété privée des moyens de production. En ce qui concerne ces derniers auteurs que l'on a souvent qualifiés de «socialistes», encore que les socialistes actuels ne se reconnaissent pas dans chacun d'eux, il est traditionnel de distinguer les socialistes dits «utopistes» qui imaginent les modalités d'une société plus juste et le «socialisme» de K. Marx.

Ces analyses posent des problèmes qui, sur de nombreux points, rejoignent les débats actuels :

— La nécessité de resituer la poursuite de la croissance économique par rapport à un objectif de niveau supérieur, c'est-à-dire le progrès social et de préciser les relations exactes qu'entretiennent ces deux objectifs : à quelles conditions peuvent-ils être conciliables ?

— La mise en évidence de certaines faiblesses et l'approche libérale critique de la loi des débouchés, des effets pervers de la concurrence, des inégalités des pouvoirs réels qui provoquent dépendance et exploitation, la nécessaire mise en perspective historique de l'évolution économique.

Les réformistes

Face à la misère et à l'exploitation ouvrière qu'ils dénoncent, les réformistes cherchent à déterminer selon quelles modalités une intervention de l'Etat dans le cadre des économies de marché peut permettre une société plus juste et plus efficace, sans induire des effets pervers dont ils envisagent clairement la possibilité.

J. Stuart Mill, F. List, S. Sismondi sont les principaux représentants de ce courant. Si Saint-Simon et les Saints-Simoniens sont fréquemment classés dans ce groupe, ils sont en fait d'autant plus inclassables qu'il existe une évolution dans la pensée de Saint-Simon et des courants très différents parmi les Saint-Simoniens.

Les socialistes utopistes

Le courant «socialiste» s'est souvent exprimé au XIXe siècle sous la forme d'utopies décrivant une organisation économique et sociale qui assure à la fois plus de justice et plus d'efficacité économique. L'intérêt de ces «utopies» est d'abord de poser le problème de la liberté humaine face aux organisations sociales, celui des interrelations entre les différents aspects sociaux ; il est aussi d'ouvrir le champ des politiques économiques possibles. Leur risque est bien sûr de masquer les difficultés et les effets pervers que ferait apparaître le passage à la réalisation concrète. Le XIXe siècle a été fluctuant en propositions alternatives, d'Owen et de Proudhon à celles de Cabet et de Fourier… Dans le cadre de cet ouvrage, il n'était pas possible de les développer toutes. Si c'est la société idéale de Proudhon qui a été choisie, c'est parce que certains thèmes de Proudhon restent particulièrement actuels, et qu'il s'agit d'un ouvrage qui a eu une influence réelle sur l'évolution des idées socialistes en France.

Karl Marx

K. Marx s'inscrit évidemment dans cette mouvance en rupture avec le libéralisme économique, mais c'est aussi par bien des aspects un auteur ricardien. K. Marx s'inscrit dans le cadre de la théorie de la valeur de l'école classique anglaise. Il prolonge cette analyse dans un sens qui se révèlera politiquement explosif.

Il ne s'agira pas ici d'étudier l'ensemble de la pensée de Marx, mais seulement d'examiner pourquoi l'on a si souvent dit que Marx était le dernier des classiques.

LES ECONOMISTES REFORMISTES ET SOCIALISTES

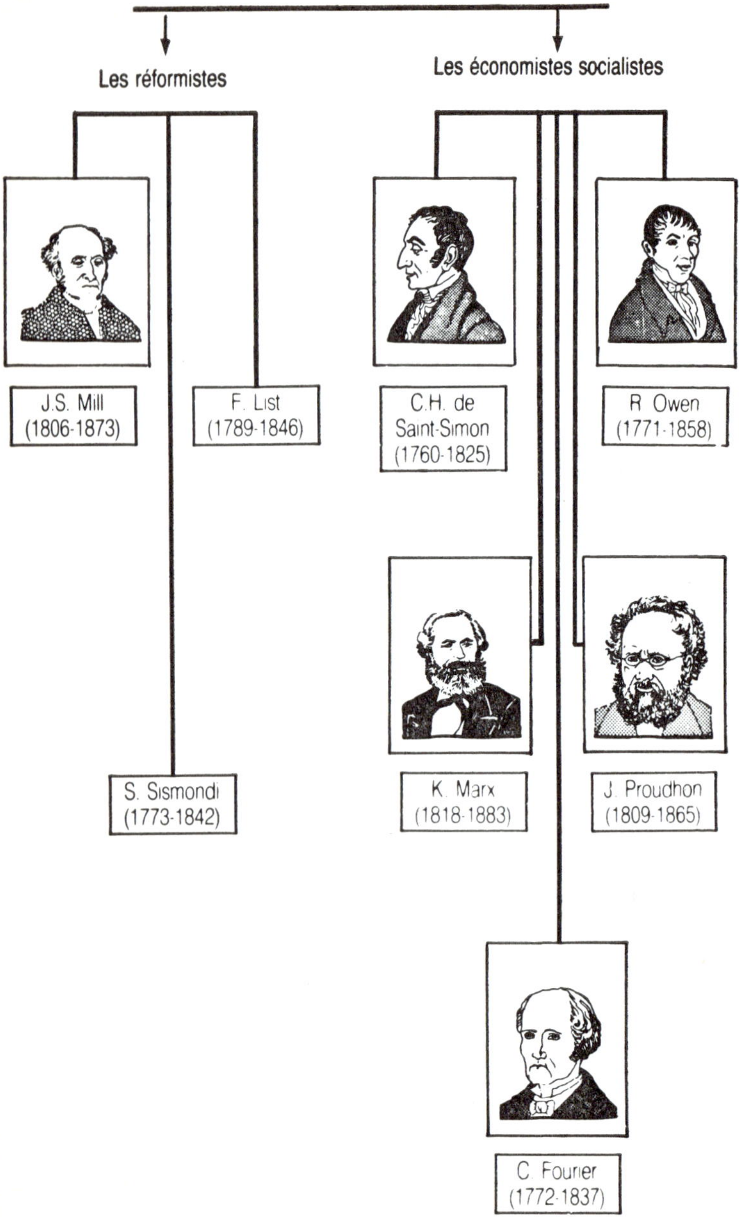

John Stuart Mill

Qui est John Stuart Mill ?

Sa vie

John Stuart Mill, fils aîné de James Mill (1773-1836), est né à Londres le 10 mai 1806. L'histoire de sa vie et de ses idées est relatée dans ses *Mémoires*, publiées en 1873. Son enfance est marquée par l'éducation très stricte et studieuse que lui donne son père. Le grec lui est enseigné dès l'âge de trois ans, le latin et l'arithmétique à partir de 8 ans.

A 12 ans, il commence l'étude de la logique et, un an plus tard, son père, qui était l'ami intime de Ricardo, l'initie à l'économie politique et lui recommande la lecture de Ricardo, puis d'Adam Smith.

Ricardo, Hume, Bentham font partie de l'univers de sa jeunesse. A 14 ans, le frère de Bentham l'invite dans le midi de la France. De passage à Paris, J.B. Say, l'ami et le correspondant de James Mill, l'héberge ; et, pendant ce séjour, le jeune J.S. Mill a l'occasion de rencontrer de nombreuses personnalités dont Saint-Simon. Rentré en Angleterre en juillet 1821, son père qui venait de terminer les *Eléments d'économie politique* lui fait résumer son manuscrit, paragraphe par paragraphe ; puis lui conseille la lecture de Condillac. Séduit par l'approche en termes d'utilité, J.S. Mill forme la «société utilitaire» qui réunit tous les quinze jours de 1822 à 1823 des «jeunes gens d'accord sur les principes fondamentaux reconnaissant l'utilité pour critérium de l'éthique et de la politique»[1]. En 1830, il est présenté à Madame Taylor avec qui il se lie d'une amitié profonde et qui deviendra sa femme 20 ans plus tard. J.S. Mill témoigne qu'il lui doit certaines parties de son œuvre.

1. J.S. Mill, *Mémoires*, Librairie Germer Baillères.

Les premiers écrits de J.S. Mill datent de la fin de 1822, sous la forme de deux lettres parues dans le journal *Traveller*.

Plusieurs ouvrages furent ensuite publiés dont *La liberté* en 1859, *L'assujetissement des femmes* en 1869 et ses *Principes d'économie politique* en 1848. J.S. Mill décéda en 1873 à l'âge de 67 ans.

Les *Principes d'économie politique* comportent cinq livres :
— Livre premier : Production.
— Livre deuxième : De la distribution des richesses.
— Livre troisième : De l'échange.
— Livre quatrième : Influence des progrès de la société sur la production et la distribution.
— Livre cinquième : De l'influence du gouvernement.

Une approche réformiste

J.S. Mill peut être qualifié de réformiste. S'il défend la propriété privée et l'économie concurrentielle, il est conscient des inégalités sociales de son époque et refuse d'assimiler le progrès économique au progrès social. Rejetant les systèmes socialistes qui conduisent à une «tyrannie de la société sur les individus», J.S. Mill est favorable à une intervention adaptée de l'Etat pour pallier les inconvénients de l'économie de marché.

S'il existe une certaine communauté de vue entre Sismondi et J.S. Mill leur approche est néanmoins divergente sur plusieurs aspects de leurs analyses. En particulier, si le premier consacre de longs développements à la contestation de la loi des débouchés de J.S. Say, J.S. Mill adhère à l'opinion de l'économiste français sur ce point et rejette les arguments de Chalmers, Malthus et Sismondi qui tendent à prouver la possibilité de survenance d'une crise générale de surproduction.

Le progrès ne peut se réduire à la croissance économique

➔ Le progrès économique ne peut se réduire à une croissance des biens disponibles, celui-ci suppose une meilleure distribution des richesses.

➔ Le progrès économique ne peut s'assimiler au progrès social même s'il en constitue un facteur favorable. Il implique une amélioration de «l'art de vivre». La diminution du temps de travail consacré aux travaux pénibles, la transformation des relations sociales font partie intégrante du devenir souhaitable de la société. Si les pays «arriérés» qui connaissent un état de pauvreté extrême peuvent avoir pour objectif essentiel la recherche d'un enrichissement toujours plus grand, les sociétés «avancées» doivent s'assigner un autre projet.

Ainsi, John Stuart Mill dénonce le «faux idéal de la société humaine» qui réside dans l'accumulation toujours plus grande de richesses et qu'il faut combattre. Il faut «attacher moins d'importance au simple accroissement de la production» et assurer un véritable progrès dans les domaines économique et social.

«J'avoue que je ne suis pas enchanté de l'idéal de vie que nous présentent ceux qui croient que l'état normal de l'homme est de lutter sans fin pour se tirer d'affaire, que cette mêlée où l'on se foule aux pieds, où l'on se coudoie, où l'on s'écrase, où l'on se marche sur les talons et qui est le type de la société actuelle, soit la destinée la plus désirable pour l'humanité, au lieu d'être simplement une des phases désagréables du progrès industriel. Les Etats du Nord et du Centre de l'Amérique sont un spécimen de cette période de civilisation dans les circonstances les plus favorables. En effet, ces pays se trouvent dégagés en apparence de toutes les injustices, de toutes les inégalités sociales. (...) Cependant, bien qu'il y ait des signes d'une tendance meilleure, le résultat de tant d'avantages c'est que la vie de tout un sexe est employée à courir après les dollars, et la vie de l'autre à élever des chasseurs de dollars. Ce n'est pas une perfection sociale dont la réalisation puisse devenir le but des philanthropes à venir. (...)»[1]

1. J.S. Mill, *Principes d'économie politique*, Guillaumin et Cie.

Le progrès économique passe par une meilleure distribution des richesses

➔ L'essentiel est d'assurer une vie décente à chacun. Un tel objectif ne peut être atteint que grâce à une meilleure allocation des richesses. J.S. Mill est favorable à la mise en place d'une législation appropriée sur les droits de succession et les donations qui pourrait réduire les disparités de patrimoine.

«Nous pouvons supposer qu'on parvient à cette meilleure distribution des richesses par l'effet combiné de la prudence et de la frugalité des individus et d'un système d'éducation favorable à l'égalité des fortunes, autant que cela est possible, sans attenter à la liberté que chacun a de disposer des fruits, considérables ou médiocres, de son travail. Nous pouvons supposer, par exemple, qu'on limite la somme que chacun peut recevoir par succession ou donation à ce qui suffit pour favoriser un état d'indépendance modérée. Sous cette double influence, la société se distinguerait par les traits suivants : un corps nombreux et bien payé de travailleurs ; peu de fortunes énormes, à part celles qui auraient été gagnées et accumulées durant la vie d'un homme, mais un bien plus grand nombre de personnes qu'on n'en compte aujourd'hui, non seulement exemptes des travaux les plus rudes, mais jouissant d'assez de loisirs du corps et de l'âme pour cultiver librement les arts qui embellissent la vie.»[1]

Mill sera aussi l'apôtre de la participation des salariés aux résultats de l'entreprise. Une telle organisation lui semble présenter un double avantage. Elle permettrait d'élever le niveau de rémunération des travailleurs mais aussi de modifier les rapports entre «maîtres» et ouvriers dans un sens favorable au progrès social.

Le progrès social implique une modification des rapports sociaux

➔ Partisan d'une société assise sur des rapports égalitaires entre ouvriers et patrons, hommes et femmes, J.S. Mill condamne les relations humaines fondées sur la dépendance.

1. J.S. Mill, *Principes d'économie politique*, Guillaumin et Cie.

En revanche, une participation active et responsable de chacun à la vie de l'entreprise et de la nation est souhaitable dans la mesure où elle valorise l'individu et ne peut conduire qu'à une convergence d'intérêt entre les groupes sociaux.

• *Les rapports de dépendance ne sont pas justifiés dans une société avancée.*

S'interrogeant sur les modalités d'amélioration du sort des classes ouvrières, J.S. Mill dénonce les analyses qui estiment que l'avenir des travailleurs doit être réglé non par eux-mêmes mais par les «classes supérieures» qui décideraient seules des intérêts des salariés. Une telle théorie valorise les rapports de dépendance entre «maîtres» et ouvriers, hommes et femmes. Or, ceux-ci ne sont supportables aux yeux de Mill que s'ils sont justifiés par une liaison objective de «protecteur à protégé», de «père à fils». Dans de telles circonstances, un échange s'effectue réellement entre les deux parties. Si cette situation pouvait correspondre à une réalité pendant une période donnée de l'histoire, au Moyen-Age par exemple, ce n'est plus vrai à l'époque industrielle à l'exclusion de cas individuels et isolés. Cet idéal qui est encore véhiculé cache en fait un profond mépris de la grande majorité des «classes privilégiées» vis-à-vis de la classe ouvrière et permet de revendiquer le droit de décider pour autrui, de maintenir de façon artificielle des relations de dépendance. La réalité est tout autre. Loin de protéger, la classe dominante est souvent celle contre laquelle il est nécessaire de demander protection ; et c'est même le seul soutien dont ont besoin les ouvriers puisqu'ils possèdent l'indépendance financière grâce à leur salaire et l'indépendance politique grâce à l'accès à l'éducation, au droit de vote.

Le problème des pauvres ne peut donc se résoudre en dehors d'eux. Les fondements des relations sociales doivent être repensés.

«L'état des travailleurs, considéré au point de vue de la morale et de la société, a été dans ces derniers temps l'objet de beaucoup plus d'études et de discussions que dans les temps antérieurs ; et l'opinion que cet état n'est pas ce qu'il doit être est devenue générale. Les projets qui ont été proposés, les discussions auxquelles ils ont donné lieu, sur des détails plutôt que sur le fond même de la question, ont mis en lumière l'existence de deux théories opposées sur la position qu'il conviendrait de faire aux travailleurs. L'une peut être appelée théorie de dépendance et de protection et l'autre théorie d'indépendance.

D'après la première de ces théories, le sort des pauvres et tout ce qui les touche comme classe, devrait être réglé dans leur intérêt, mais non par eux-mêmes. Il ne faudrait pas les encourager à penser par eux-mêmes, à donner à leurs réflexions et à leur prévoyance une autorité dans le règlement de leur destinée. On suppose que le devoir des classes supérieures est de penser pour elles et de prendre la responsabilité de leur sort, comme le général et les officiers d'une armée sont responsables du sort des soldats qui la composent. Les hautes classes, dit-on, doivent se préparer à remplir ce devoir consciencieusement et leur attitude doit être propre à inspirer de la confiance aux pauvres, afin que, pendant qu'ils obéissent activement et passivement aux règles qu'on leur impose, ils se résignent d'ailleurs sous tous les autres rapports à une insouciance confiante, et se reposent à l'ombre de leurs protecteurs. D'après cette théorie, qui s'étend aussi aux rapports d'homme à femme, les rapports du riche avec le pauvre ne seraient qu'en partie des rapports de subordination ; ils auraient un caractère amiable, moral et sentimental ; ils constitueraient d'une part une tutelle bienveillante, de l'autre une référence respectueuse et reconnaissante. Le riche serait une sorte de père pour le pauvre ; il le guiderait et le contiendrait comme un enfant. Il n'y aurait pas besoin que le pauvre agît spontanément : on ne lui demanderait rien d'autre que son travail de chaque jour, et d'être honnête et religieux. La morale et la religion lui seraient aussi fournies par son supérieur, qui aurait soin de le faire enseigner convenablement, et ferait ce qu'il faudrait pour qu'en retour de son travail et de son attachement, le pupille fût convenablement nourri, vêtu, logé, pieusement instruit, et innocemment amusé.

Voilà l'idéal de l'avenir pour ceux dont le mécontentement prend la forme d'affections et de regrets pour le passé. (...)

Quels motifs y a-t-il pour que, dans l'état actuel de la société, des êtres humains de force moyenne et de moyen courage éprouvent une chaude reconnaissance et éprouvent du dévouement en retour d'une protection ? Les lois les protègent, ou elles manquent criminellement à leur but. Autrefois, pour être en sûreté, il fallait être sous la dépendance de quelqu'un : aujourd'hui, c'est la seule condition ou, généralement parlant, l'on soit exposé à l'injustice. Les soi-disant protecteurs sont aujourd'hui, dans un état normal de la société, les seules personnes contre lesquelles on ait besoin de protection. Les actes de brutalité et de tyrannie dont nos rapports de police sont remplis sont commis par des maris contre leurs femmes, par des parents contre des enfants. Que la loi ne prévienne pas ces atrocités, qu'elle essaie à peine de les réprimer ou de les punir sérieusement, c'est là la honte de ceux qui font et appliquent les lois. Tout individu de l'un ou de l'autre sexe, qui possède ou qui gagne de quoi vivre sans le secours d'autrui, n'a pas besoin d'une autre protection que celle que lui donne ou que devrait lui donner la loi. Ceci étant, on prouve que l'on connaît bien peu la nature humaine, lorsqu'on tient pour démontré que les relations fondées sur la protection subsisteront toujours ; lorsqu'on refuse de voir que le rôle de protecteur et le pouvoir qui y est attaché, sans qu'aucune nécessité le justifie, sont de nature à inspirer des sentiments tout autres que des sentiments de fidélité.

Quant aux ouvriers, on peut affirmer avec certitude, au moins lorsqu'il s'agit des pays les plus avancés de l'Europe, qu'ils ne seront plus soumis désormais au régime patriarcal ou paternel. Cette question a été décidée lorsque les travailleurs ont appris à lire et ont eu la faculté de lire des journaux et des brochures politiques ; lorsqu'on a permis à des prédicateurs dissidents d'aller parmi eux, et de faire appel à leurs facultés et à leurs sentiments contre la religion professée et soutenue par leurs supérieurs ; lorsqu'on les a réunis en grand nombre pour travailler ensemble sous le même toit ; lorsque les chemins de fer leur ont permis d'aller d'un lieu à l'autre, et de changer de patron aussi facilement que d'habit ; lorsque surtout on a cherché, en étendant les franchises électorales, à leur faire prendre part au gouvernement. Les classes laborieuses se sont chargées elles-mêmes de leurs intérêts, et témoignent constamment qu'elles considèrent les intérêts de ceux qui les emploient, non comme identiques, mais comme opposés aux leurs.»[1]

1. J.S. Mill, *Principes d'économie politique*, Guillaumin et Cie.

• Le progrès dépend de l'association des intérêts entre groupes sociaux

Ainsi, nous dit Mill, «c'est sur une tout autre base qu'il faut fonder à l'avenir le bien-être et le bien-faire des classes laborieuses». Le progrès implique une association d'intérêts entre groupes sociaux érigée sur des rapports d'indépendance.

«Si l'on désire de l'esprit public des sentiments généreux, ou simplement justice et égalité, l'association des intérêts, et non leur isolement, est l'école dans laquelle se forment ces qualités plus hautes. Le but du progrès n'est pas seulement de mettre des êtres humains dans une situation où ils puissent se passer les uns des autres, mais de leur permettre de travailler seuls ou ensemble, avec des rapports qui ne soient pas des rapports de dépendance. Jusqu'à ce jour, ceux qui vivent de leur travail n'ont eu d'autre alternative que de travailler chacun pour soi ou pour un maître ; mais les influences civilisatrices et meilleures de l'association peuvent être obtenues en même temps que l'économie et la fécondité de la production en grand, sans diviser les producteurs en deux camps de sentiments et d'intérêts opposés, où un grand nombre soient les serviteurs d'un seul qui fournit les capitaux, et n'aient d'autre intérêt dans l'entreprise que celui de gagner leur salaire avec le moins de travail possible.»[1]

• Comment atteindre cette convergence d'intérêts ?

Mill cite plusieurs facteurs qui peuvent jouer de façon favorable.

— *D'abord, l'amélioration du niveau d'instruction*, qu'elle soit spontanée par la lecture des journaux, les conversations, ou provoquée par l'extension de la scolarité, devrait permettre aux ouvriers de mieux comprendre les problèmes de l'entreprise et de la nation, de discuter avec de véritables arguments et de prendre en compte les objections et les propositions qui leur sont faites. Ainsi, Mill cite le cas de l'attitude des tisserands et fileurs pendant la crise du coton :

«L'instruction que donnent les journaux et les brochures politiques peut ne pas être la meilleure possible, mais elle vaut

1. J.S. Mill, *Principes d'économie politique*, Guillaumin et Cie

infiniment mieux que l'absence de toute instruction. On a vu un admirable exemple de ce qu'elle a fait pour le peuple pendant la crise du coton dans la conduite des tisserands et des fileurs du Lancashire, dont le bon sens et la patience ont été justement applaudis. Cette conduite tenait à ce que, lisant les journaux, ils comprenaient les causes de la calamité qui les frappait et savaient qu'elle n'était imputable ni aux chefs d'entreprise, ni au gouvernement. Il n'est pas certain que leur conduite eût été aussi raisonnable et aussi exemplaire si la détresse était arrivée avant la loi salutaire d'émancipation fiscale qui donna l'existence aux journaux à un penny. Les institutions pour faire des cours et discuter, les délibérations collectives sur des questions d'intérêt commun, les Unions de métier, l'agitation politique, tout sert à réveiller l'esprit public, à répandre un grand nombre d'idées dans les masses, à susciter des pensées et des réflexions chez les hommes les plus intelligents.»[1]

— *Ensuite, une mobilité sociale accrue* qui se traduirait par le fait que la majorité des individus travailleraient pendant une première période de leur existence en tant qu'ouvriers, puis, pendant une seconde en tant que patron, éviteraient une coupure non souhaitable de la population entre deux classes aux intérêts opposés.

«(...) Malgré l'influence que peuvent avoir une instruction meilleure et plus forte des classes laborieuses, et des lois justes pour modifier à l'avantage des travailleurs la distribution des produits, je ne puis croire qu'ils se contentent toujours de l'état de salariés et qu'ils l'acceptent comme condition définitive. Ils peuvent consentir à passer par la condition de salariés, pour arriver à celle de maîtres, mais non à rester toute leur vie salariés. Dans un pays neuf, où la richesse et la population croissent rapidement, comme en Amérique ou en Australie, la condition normale de l'ouvrier est de commencer comme salarié, puis de travailler pour son compte, et enfin d'employer des ouvriers ; mais dans un vieux pays, complètement peuplé, ceux qui naissent salariés vivent et meurent ordinairement salariés, ou descendent à la condition encore inférieure d'objets de la charité publique. Dans l'état actuel de l'humanité, lorsque les idées d'égalité s'étendent chaque jour dans

1. J.S. Mill, *Principes d'économie politique*, Guillaumin et Cie.

les classes laborieuses et ne peuvent être arrêtées que par la suppression absolue de toute liberté de discussion écrite et même verbale, on ne peut plus espérer de maintenir la division de l'humanité en deux classes héréditaires de patrons et de salariés. Les rapports sont déjà presque aussi désagréables pour celui qui paie les salaires que pour celui qui les reçoit. Si le riche considère le pauvre comme un serviteur dont la dépendance est fondée sur une sorte de loi naturelle, il est considéré à son tour comme la proie et la pâture du pauvre. Les demandes et les espérances élevées contre lui sont infinies et croissent à chaque concession qu'on leur fait, tandis qu'on s'efforce de réduire au minimum le plus bas les services fournis en échange du salaire. Il deviendra tôt ou tard insupportable à ceux qui emploient les ouvriers de vivre en contact perpétuel avec des hommes dont les intérêts et les sentiments leur sont hostiles. Les entrepreneurs sont presque aussi intéressés que les ouvriers à mettre les opérations industrielles sur un pied tel, que ceux qui travaillent s'intéressent autant à ce qu'ils font que ceux qui travaillent pour eux-mêmes.»[1]

— *Enfin, une «association des ouvriers et des entrepreneurs»*, par exemple sous forme de participation des ouvriers aux résultats de l'entreprise, pourrait conduire à une certaine convergence des intérêts des patrons et des travailleurs, qui serait favorable au progrès de la société.

«Si le progrès, que le triomphe du despotisme militaire n'a pu que retarder et non arrêter, continue sa marche, il est très probable que l'état de salarié ne sera bientôt plus que celui des ouvriers que leur abaissement moral rendra indignes de l'indépendance, et que les rapports de patron à ouvrier seront remplacés par l'association, sous une ou deux formes : association temporaire, en certains cas, des ouvriers avec l'entrepreneur ; dans d'autres cas, et à la fin dans tous, associations des travailleurs entre eux. (...)

Il y a des cas où quiconque participe à l'entreprise par son travail ou ses capitaux y a un intérêt proportionné à l'importance de son apport. On est déjà dans l'usage de rémunérer ceux pour lesquels il faut avoir une confiance particulière au moyen d'un tant pour cent dans les bénéfices, et il y a des

1. J.S. Mill, *Principes d'économie politique*, Guillaumin et Cie.

exemples de ce système employé avec un grand succès, avec de simples manœuvres.

Sur les navires américains qui font le commerce de la Chine, on a l'habitude de donner à chaque matelot une partie des profits du voyage, et c'est à cette circonstance que l'on attribue la bonne conduite de ces matelots et la rareté des collisions entre eux et le peuple ou le gouvernement du pays. En Angleterre même, nous trouvons un autre exemple moins connu qu'il ne devrait l'être, celui des mineurs de Cornouailles. En ce pays, les mines sont exploitées en participation ; des bandes de mineurs traitent avec un agent, qui représente le propriétaire de la mine pour en exploiter une certaine partie et mettre le minerai en état d'être vendu, moyennant un tant pour cent du prix de ce minerai. Ces contrats se font ordinairement à des époques régulières, tous les deux mois en général, et ils sont consentis en société par des hommes habitués au travail des mines. Ce système a des désavantages, par suite de l'incertitude et de l'irrégularité des gains et de la nécessité de vivre longtemps sur le crédit qui en est la conséquence ; mais il présente des avantages qui font plus que compenser ces inconvénients. Il produit une intelligence, une indépendance, une élévation morale qui mettent la condition et le caractère du mineur de Cornouailles bien au-dessus de la moyenne de la classe laborieuse.»[1]

• *Le progrès suppose une modification des rapports hommes-femmes*

La transformation des relations humaines relève d'un tout complexe. Le desserrement des liens de dépendance entre patrons et ouvriers n'est qu'une facette d'un ensemble beaucoup plus large dont fait partie la libéralisation du statut de la femme. L'ouvrage de J.S. Mill *De l'assujettissement des femmes* développe des arguments favorables à l'égalité entre les sexes. Ceux-ci sont d'ordre éthique mais aussi économique : la sous-utilisation des capacités féminines dans la majorité des domaines constitue une perte sèche pour l'économie d'un pays. Dans ses « *Mémoires* », il loue l'apport qu'a été pour lui la pensée de sa femme.

1. J.S. Mill, *Principes d'économie politique*, Guillaumin et Cie.

«Le premier de mes ouvrages où sa participation fut remarquable, fut les *Principes d'Economie politique*. Le *Système de Logique* lui doit peu, si ce n'est dans les détails de la composition. Sur ce point j'ai tiré un grand profit pour tous mes écrits, grands et petits, de ses critiques pleines de justesse et de clairvoyance. Le chapitre de l'*Economie politique* qui a exercé sur l'opinion plus d'influence que tout le reste du livre, celui qui traite de «l'Avenir probable des classes ouvrières» lui est dû tout entier. Dans le premier plan du livre ce chapitre n'existait pas. Elle me fit sentir combien il était nécessaire d'y ajouter un chapitre sur cette question, et combien sans cela l'ouvrage demeurerait imparfait : elle fut cause que je l'écrivis. La partie la plus générale de ce chapitre, l'exposé et la discussion des deux théories opposées touchant la condition particulière des classes laborieuses est en entier une reproduction de ses idées, et souvent dans les termes mêmes que je les recueillai de sa bouche. Ce n'est pas d'elle que j'ai appris la partie purement théorique de mon économie politique, mais c'est surtout à son influence que mon livre doit le ton général qui le distingue des traités précédents sur l'économie politique, et qui, en lui conciliant des lecteurs que les autres avaient rebutés, l'a rendu si utile. Ce ton résulte principalement de ce que j'ai tracé à ce propos une ligne de démarcation entre les lois de la production de la richesse, qui sont en réalité des lois de la nature et dépendent des propriétés des objets, et les modes de distribution de la richesse, qui, sous certaines conditions, dépendent de la volonté humaine.»[1]

Dans les *Principes d'économie politique*, Mill précise sa position en ce qui concerne le libre accès des femmes aux activités professionnelles.

«Les mêmes motifs, qui font qu'il n'est plus nécessaire que les pauvres dépendent des riches, font qu'il n'est plus nécessaire que les femmes dépendent des hommes. Le moins qu'exige la justice, c'est que la loi et la coutume n'établissent pas la dépendance, lorsque la protection corrélative est devenue inutile, en faisant qu'une femme à laquelle le hasard n'a pas donné de biens patrimoniaux n'ait guère d'autres

1. J.S. Mill, *Mémoires*, Librairie Germer Baillières.

moyens de vivre que d'être épouse et mère. Que les femmes qui préfèrent cet état l'adoptent ; mais c'est une injustice flagrante qu'il n'y ait d'autre choix, d'autre carrière possible pour la grande majorité des femmes, dans les conditions tout à fait inférieures. Les idées et les institutions, d'après lesquelles l'accident du sexe est le point de départ d'une inégalité de droits et d'une différence nécessaire de fonctions sociales, seront bientôt reconnues comme un des plus grands obstacles à tout progrès moral, social et même intellectuel. Ici, je n'indiquerai, parmi les effets qu'aurait probablement l'indépendance industrielle et sociale des femmes, qu'une grande diminution des maux de l'excès de population. C'est en employant exclusivement à la fonction de faire des enfants la moitié de l'espèce humaine ; c'est parce qu'un sexe tout entier n'a pas d'autre occupation, et que l'autre y est constamment mêlé, que l'instinct animal dont il s'agit a pris les proportions démesurées et l'influence énorme qu'il a exercée jusqu'à ce jour dans la vie des hommes.»[1]

Ainsi l'adhésion de Mill à l'économie de marché et à une régulation de l'économie par le jeu de la concurrence ne peut s'assimiler à une complète adhésion à l'ordre établi. Cette position s'affirme également par le rôle qu'il réserve à l'Etat dans l'économie.

L'intervention de l'Etat

➔ J.S. Mill refuse une attitude de principe sur la question de l'intervention de l'Etat. Le «laisser-faire» systématique au-delà des attributions nécessaires du gouvernement n'est pas acceptable ; la croyance en la nécessité de l'intervention sans définition précise des domaines et des circonstances où elle doit s'exercer n'est pas non plus satisfaisante. Si J.S. Mill est convaincu que le «laisser-faire doit être la règle générale», il est aussi persuadé que l'Etat ne peut voir son rôle limité à ses fonctions d'«Etat gendarme» chargé du maintien de l'ordre public et de l'application du droit.

1. J.S. Mill, *Principes d'économie politique*, Guillaumin et Cie.

• *La concurrence utile et indispensable*

La conception du progrès de l'humanité de J.S. Mill rejoint celle des écrivains socialistes ; mais, son étude de la concurrence le distingue profondément de ce courant de pensée. J.S. Mill est libéral et n'attribue pas au libre jeu du marché toutes les imperfections de son siècle. Au contraire, la concurrence est «utile et indispensable» parce que, sans elle, s'instaurent des monopoles. Ceci ne signifie pas que, dans la pensée de Mill, la concurrence soit exempte d'inconvénients, mais ceux-ci sont largement compensés par les avantages qu'elle présente.

• *Une intervention limitée de l'Etat, condition de l'indépendance des individus.*

Ensuite, le libre arbitre des individus est, chez Mill, une des conditions de leur indépendance vis-à-vis de toute autorité. Or, le pouvoir de l'Etat, même s'il émane de représentants du peuple, constitue toujours la puissance de quelques-uns à laquelle il convient au maximum d'échapper. A la limite, même si une ingérence complète des gouvernements dans la vie des affaires permettait d'aboutir à l'optimum économique, une telle situation ne serait pas souhaitable car elle contribuerait à créer une dépendance telle des individus que ceux-ci verraient leurs facultés amoindries. Il faut «cultiver les habitudes d'action collective» auxquelles chaque citoyen peut participer.

«Lors même que le gouvernement pourrait attirer à lui les capacités intellectuelles les plus élevées et les talents actifs les plus distingués de la nation dans chaque partie, il n'en serait pas moins désirable que la conduite d'une grande partie des affaires de la société fût abandonnée aux mains des personnes qui y sont directement intéressées. Les affaires de la vie sont une part essentielle de l'éducation pratique du peuple ; sans cela, l'instruction des livres et des écoles, quoique très nécessaire et très utile, ne suffit pas pour enseigner la conduite des affaires et la manière d'adapter les moyens au but désiré. L'instruction n'est qu'une des conditions du perfectionnement moral ; il en est d'autres presque aussi importantes, telles que l'exercice des forces actives de l'âme, le travail, l'invention (...) ; le jugement, la possession de soi-même et les difficultés de la vie sont le stimulant naturel de tout cela. Il ne faut pas confondre cette doctrine avec le complaisant optimisme qui considère les maux de la vie comme des choses désirables, parce qu'ils suscitent les qualités requises pour combattre ces maux. Ce n'est que parce que les difficultés existent que les vertus au moyen desquelles on les surmonte ont de la valeur. En notre qualité d'êtres actifs (...), nous devons débarrasser, autant que possible, la vie humaine des difficultés et non en garder une provision, comme les chasseurs mettent en réserve du gibier, afin de le chasser plus tard. Mais comme on ne peut que diminuer le besoin de talent actif et de jugement pratique dans les affaires de la vie et non s'en passer, même en admettant les suppositions les plus favorables, il est important que ces qualités soient acquises et entretenues, non seulement par un petit nombre de personnes choisies, mais par tout le monde ; et que la culture de ces qualités soit plus variée et plus complète qu'il n'est possible au plus grand nombre de la pratiquer dans la sphère étroite de leurs intérêts personnels. Une population qui n'a pas l'habitude d'agir spontanément dans un intérêt collectif, qui attend de son gouvernement des ordres ou une direction dans toutes les questions d'intérêt public, qui attend l'impulsion du gouvernement sur tout ce qui n'est pas affaire d'habitude et de routine, ne jouit que de la moitié de ses facultés : son éducation est défectueuse dans une de ses branches les plus importantes.»[1]

Ainsi, Mill pense que «le *laisser-faire* doit être la règle générale : toutes les fois qu'on s'en écarte, à moins que ce ne soit absolument nécessaire pour réaliser quelque chose de grand et de bon, on fait du mal très certainement.»[1]

Une critique exacerbée de la concurrence, les pratiques mercantilistes et la politique conduite par Colbert n'attiraient pas sa sympathie. Mais il s'agit d'une règle «générale», et non pas «universelle», qui comporte certaines exceptions dans lesquelles l'intervention de l'Etat s'avère nécessaire.

1. J.S. Mill, *Principes d'économie politique*, Guillaumin et Cie.

L'intervention de l'Etat peut être nécessaire

• *L'individu n'est pas toujours le meilleur juge de ses intérêts.*

Personne, nous dit J.S. Mill, ne peut «juger irrévocablement ce qui sera le plus conforme à son intérêt dans un temps futur et éloigné», aussi, les contrats à perpétuité doivent être réglementés.

— *Le consommateur n'est pas toujours bon juge ni de ses besoins réels, ni de la qualité de la marchandise.*

Dans un tel cas, les arguments favorables à la concurrence cessent d'être valables ; et, si le bien est tel que son usage représente un intérêt majeur pour la collectivité, mieux vaut que les autorités publiques interviennent. Ainsi, J.S. Mill est partisan d'une instruction publique de qualité qui ne doit pas exclure le développement d'un secteur scolaire privé.

«On ne peut admettre que sous de nombreuses restrictions et exceptions cette proposition, que «le consommateur est le meilleur juge de la marchandise.» (...)

Les gens sans culture ne peuvent être de bons juges de la culture de l'âme. Ceux qui ont le plus besoin de devenir plus sages et meilleurs sont ordinairement ceux qui le désirent le moins, et s'ils le désiraient, ils n'auraient pas assez de lumières pour choisir l'enseignement qui leur convient. Il arrivera toujours sous le régime de la liberté que, la fin n'étant pas recherchée, il ne soit pas pourvu aux moyens d'y arriver, ou que les personnes qui ont besoin d'instruction n'ayant qu'une idée imparfaite ou erronée de leurs propres besoins, l'offre amenée sur le marché par la demande qui existe soit tout autre chose que ce dont on a besoin. Tout gouvernement un peu civilisé, et dont les intentions sont bonnes, peut croire sans présomption qu'il possède une instruction supérieure à la moyenne de la société qu'il gouverne, et qu'il est capable d'offrir une éducation et une instruction meilleures que le peuple ne la demanderait lui-même. L'éducation est donc une des choses que l'on peut admettre en principe, que le gouvernement devrait donner au peuple. C'est un cas auquel ne s'appliquent pas nécessairement les motifs de la règle de non intervention, ou auquel ils ne s'appliquent pas tous.(...)

On peut objecter que les frais d'éducation des enfants sont de ces dépenses que les parents, même lorsqu'ils appartiennent à la classe laborieuse, doivent supporter ; qu'on doit désirer qu'ils se sentent obligés de remplir ce devoir à leurs frais, et qu'en leur donnant l'éducation aux dépens d'autrui, tout aussi bien qu'en les nourrissant aux dépens d'autrui, on abaisse d'autant le niveau du salaire nécessaire, et l'on affaiblit d'autant en eux le principe d'action et d'abstinence. Cet argument n'aurait quelque valeur, tout au plus, que si la question était de pourvoir aux dépens de la nation à une dépense que les particuliers feraient autrement eux-mêmes, si tous les parents de la classe laborieuse reconnaissaient et pratiquaient le devoir de donner à leurs frais de l'instruction à leurs enfants. Mais comme les parents ne remplissent pas ce devoir, et ne mettent pas l'instruction au nombre des dépenses que leur salaire doit couvrir, le taux des salaires ne suffit pas en général à cette dépense et il faut qu'elle soit prise sur d'autres ressources. Ce n'est pas là un des cas dans lesquels l'assistance perpétue l'état de choses qui rend l'assistance nécessaire. L'instruction, lorsqu'elle est réellement digne de ce nom, n'énerve pas, elle fortifie les facultés actives en même temps qu'elle les agrandit ; de quelque manière qu'elle soit acquise, elle développe l'esprit d'indépendance, et, dans les cas où elle ne serait pas donnée si elle n'était gratuite, l'assistance sous cette forme produit un effet contraire à ceux qui, sous d'autres, la rendent fâcheuse, c'est une assistance qui met les gens en état de se passer d'être assistés.»

— Les individus ne sont pas toujours capables de juger et d'agir par eux-mêmes.

En particulier, l'enfant n'a pas la possibilité de gérer lui-même ses intérêts. Le travail des enfants doit donc être réglementé. En revanche, le problème se pose en des termes différents pour les femmes. Elles possèdent les facultés suffisantes pour être autonomes ; l'amélioration de leur condition n'implique donc pas une réglementation de leur travail mais dépend d'une modification des lois définissant les rapports de mari à femme et d'une ouverture plus grande du monde professionnel aux femmes.

1. J.S. Mill, *Principes d'économie politique*, Guillaumin et Cie.

«L'individu que l'on considère comme le meilleur juge de ses intérêts peut être incapable de juger et d'agir par lui-même ; il peut être fou, idiot, enfant ; ou, quoiqu'il ne soit pas absolument incapable, il peut n'avoir aucune maturité d'âge ni de jugement. En ce cas, la base du principe de laisser faire lui manque entièrement. La personne la plus intéressée n'est ni le meilleur juge de la chose, ni en état de bien juger quoi que ce soit. En tout pays les fous sont considérés comme l'objet naturel des soins de l'Etat. Quant aux enfants et aux jeunes personnes, on dit ordinairement que s'ils ne sont pas en état de juger, ils ont leur père et mère ou autres parents qui peuvent juger pour eux. Mais ce raisonnement déplace la question ; il ne s'agit plus de savoir si le gouvernement doit intervenir dans les intérêts et les actions des individus, mais s'il doit leur laisser une autorité absolue sur les intérêts et les actions d'autrui. On peut abuser de la puissance paternelle comme de toute autre puissance et en fait on en abuse tous les jours. Si la loi ne peut empêcher les père et mère de maltraiter brutalement et même de tuer leurs enfants, à plus forte raison doit-on penser que bien souvent les intérêts des enfants sont sacrifiés d'une manière plus vulgaire et moins révoltante à l'égoïsme ou à la maladresse de leurs père et mère. Lorsqu'il est bien constaté que des père et mère doivent faire ou supporter quelque chose dans l'intérêt de leurs enfants, la loi est autorisée à les contraindre, si elle le peut, de le faire et de la supporter, et en général elle le doit. Pour prendre un exemple dans le domaine de l'économie politique, il est bon que les enfants et les jeunes personnes qui ne sont pas encore formés soient garantis, aussi loin que l'œil et le bras du gouvernement peuvent s'étendre, de l'excès de travail. On ne devrait pas permettre qu'ils travaillassent trop d'heures par jour ou au delà de leurs forces, parce que si on le permettait, ils y seraient toujours forcés.

La liberté des contrats, lorsqu'il s'agit des enfants, n'est qu'une forme de la liberté de contraindre. L'éducation aussi, et la meilleure que leur position permette de leur donner, est une chose qu'il ne devrait pas être au pouvoir de l'indifférence de leurs père et mère ou autres parents de leur refuser. (...)

Au nombre des membres de la société dont la liberté de contracter devrait être contrôlée dans leur propre intérêt par la législature, à cause, dit-on, de leur position dépendante, on propose souvent de comprendre les femmes, et, dans la loi qu'on vient de faire sur les manufactures (*factory Act*), leur travail, comme celui des jeunes personnes, a été mis sous l'empire de restrictions spéciales. Mais il me semble insoutenable en principe et dangereux en pratique de classer ensemble, sous ce rapport et sous quelques autres, les femmes et les enfants. Les enfants au-dessous d'un certain âge ne peuvent juger ou agir pour leur compte, et jusqu'à un âge beaucoup plus avancé ils en sont inévitablement plus ou moins incapables. Mais les femmes sont aussi capables que les hommes d'apprécier et d'administrer leurs intérêts, et la seule chose qui les en empêche est l'injustice de leur position sociale actuelle. Tant que la loi comptera dans les biens du mari tout ce que la femme acquiert, tandis qu'en la forçant de vivre avec lui elle la force à supporter presque toute la somme d'oppression morale et même physique qu'il lui convient d'imposer, il y a quelque motif de considérer tout acte fait par la femme comme un résultat de la contrainte dans laquelle elle vit : mais c'est une des grandes erreurs des philanthropes et des réformateurs de notre temps, de critiquer les conséquences d'un pouvoir injuste au lieu de s'attaquer à l'injustice elle-même. Si les femmes avaient au même degré que les hommes la liberté de disposer de leur personne et de leur patrimoine ou de leurs acquisitions, il n'y a aucun prétexte pour limiter le nombre des heures pendant lesquelles elles pourraient travailler pour elles-mêmes, afin de leur réserver le temps de travailler pour leur mari dans ce que les avocats de la restriction appellent son chez soi.»[1]

• *Les conditions de la concurrence ne sont pas toujours remplies sur les marchés réels.*

Les sociétés par actions impliquent une gestion des intérêts des particuliers par délégation. Dans ce cas, la lourdeur administrative est aussi grande dans les entreprises privées que dans le secteur public. Cet argument ne suffit pas aux yeux de

1. J.S. Mill, *Principes d'économie politique*, Livre V, Chapitre XI, Guillaume et Cie.

Stuart Mill, pour justifier l'intervention de l'Etat dans la mesure où il vaut toujours mieux éviter de «concentrer dans une bureaucratie dominante toute l'habileté et l'expérience dans la gestion de grands intérêts, et toute la puissance d'action combinée qui existe dans la société». En revanche, ce type d'association conduit souvent à des situations monopolistiques qui peuvent être préjudiciables au consommateur et qui justifient l'intervention de l'Etat pour imposer à l'entreprise certaines conditions dans l'intérêt du public.

«Tout ce qui, abandonné à la liberté, ne peut être fait que par des sociétés commerciales, serait souvent aussi bien fait et quelquefois mieux, même sous le rapport du travail, si l'Etat lui-même l'exécutait. (...)

Le caractère joueur, le défaut de soin et l'incapacité de la gestion de l'Etat sont passés en proverbe, mais l'administration des grandes compagnies de commerce a présenté le même caractère. Il est vrai que les directeurs d'une compagnie sont toujours actionnaires ; mais les membres du gouvernement sont aussi toujours contribuables, et lorsqu'il s'agit des directeurs aussi bien que lorsqu'il s'agit des membres du gouvernement, leur part dans le bénéfice d'une bonne gestion n'est pas égale à l'intérêt qu'ils peuvent avoir à mal gérer, sans parler de celui de leur repos. (...)

J'ai déjà plus d'une fois cité l'exemple des compagnies d'éclairage et de distribution des eaux, entre lesquelles, bien que la liberté de concurrence existe, il n'existe aucune concurrence, et qui se trouvent en réalité moins responsables et plus inaccessibles aux plaintes des particuliers que le gouvernement lui-même. On a les frais de la multiplicité des agents sans en avoir les avantages, et les dépenses faites pour des services dont on ne peut se passer sont en réalité aussi forcées que les impôts établis par la loi : il n'y a guère de maître de maison qui établisse une distinction entre son abonnement pour l'eau et les contributions publiques. Lorsqu'il s'agit de ces services en particulier, il vaut mieux qu'ils soient confiés, comme le pavage et le nettoyage des rues, non au gouvernement central, mais à l'autorité municipale, et que les frais soient couverts, comme ils le sont aujourd'hui en réalité, par une contribution locale ; mais dans un grand nombre de cas analogues, dans lesquels il vaut mieux confier le service à faire à l'intérêt particulier, la société a besoin d'une autre garantie que celle de l'intérêt particulier de ceux qui sont chargés du service, pour s'assurer qu'il sera bien fait ; et c'est au gouvernement que doit être dévolu le soin, soit de soumettre l'entreprise à des conditions raisonnables au profit du public, soit d'y conserver une autorité telle que les profits du monopole puissent en définitive être acquis au public. Cela est vrai lorsqu'il s'agit de routes, de canaux, de chemins de fer.»[1]

• *La concurrence ne peut résoudre tous les problèmes*

— *Les mécanismes du marché ne peuvent spontanément conduire à une amélioration des conditions de travail.*
Ainsi, J.S. Mill examine le cas de la réduction de la durée de la journée de travail. Les ouvriers ont tous intérêt à obtenir une diminution du temps de travail journalier. Mais, le jeu de la concurrence entre travailleurs les pousse à avoir un comportement qui ne permet pas d'atteindre cet objectif. De telles améliorations dans le domaine social ne peuvent donc être obtenues que si l'Etat intervient en votant une loi fixant la durée légale du travail et prévoyant des sanctions en cas de non respect.

«J'appelle l'attention spéciale du lecteur sur une quatrième exception sur laquelle, ce me semble, l'attention des économistes ne s'est pas assez portée jusqu'à ce jour. Quelquefois l'intervention de la loi est nécessaire, non pour forcer le jugement des particuliers sur des choses qui les intéressent, mais pour faire exécuter ce jugement, parce qu'ils ne pourraient y parvenir eux-mêmes que par une coalition qui ne saurait avoir aucun effet, si ses résolutions n'étaient validées et sanctionnées par la loi. Par exemple, et sans rien préjuger sur ce cas particulier, je peux citer la question de réduire les heures de travail. Supposons, ce qui est au moins supposable, — que ce soit vrai ou non — qu'une réduction des heures de travail de douze à dix soit avantageuse aux ouvriers ; qu'ils recevraient pour dix heures de travail un salaire égal ou presque égal à celui qu'ils reçoivent pour douze heures. Si tel était le résultat et si les ouvriers en étaient généralement convain-

1. J.S. Mill, *Principes d'économie politique*, Guillaumin et Cie.

cus, la limitation, dira-t-on peut-être, pourrait avoir lieu spontanément, et il ne serait pas nécessaire de la rendre obligatoire par une prohibition légale. Je répondrai qu'elle ne serait pas adoptée, si tous les ouvriers d'un corps d'état ne s'engageaient l'un envers l'autre à s'y tenir. Un ouvrier qui refuserait de travailler plus de dix heures, lorsque les autres travailleraient douze heures, ne serait pas employé du tout, ou subirait sur son salaire une réduction d'un sixième. Aussi, quelque convaincu qu'il puisse être que l'intérêt de sa classe est qu'il n'y ait que dix heures de travail, il est contraire à son intérêt de donner l'exemple, à moins qu'il ne soit assuré que cet exemple sera suivi. Mais supposez que tous les ouvriers fussent d'accord : ne pourraient-ils pas atteindre le but sans recourir à la sanction de la loi ? Non, à moins que l'opinion n'exerçât une contrainte égale en fait à celle de la loi. Car quelque avantageux que pût être le règlement pour la classe entière, l'intérêt immédiat de chaque individu serait de le violer, et plus ceux qui l'auraient accepté seraient nombreux, plus il y aurait d'intérêts particuliers tentés de ne pas l'observer. Si presque tous restreignaient à dix le nombre des heures de travail, ceux qui travailleraient douze heures bénéficieraient de tous les avantages de la restriction et du profit qu'ils auraient à le violer ; ils recevraient le salaire de douze heures pour dix heures de travail, plus celui de deux heures. Je conviens que si la grande majorité se tenait aux dix heures, il n'y aurait pas grand mal : l'avantage serait en somme acquis à la classe, et les individus qui voudraient travailler et gagner plus le pourraient. Ce serait un état de choses désirable ; et s'il était possible qu'une diminution du nombre d'heures de travail eût lieu sans diminution de salaire, et sans que la marchandise produite perdît quelques-uns de ses débouchés — ce qui dans chaque cas particulier est une question de fait, non de principe —, la manière dont il serait le plus désirable que ce changement eût lieu serait une modification pacifique dans les usages du métier ; la journée de dix heures devenant par l'usage la journée commune, spontanément, sans que ceux qui voudraient faire une journée plus longue en fussent empêchés. Il est probable toutefois qu'il y en aurait tant qui aimeraient mieux travailler douze heures aux conditions nouvelles que la limitation de la journée de travail à dix heures ne pourrait être maintenue comme règle générale : ce que quelques-uns auraient fait volontairement, d'autres seraient bientôt obligés de le faire par nécessité, et ceux qui auraient accepté la journée de douze heures pour gagner un salaire plus fort seraient forcés à la fin de travailler douze heures pour le même salaire que ci-devant. Alors, en admettant qu'il fût réellement de l'intérêt de chacun de ne travailler que dix heures, en supposant que tous les autres en fissent autant, il n'y aurait pas d'autre moyen d'atteindre le but que de changer le consentement mutuel en un engagement sous clause pénale avec force de loi. Je n'entends pas par là énoncer une opinion en faveur d'une loi de ce genre, mais je me sers de cet exemple pour prouver qu'une classe de citoyens peut avoir besoin de l'assistance de la loi pour réaliser son opinion sur une matière qui l'intéresse, en garantissant à chacun que ses concurrents agiront comme lui, parce qu'il ne peut agir conformément à l'intérêt collectif qu'autant qu'il est couvert par cette garantie.»[1]

— La concurrence ne peut pas non plus résoudre le problème de la pauvreté.

L'Etat doit donc assister les pauvres. L'assistance aux démunis a deux conséquences. L'une favorable, conduit à ne pas laisser dans la misère les indigents ; l'autre, plus pernicieuse, crée un esprit d'«assisté» et affaiblit la motivation au travail. Aussi, J.S. Mill considère que :
«S'il est possible en pareille matière d'établir une doctrine ou maxime générale, je croirais que c'est celle-ci : «Si l'assistance accordée est telle que la condition de l'individu secouru soit aussi bonne que celle de l'individu qui se passe de secours, cette assistance, si l'on peut d'avance compter sur elle, est malfaisante ; mais si, en même temps qu'elle est accessible à tous, elle laisse à chacun de puissants motifs de se passer d'elle, s'il le peut, elle est en général bienfaisante.»[1]

— L'intervention de l'Etat est également souhaitable quand la concurrence s'avère insuffisante.

Ainsi, l'Etat doit suppléer l'initiative privée lorsque le «service public est nécessaire sans que personne en particulier soit intéressé à s'en charger, parce que personne n'en retirerait naturellement et spontanément une rémunération suffi-

1. J.S. Mill, *Principes d'économie politique*, Livre V, Chapitre XI, Guillaumin et Cie.

sante. Prenons pour exemple un voyage de découverte ou une exploitation scientifique. Les informations recherchées peuvent être d'une grande utilité ; cependant un particulier ne saurait en retirer un bénéfice suffisant pour couvrir les frais de l'expédition : et il n'y a pas d'autre moyen de prendre une part du bénéfice au moment où ceux qui en profitent le réalisent que de lever un péage au profit de ceux qui ont fourni l'information. Les voyages sont ou pourraient être faits au moyen d'une souscription particulière, mais c'est une ressource exceptionnelle, et précaire. On les a le plus souvent entrepris aux frais de compagnies ou d'associations philanthropiques ; mais en général ces entreprises sont faites au compte du gouvernement qui peut les confier aux hommes qu'il estime les plus propres à les conduire. La construction et l'entretien des phares, des bouées, etc. pour la sûreté de la navigation, est encore une fonction qui convient au gouvernement : car comme il est impossible que les navires en mer qui profitent d'un phare soient soumis à un péage pour s'être servis, personne n'élèverait des phares par intérêt particulier à moins d'être indemnisé et récompensé sur les fonds d'un impôt établi par le gouvernement. Il y a maintes recherches scientifiques d'une grande utilité pour la nation et pour l'humanité tout entière qui exigent beaucoup de temps et de travail, souvent des recherches considérables par des personnes capables de gagner de forts appointements dans un autre emploi. Si le gouvernement n'avait pas la faculté d'accorder une indemnité pour les dépenses faites et une rémunération pour le temps et le travail ainsi employés, ces recherches ne pourraient être entreprises que par des hommes, en bien petit nombre, qui joignent à la possession d'une fortune indépendante des connaissances techniques, des habitudes laborieuses, et, soit un grand patriotisme, soit un désir ardent de célébrité scientifique.»[1]

1. J.S. Mill, *Principes d'économie politique*, Livre V, Chapitre XI, Guillaumin et Cie.

Simonde de Sismondi

Qui est Sismondi ?

Sismondi, né en 1773, est mort en 1842. Historien et économiste, il se rallie, dans un premier temps, aux idées d'Adam Smith. Son ouvrage *De la richesse commerciale* publié en 1803 s'inscrit dans la lignée de l'école classique. Mais, ses *Nouveaux principes d'économie politique* qui paraissent en 1819 et ensuite ses *Etudes sur l'économie politique* de 1837 et 1838 développent une argumentation critique vis-à-vis des libéraux orthodoxes.

L'ouvrage *Nouveaux principes d'économie politique* dont le sous-titre s'intitule «De la richesse dans ses rapports avec la population» est organisé autour de 7 livres et d'une annexe.

Livre premier : Objet de l'économie politique et origine de cette science.
Livre second : Formation et progrès de la richesse.
Livre troisième : De la richesse territoriale.
Livre quatrième : De la richesse commerciale.
Livre cinquième : Du numéraire.
Livre sixième : De la population.
Annexe : Eclaircissements relatifs à la balance des consommations avec les productions.

Sismondi apparaît réformiste parce que s'il ne condamne pas l'appropriation privée, il dénonce les effets pervers du capitalisme sur les plans économique et social. Son œuvre est marquée par l'expérience des crises du début du XIXe siècle. Les conséquences négatives du développement de l'industrie y sont dénoncées avec vigueur et la volonté de modifier les objectifs premiers de l'activité économique affirmée. Mais l'apport de Sismondi ne se limite pas à la constatation des graves inconvénients de l'industrialisation. Ses travaux proposent une explication des déséquilibres qui frappent le développement du capitalisme. Sa contestation de la loi des débouchés de J.B. Say le fait apparaître comme un précurseur de J.M. Keynes qui s'y réfère dans sa *Théorie générale*.

Une dénonciation des effets pervers du capitalisme

Les coûts sociaux de l'industrialisation

Sismondi est témoin de la très grande misère ouvrière et du chômage important qui marquent les périodes de récession du début du XIXe siècle. Sa dénonciation des conditions de vie de la masse de la population le conduit à rejeter la conception des libéraux sur les objectifs de l'activité économique. A une recherche d'un enrichissement toujours plus grand des nations, il propose, comme Stuart Mill, de substituer la quête du bien-être social. Ces deux aspirations ne sont en effet pas assimilables pour Sismondi, dans la mesure où il ne suffit pas d'accroître la quantité de marchandises disponibles pour améliorer la situation de chacun. Une abondance de biens mal distribués n'assure pas l'aisance pour tous.

La spoliation des travailleurs par les capitalistes

Les économies réelles se caractérisent par l'existence d'un partage inégal des richesses aux dépens des ouvriers qui conduit à leur situation misérable. En effet, l'enjeu du contrat de travail n'est pas de même nature pour les deux parties : l'emploi est nécessaire à l'ouvrier pour sa survie alors que l'employeur ne recherche qu'un profit supplémentaire. L'un ne peut attendre car le revenu de son activité professionnelle est une nécessité vitale, l'autre dispose d'un délai qui lui permet de faire pression sur le travailleur et de lui imposer les modalités du contrat. L'inégalité de fait dans la négociation aboutit à usurper une partie des richesses créées par les ouvriers.

«On a souvent réussi à faire considérer comme un avantage national le bas prix de la main-d'œuvre, sans vouloir examiner s'il était nominal ou réel ; on a loué de leur patriotisme les fabricants qui refusaient d'augmenter les gages de leurs ouvriers, et les gouvernements les ont quelquefois secondés, en fixant le taux des salaires et en le maintenant par la force. Il est difficile de porter une loi en même temps plus impolitique et plus injuste. Ce n'est pas le profit du fabricant qui constitue l'intérêt national, c'est le bénéfice que la fabrication répartit entre toutes les classes qui y concourent ; c'est la participation de toutes au revenu national qui naît du travail. Si l'administration devait se proposer pour but l'avantage d'une des classes de la nation aux dépens des autres ce sont justement les journaliers qu'elle devrait favoriser. Entre ceux qui participent au prix de la production, ils sont les plus nombreux ; et assurer leur bonheur, c'est rendre heureuse la grande masse de la nation. Ils ont moins de jouissances que tous les autres, ils retirent moins d'avantages que tous les autres de l'ordre social ; ils font naître la richesse, et n'y ont eux-mêmes presque pas de part : obligés de lutter pour leur subsistance avec ceux qui les emploient, ils ne sont point leurs égaux en forces. Les maîtres et les ouvriers sont, il est vrai, réciproquement nécessaires les uns aux autres ; mais cette nécessité presse chaque jour l'ouvrier, elle donne du répit au fabricant; le premier doit travailler pour vivre, le second peut attendre et vivre encore sans faire travailler. Qui ne serait pénétré d'une profonde douleur, quand il voit les ouvriers d'une ville manufacturière abandonner en corps leur ouvrage, parce que leurs maîtres sont résolus à ne point augmenter de nouveau des salaires qu'une année d'affreuse détresse avait fait baisser ; quand il les voit se résigner à toutes les privations, dans l'espérance de lasser enfin l'obstination des manufacturiers, et qu'il calcule en même temps que chaque jour détruit le petit capital d'une malheureuse famille, que la nudité, le froid et la faim menacent déjà, pendant que des années d'interruption ne feraient pas encore sentir au manufacturier les étreintes du besoin ? Et tandis que ces infortunés disputent un gage duquel dépend leur vie et celle de leurs enfants, et que dans leur désespoir ils respectent encore une organisation qui les écrase, des soldats et des archers les veillent ; ils attendent impatiemment le premier désordre pour les livrer aux tribunaux et les punir sévèrement ; qui sait même si quelques traîtres ne se mêlent pas parmi eux pour les exciter au crime qu'on est si impatient de châtier ?

Les nations s'enrichissent quand elles augmentent leur revenu, mais non pas quand le revenu de l'une de leurs classes est usurpé par l'autre : elles s'enrichissent quand elles vendent une plus grande quantité de leurs produits au même prix, parce qu'alors, produisant davantage, le revenu du pauvre s'accroît aussi bien que celui du riche ; mais non pas quand le riche ne gagne que ce que le pauvre perd, quand le profit du commerce n'est autre chose que la diminution du salaire. Lors même que la diminution du prix de la main-d'œuvre permettrait de donner plus d'étendue au commerce national, la production nouvelle qu'elle exciterait serait payée trop chèrement, si elle faisait naître une classe malheureuse et souffrante. Il ne faut point oublier que la richesse n'est que la représentation des douceurs et des commodités de la vie ; et c'est prendre le mot pour la chose, que de créer une opulence factice en condamnant la nation à tout ce qui constitue réellement la souffrance et la pauvreté.

Le salaire n'est pas seulement une compensation du travail, calculée à tant par heure d'après sa durée ; c'est le revenu du pauvre ; et en conséquence il doit suffire non seulement à son entretien pendant l'activité, mais aussi pendant la rémission du travail : il doit pourvoir à l'enfance et à la vieillesse comme à l'âge viril, à la maladie comme à la santé, et aux jours de repos nécessaires au maintien des forces, ou ordonnés par la loi ou le culte public, comme aux jours de travail.»[1]

Une contestation de la loi des débouchés

➔ Sismondi va être, avec Malthus, un des principaux auteurs du XIXe siècle à contester la loi des débouchés de J.B. Say. Son argumentation porte sur une remise en cause de la véracité des hypothèses de la loi selon laquelle les crises de surproduction générales sont impossibles puisque «c'est la production qui ouvre des débouchés aux produits». En particulier, il met l'accent sur le fait que, dans sa démonstration,

1. S. Sismondi, *Nouveaux principes d'économie politique*, édition Jeheder.

J.B. Say ne tient pas compte des délais. A partir d'une surproduction sectorielle, les déséquilibres économiques et les désordres sociaux peuvent s'étendre et se prolonger par le jeu de mécanismes qui conduisent à une dépression généralisée : la baisse de prix consécutive à une surabondance de biens dans un secteur par rapport à la demande solvable engendre une baisse des revenus distribués qui a un impact dépressif sur la demande future. Un cercle vicieux s'enclenche qui peut mener à une crise générale de surproduction.

«Si l'on crée pour les pauvres beaucoup plus d'objets de subsistance, non pas qu'ils n'en peuvent consommer, mais qu'ils n'obtiennent de revenu en échange de leur travail, il n'est pas douteux qu'ils seraient fort disposés à être mieux nourris, mieux vêtus, mieux logés, et qu'ils ne le seront pas cependant ; car leur envie ne déterminera pas les riches à leur offrir un plus haut salaire, à leur demander plus de travail : eux-mêmes, ou n'ont rien à donner en échange par delà ce travail, ou, s'ils ont un petit fonds qu'ils dissipent, ils en deviennent plus misérables. Le blé pourra donc rester non vendu auprès d'une multitude qui aura faim, et le producteur, ne rentrant point dans son capital, ne pourra recommencer ses avances, en sorte que son travail cessera.

La surabondance des productions amène toutefois une consommation plus forte par la baisse de leur prix ; mais le résultat n'en est pas plus avantageux. Si les producteurs apportent sur le marché deux fois plus de marchandises de luxe que ne monte le revenu des riches, et qu'ils soient résolus à les vendre, ils seront forcés d'en donner la totalité pour la totalité de ce revenu, c'est-à-dire, à 50 pour cent de perte. Les riches croiront avoir gagné comme consommateurs, en obtenant à meilleur marché ce qu'ils ne désiraient guère ; mais c'est parmi les riches que se trouvent aussi les producteurs, et, en cette qualité, ils perdront plus qu'ils n'auront gagné, car ils perdront du nécessaire. Leur perte de 50 pour cent sur la vente de la production annuelle se répartira entre leur capital et leur revenu. En diminuant leur revenu, elle réduira leur consommation de l'année suivante ; en diminuant leur capital, elle réduira la demande pour le travail des pauvres, et elle diminuera leur revenu dans toutes les années subséquentes.

Si les producteurs amènent sur le marché deux fois plus de subsistances que ne vaut le salaire du pauvre, ils seront de même obligés de les céder contre la valeur de ce salaire, et avec une perte de 50 pour cent. Le pauvre en profitera comme consommateur pour cette année ; mais la perte de 50 pour cent dans le capital ou le revenu du producteur se fera, dès l'année suivante, cruellement sentir à lui. Tout ce que le riche aura perdu de revenu, il le retranchera sur sa consommation, et il y aura moins de demande des fruits du travail du pauvre ; tout ce que le riche aura perdu de son capital, il le retranchera sur les salaires qu'il paie, et le travail, qui est le revenu du pauvre, en vaudra moins.

C'est ainsi que la dépense nationale, limitée par le revenu, doit absorber, dans le fonds de consommation, la totalité de la production.

La consommation absolue détermine une reproduction égale ou supérieure. C'est dans ce point que le cercle peut s'étendre et se changer en spirale : l'année passée avait produit et consommé comme dix ; on peut se flatter que l'année prochaine, en produisant comme onze, consommera aussi comme onze. La plus ou moins grande facilité avec laquelle s'est accomplie la consommation, indique le résultat plus ou moins heureux d'une opération semblable qui s'était faite l'année précédente. Déjà les riches avaient retranché quelque chose de leur revenu pour l'ajouter à leur capital ou aux salaires qu'ils offrent aux pauvres : plus d'ouvrage avait été achevé en conséquence. Si plus d'ouvrage s'est vendu et bien vendu, ce nouveau capital a donc fait naître un revenu proportionné, et ce revenu demande une nouvelle consommation. L'épargne faite l'année passée se partagera l'année prochaine ; une portion comme revenu augmentera les jouissances du riche, une portion comme salaire augmentera les jouissances du pauvre. L'opération faite avec prudence et mesure peut donc se continuer. Mais on la rendrait ruineuse en la précipitant. C'est le revenu de l'année passée qui doit payer la production de cette année ; c'est une quantité prédéterminée qui sert de mesure à la quantité indéfinie du travail à venir. L'erreur de ceux qui excitent à une production illimitée vient de ce qu'ils ont confondu ce revenu passé avec le revenu futur. Ils ont dit qu'augmenter le travail, c'est augmenter la richesse, avec elle le revenu, et en raison de ce dernier la consommation.

Mais on n'augmente les richesses qu'en augmentant le travail demandé, le travail qui sera payé à son prix ; et ce prix, fixé d'avance, c'est le revenu préexistant. On ne fait jamais, après tout, qu'échanger la totalité de la production de l'année contre la totalité de la production de l'année précédente. Or, si la production croît graduellement, l'échange de chaque année doit causer une petite perte, en même temps qu'elle bonifie la condition future. Si cette perte est légère et bien répartie, chacun la supporte sans se plaindre sur son revenu ; c'est en cela même que consiste l'économie nationale, et la série de ces petits sacrifices augmente le capital et la fortune publique. Mais, s'il y a une grande disproportion entre la production nouvelle et l'antécédente, les capitaux sont entamés, il y a souffrance, et la nation recule au lieu d'avancer.»[1]

Des propositions pour réduire les coûts sociaux qui ne remettent pas en cause l'appropriation privée

La solution aux maux du capitalisme n'implique pas une suppression de la propriété privée mais une intervention adaptée de l'Etat. L'assistance de l'aide publique aux travailleurs face au chômage, à la maladie ou la vieillesse, un partage des responsabilités au sein de l'entreprise, une meilleure distribution du patrimoine font partie des modalités souhaitables pour pallier les effets négatifs de l'économie de marché.

« Un certain nombre d'économistes socialistes, en particulier Owen, «désire que l'industrie des villes, comme celle des champs, soit partagée entre un grand nombre d'ateliers indépendants, et non réunie sous un seul chef qui commande à des centaines ou des milliers d'ouvriers ; je désire que la propriété des manufactures soit partagée entre un grand nombre de moyens capitalistes, et non réunie par un seul homme, maître de plusieurs millions ; je désire que l'ouvrier industrieux ait devant lui la chance, presque la certitude d'être associé à son maître, afin qu'il ne se marie que lorsqu'il aura une

1. S. Sismondi, *Nouveaux principes d'économie politique*, édition Jeheder.

part dans le commerce, au lieu de vieillir, comme il fait aujourd'hui, sans espérance d'avancement. Mais, pour amener ces réformes, je ne demande que les moyens lents et indirects de la législation, que l'exécution d'une justice complète entre le maître et l'ouvrier, qui fasse peser sur le premier toute la responsabilité du mal qu'il fait au second. Que la loi favorise constamment la division des héritages et non leur accumulation, qu'elle fasse trouver au maître un avantage pécuniaire, et un avantage politique, à s'attacher plus étroitement ses ouvriers, à les engager pour plus longtemps, à les associer à ses profits, et peut-être que les intérêts privés, mieux dirigés, répareront seuls le mal que les intérêts privés ont fait à la société. Alors les chefs des manufactures exerceraient leur esprit, pour trouver moyen d'élever à eux les ouvriers, de les intéresser à la propriété et à l'économie, de faire d'eux enfin des hommes et des citoyens, tandis qu'ils ne cessent aujourd'hui de travailler à en faire des machines.»[1]

1. S. Sismondi, *Nouveaux principes d'économie politique*, édition Jeheder.

Friedrich List

Qui est Friedrich List ?

Friedrich List, né en 1789, professeur, puis journaliste, mourut en 1846. Sa pensée, à l'origine de l'école historique allemande, conserve une certaine actualité dans la mesure où son argumentation en faveur du protectionnisme est encore, pour l'essentiel, développée aujourd'hui. Ses conceptions sont exposées dans son livre *Système national d'économie politique*, publié en 1840.

La défense du protectionnisme

L'analyse ricardienne en faveur du libre échange lui semble contestable. Un pays n'a pas nécessairement intérêt à lever toute entrave aux frontières. Tout dépend de l'état de la société. Si la nation en est à un stade de développement peu avancé par rapports aux autres pays, l'Etat doit mener une politique protectionniste pour protéger les industries naissantes de la concurrence extérieure. L'absence d'entrave au commerce international ne conduit en effet, dans une telle situation, qu'à ruiner les espoirs de croissance industrielle de la nation et ne bénéficie qu'aux pays les plus avancés, en particulier à la Grande-Bretagne.

➔ En revanche, si l'industrialisation nationale est suffisamment importante pour pouvoir affronter les marchés extérieurs, l'Etat doit se désengager et pratiquer une politique libre échangiste.

«Le commerce extérieur de la nation ne doit pas être apprécié, comme celui du marchand, exclusivement d'après la théorie des valeurs, c'est-à-dire par la seule considération du profit matériel du moment ; la nation doit en même temps embrasser du regard l'ensemble des rapports d'où dépendent son existence, sa prospérité et sa puissance dans le présent et dans l'avenir.

La nation doit faire le sacrifice et supporter la privation de richesses matérielles, pour acquérir des forces intellectuelles ou sociales ; elle doit sacrifier des avantages présents pour s'assurer des avantages à venir. Pour une nation, ainsi que nous croyons l'avoir historiquement établi, une industrie manufacturière développée dans toutes ses branches est la condition d'un haut degré de civilisation. S'il est vrai, comme nous croyons pouvoir le démontrer, que, dans l'état actuel du monde, une jeune industrie manufacturière, dénuée de protection, ne saurait soutenir la concurrence d'une industrie affermie depuis longtemps, d'une industrie protégée sur son propre territoire : comment, avec des arguments empruntés à la théorie des valeurs, peut-on entreprendre de prouver qu'une nation, de même qu'un particulier, doit acheter les marchandises dont elle a besoin là où elle les trouve au meilleur marché ; qu'on est insensé de fabriquer soi-même ce qu'on pourrait se procurer au dehors à plus bas prix ; qu'on doit abandonner l'industrie du pays aux efforts des particuliers ; que les droits protecteurs sont des monopoles dont les industriels sont pourvus aux dépens de la nation ?

Il est vrai que les droits protecteurs renchérissent au commencement les articles fabriqués ; mais il est également vrai, et l'école[a] même l'admet, qu'à la longue, chez un peuple capable d'un vaste développement industriel, ces articles peuvent être produits à meilleur marché qu'on ne peut les importer du dehors. Si donc ces droits protecteurs entraînent un sacrifice de *valeurs*, le sacrifice est compensé par l'acquisition d'une *force productive*, qui non seulement assure à la nation pour l'avenir une quantité infiniment supérieure de richesses matérielles, mais encore l'indépendance industrielle en cas

a. L'école de pensée qui défend le libre-échange (A. Smith, D. Ricardo, J.B. Say...)

de guerre. A l'aide de l'indépendance industrielle et de la prospérité qui en résulte, la nation acquiert les moyens de se livrer au commerce extérieur, et d'étendre sa navigation ; elle élève sa civilisation, elle perfectionne ses institutions au dedans, elle affermit sa puissance au dehors.

Ainsi une nation qui a une vocation manufacturière se conduit, en recourant au système protecteur, absolument comme ce propriétaire qui sacrifie des valeurs matérielles afin de faire apprendre à quelques-uns de ses enfants une industrie productive.

A quel point s'est fourvoyée l'école en appréciant, d'après la théorie des valeurs, des rapports qui doivent être principalement envisagés du point de vue de la théorie des forces productives ; on le verra ressortir avec clarté du jugement que J.B. Say porte sur les primes qu'accorde une nation étrangère dans le but de favoriser son exportation ; il soutient que ce sont des cadeaux qu'elle fait à notre pays. Supposons donc que la France considère comme suffisant un droit protecteur de 25 pour cent pour ses fabriques encore incomplètement affermies, mais que l'Angleterre alloue des primes de sortie de 30 pour cent ; quelle serait la conséquence du cadeau que l'Angleterre aurait ainsi fait à la France ? Pendant quelques années les consommateurs français obtiendraient à bien meilleur marché qu'auparavant les articles fabriqués dont ils ont besoin ; mais les fabriques françaises seraient ruinées, et des millions d'hommes réduits à la mendicité, ou obligés, soit de s'expatrier, soit de se livrer à l'agriculture. Dans l'hypothèse la plus favorable, les consommateurs acquis jusque là aux agriculteurs français deviendraient leurs concurrents, la production agricole augmenterait en même temps que diminuerait la consommation. De là, nécessairement, en France, dépréciation des produits agricoles et des propriétés, appauvrissement et affaiblissement du pays. Le cadeau de l'Angleterre en valeurs serait chèrement payé en forces productives ; il ressemblerait au présent que le sultan a coutume de faire à ses pachas, lorsqu'il leur envoie un cordon de soie précieux.

Depuis que les Troyens ont été gratifiés par les Grecs d'un cheval de bois, il est délicat pour un peuple de recevoir des présents d'un autre. Les Anglais ont fait au continent des cadeaux d'une valeur énorme sous la forme des subsides ; mais les nations continentales les ont payés chèrement en perte de forces. Ces subsides ont opéré comme des primes d'exportation en faveur des fabriques anglaises et au détriment des fabriques allemandes. Si l'Angleterre s'engageait aujourd'hui à fournir gratuitement aux Allemands, durant plusieurs années, tous les articles manufacturés qui leur sont nécessaires, nous ne leur conseillerions pas d'accepter cette offre. Supposons que les Anglais se trouvent, par de nouvelles inventions, en état de fabriquer la toile à 40 pour cent meilleur marché que les Allemands par les anciens procédés, et qu'ils aient sur les Allemands, dans l'emploi des procédés nouveaux, une avance de quelques années, une des plus importantes et des plus anciennes industries de l'Allemagne sera ruinée faute d'un droit protecteur ; ce sera comme si la nation allemande avait perdu un de ses membres ; mais qui pourrait se consoler de la perte d'un bras, par ce motif que ses chemises lui ont coûté 40 pour cent de moins ?

Souvent les Anglais sont dans le cas de faire des cadeaux aux étrangers ; la forme est différente, et il n'est pas rare qu'ils soient généreux contre leur gré ; les étrangers ne doivent pas moins se demander si le présent est acceptable. En possession, dans le monde, du monopole manufacturier et commercial, leurs fabriques se trouvent de temps en temps dans cet état qu'ils désignent par le mot de *glut* (engorgement), et qui provient de ce qu'ils appellent *overtrading* (excès de la spéculation). Alors chacun jette sur les bateaux à vapeur tout ce qu'il a de marchandises en magasin. Elles sont rendues au bout de huit jours à Hambourg, à Berlin et à Francfort, au bout de trois semaines à New-York, où elles sont offertes à 50 pour cent au-dessous de leur valeur réelle. Les fabricants anglais éprouvent une souffrance temporaire, mais ils sont sauvés et ils s'indemnisent plus tard par de meilleurs prix. Les fabricants allemands et américains sont punis pour les fautes des Anglais ; ils sont ruinés. Le peuple anglais voit le feu, entend le bruit de l'explosion, c'est dans d'autres pays que le désastre éclate ; et lorsque les habitants de ces pays gémissent sur leurs blessures qui saignent, le commerce intermédiaire soutient que ce sont les conjonctures qui ont fait le mal. Quand on réfléchit combien de fois, par de telles conjonctures, l'ensemble de l'industrie manufacturière, le système de crédit, l'agriculture elle-même, en un mot toute l'économie des peuples qui admettent la libre concurrence de l'Angleterre, ont été ébranlés de fond en comble, quand on songe que plus tard ces mêmes peuples ont largement indemnisé les fabricants anglais en leur payant de plus hauts prix, n'est-il pas permis de douter que la théorie des valeurs et les maximes cosmopolites doivent servir de règle au commerce entre les nations ? L'école n'a pas jugé à propos d'expliquer les causes et les effets de ces crises commerciales.

Les grands hommes d'Etat des temps modernes, presque sans exception, ont compris la grande influence des manufactures et des fabriques sur la richesse, sur la civilisation et sur la puissance des nations, et la nécessité de les protéger : Edouard III comme Elisabeth, Frédéric le Grand comme Joseph II, Washington comme Napoléon. Sans plonger dans les profondeurs de la théorie, leur coup d'œil intelligent a compris l'industrie manufacturière dans son ensemble et l'a jugée sainement.»[1]

1. F. List, *Système national d'économie politique*, Capelle.

Saint-Simon et les Saint-Simoniens

La vie de Saint-Simon (1760-1825)

Un noble ruiné

Claude-Henri de Rouvroy, comte de Saint-Simon (lointain cousin du célèbre mémorialiste de Louis XIV, Louis de Saint-Simon) est né en 1760 à Paris, dans une grande famille de la noblesse qui vivait difficilement des revenus de propriétés agricoles en Picardie et surtout des pensions quémandées auprès du roi. Saint-Simon a-t-il déjà puisé là sa conviction du déclin fatal de la féodalité, son mépris d'une aristocratie oisive et improductive attachée à ses titres et à ses rentes arrachées à un paysannat misérable ?

Un combattant de l'indépendance américaine

Envoyé en 1779 en Amérique dans l'armée de Rochambeau, il se targuera plus tard d'avoir été «un des fondateurs de la liberté aux Etats-Unis»[1]. Resté quatre ans en Amérique il fut un observateur attentif de la civilisation américaine dont une des valeurs essentielles est le travail et où les préjugés de la naissance n'existent pas. Il fut alors persuadé que la Révolution américaine représentait un tournant pour l'humanité entière, elle «devait, écrira-t-il, nécessairement déterminer un progrès de la civilisation générale et... de grands changements dans l'ordre social qui existait en Europe.»[1]

De 1787 à 1789, Saint-Simon vit en Espagne où il s'intéresse de près à un projet de canal de Madrid à la Méditerranée (déjà en Amérique, il avait suggéré au vice-roi du Mexique le creusement d'un canal de l'Atlantique au Pacifique).

1. *L'Industrie* (1817) in *Oeuvres* de Saint Simon et Enfantin T.XVIII, Ed. Dentu, Paris.

Saint-Simon et la Révolution française

En juillet 1789, Saint-Simon est encore à Madrid ; il rentre alors en France et affiche immédiatement son adhésion à la Révolution abandonnant son titre de «comte» pour celui de «citoyen» et se félicitant que la Révolution «puisse effacer jusqu'au souvenir de l'Ancien Régime». Puis ce nouveau citoyen se lance dans la spéculation sur les Biens nationaux acquérant une grosse fortune.

Arrêté par le Comité de Salut Public soupçonneux vis-à-vis de ce «ci-devant» trop riche, il séjourne un an en prison, de novembre 1793 à août 1794. La chute de Robespierre permet sa libération. Il gardera de cette expérience une grande horreur du principe d'égalité absolue : «l'égalité ou la mort» !

Sous Thermidor et le Directoire, Saint-Simon reprend ses spéculations sur les Biens nationaux, monte une compagnie de transport public et une maison de commerce de vins.

Le philosophe

Entièrement engagé dans les spéculations matérielles, il pouvait laisser penser qu'il avait renoncé à ses ambitions scientifiques. En 1798, brutalement, il décide de reprendre des études. Il a trente sept ans, un énorme appétit de savoir que sa fortune va lui permettre de satisfaire. Il abandonne la direction de ses affaires à son associé et se lance dans les études. Il recherche dans l'étude des mathématiques, de la physique et de la biologie qu'il étudie successivement, la méthode scientifique que l'on pourra appliquer à l'histoire de la civilisation. Toute sa fortune sera sacrifiée à cette ambition scientifique : établir une science de l'homme.

De 1802 à 1815, Saint-Simon publie un certain nombre d'ouvrages, tous orientés vers ce but. En 1802, paraissent les *Lettres d'un habitant de Genève* dans lesquelles il exalte le rôle des savants qui, réunis dans un «conseil de Newton» se voyaient confier la direction de l'humanité. En 1807, l'*Introduction aux travaux scientifiques du XIXᵉ siècle* révèle son ambition de publier une nouvelle Encyclopédie qu'annoncent d'ailleurs trois brochures en 1810. En 1813, paraît son *Mémoire sur la science de l'homme* dans lequel l'homme est vu, non en tant qu'individu mais comme être social. Durkheim verra en Saint-Simon le fondateur de la sociologie. Dans cet ouvrage, sa volonté de rechercher les lois de développement des sociétés et d'arriver ainsi à une connaissance scientifique de l'évolution des civilisations permettant des projections sur l'avenir en fait un précurseur du matérialisme historique.

En 1814, il publie en collaboration avec Augustin Thierry, *De la réorganisation de la société européenne*, ouvrage dans lequel, en pleine ère napoléonienne il parle de la nécessité de rassembler les peuples d'Europe en un seul corps politique en conservant à chacun son indépendance nationale. Au lendemain de Waterloo, il conçoit même une alliance franco-anglaise avec un Parlement commun, une monnaie commune, un commerce libre, d'où ne pourrait résulter que la paix favorable au développement économique.

L'économiste réformateur

1815 marque une coupure assez nette dans l'œuvre de Saint-Simon. Jusqu'à cette date, nous l'avons vu, il est essentiellement préoccupé de la méthode à appliquer à ce qu'il appelle «la science de l'homme» ; désormais, armé de cette méthode qu'il a empruntée aux autres sciences, il va s'attacher à analyser les mécanismes généraux de l'évolution des sociétés. Ensuite, il s'efforcera de prévoir (n'est-ce pas le rôle du savant ?) la société qui ne va pas manquer de s'organiser, pour le bonheur de tous, et dont il faut travailler à accélérer la venue : la *société industrielle.*

De 1815 à 1817, Saint-Simon qui connaît J.B. Say, adhère aux idées de l'école libérale et collabore au journal libéral, *Le Censeur.* Dans la nouvelle publication périodique, *l'Industrie*, que Saint-Simon réalise avec Augustin Thierry, s'affirme la croyance dans l'avènement d'un régime «libéral industriel».

• *La rupture avec les libéraux*

Mettant de plus en plus l'accent sur l'organisation de la société et sur le rôle du gouvernement dans la direction de l'économie, Saint-Simon s'écarte progressivement des libéraux.

Lorsqu'il va jusqu'à refuser la liberté de conscience et prôner l'éducation des enfants dans «un même code de morale terrestre, puisque la similitude des idées morales positives est le seul lien qui puisse unir les hommes en société»[1], il est alors abandonné par les riches souscripteurs de sa revue : les banquiers Laffitte et Hottinguer, les industriels Perrier et Ternaux.

De janvier 1819 à mai paraît la revue *Politique* dans laquelle Saint-Simon fustige les oisifs, les «frelons». C'est dans la revue *l'Organisateur* que notre auteur fait paraître un pamphlet humoristique qu'un disciple Olinde Rogrigues baptisa en 1832 «La parabole» et qui est justement célèbre. Elle connaît un succès de scandale et vaut un procès à son auteur qui est cependant acquitté. Les libéraux s'éloignent de lui, dans la mesure où il s'intéresse aussi de plus en plus au sort de «la classe la plus nombreuse et la plus pauvre», celle qui n'a pour toute richesse que ses bras et qu'il appelle «prolétaire».

Saint-Simon prône une réorganisation du système social, non par la voie de réformes votées, mais par des ordonnances royales qui donneront le pouvoir à des commissions de spécialistes du monde industriel. Pour lui, il faut d'abord reconsidérer le principe de la propriété, ce qui ne peut qu'effrayer les libéraux. «Il n'y a pas de changement dans l'ordre social sans un changement dans la propriété» écrivait-il déjà en 1814.[2]

Autre point de divergence avec les libéraux, son refus de l'héritage. «Le système industriel est basé sur le principe d'égalité parfaite et s'oppose à tout privilège à la naissance»...

Cette tendance «socialiste» (le terme n'apparaîtra qu'une dizaine d'années après la mort de Saint-Simon) allait s'accentuer encore dans son dernier ouvrage le *Nouveau Christianisme* (avril 1825) où il appelle les savants, les artistes à prêcher la fraternité chrétienne pour «l'amélioration la plus rapide possible du sort de la classe la plus pauvre».

1. Saint-Simon, *Oeuvre*, tome XVIII, Editions Dentu, 1865-1878.

2. Saint-Simon, *De la réorganisation de la Société Européenne*, 1814.

La pensée de Saint-Simon

Saint-Simon est donc un philosophe, un économiste, un réformateur social. Nous avons vu son souci d'appliquer les méthodes scientifiques à l'étude de l'homme en société. Son ambition est de faire progresser une histoire scientifique.

Pour une histoire scientifique

L'étude de l'histoire doit nous permettre de découvrir les lois de l'évolution des civilisations.
«L'histoire, dit-il sous son rapport scientifique, n'est pas encore sortie des langes de l'enfance. Cette importante branche de nos connaissances n'a encore d'autre existence que celle d'une collection de faits plus ou moins bien constatés. Ces faits ne sont liés par aucune théorie, ils ne sont point enchaînés dans l'ordre des conséquences ; ainsi l'histoire est encore un guide insuffisant pour les rois ainsi que pour leurs sujets ; elle ne donne ni aux uns ni aux autres les moyens de conclure *ce qui arrivera de ce qui est arrivé*.»[1]

Saint-Simon rejette toutes les explications de l'histoire qui se réfèrent à la Providence ou au hasard. De même, les effets étant proportionnels aux causes, il ne peut y avoir de petites causes aux grands événements. Pour Saint-Simon l'histoire connaît des périodes d'équilibre pendant lesquelles le système politique, les institutions sociales, l'art sont en accord avec le système économique, et des périodes de crise où ce n'est plus le cas. Dans ces périodes de distorsion se prépare un nouvel équilibre. L'idée que toute organisation sociale développe en son sein la classe qui la détruira sera reprise par Marx. Ecoutons Saint-Simon :
«Lorsque le système féodal et théologique s'est constitué au Moyen-Age, le germe de sa destruction commençait à naître, les éléments du système qui doit le remplacer aujourd'hui venaient d'être créés.»[2]

1. Saint-Simon, *Oeuvres choisies* de Saint-Simon, Bruxelles, 1859. *Travail sur la gravitation universelle*, 1817.
2. Saint-Simon, *L'Organisateur*, *Oeuvres* de Saint-Simon et Enfantin.

Cette nécessité vient de l'évolution de l'activité humaine. En effet, pour Saint-Simon, dans chaque période de l'histoire une activité prédominante assure la domination de la classe qui l'exerce.

Au Moyen-Age où tout était organisé pour la guerre et les conquêtes, les chevaliers détenaient le pouvoir temporel, aidés en cela par les prêtres, détenteurs du pouvoir spirituel. On avait un système équilibré.

L'activité des hommes n'étant plus la guerre et le pillage mais la production des richesses, la direction des affaires doit passer des mains du pouvoir militaire à celles des producteurs. Ceci se préparait depuis l'affranchissement des communes de la domination seigneuriale aux XIe et XIIe siècles. Par ailleurs, une évolution de la technique guerrière vint accélérer l'évolution.

L'influence de l'évolution des techniques sur le système politico-social

Saint-Simon voit dans l'évolution des techniques la cause essentielle du déclin de la chevalerie. C'est la découverte de la poudre à canon qui a fait du moindre arquebusier un soldat plus efficace qu'un brillant chevalier.
«Jusqu'à la découverte de la poudre à canon, l'ancienne noblesse a dû exercer de grands pouvoirs politiques, parce qu'elle rendait de grands services à la société ; elle devait se trouver à la tête de la Nation, parce qu'elle était la classe conservatrice de l'existence nationale. La noblesse était alors la classe la plus laborieuse qu'il y eut en France. (...)

Mais depuis la découverte de la poudre à canon, les droits politiques de la noblesse ont successivement disparu par l'effet de la cessation de son utilité ; ils ont été anéantis par la découverte de la poudre à canon, attendu que les *vilains* se sont trouvés, par l'effet de cette découverte, aussi capables que les nobles de défendre le territoire national...»[1]

1. Saint-Simon, *Catéchisme des industriels* (1823-1824).

Une noblesse parasite

Mais la noblesse qui ne joue plus le rôle de défenseur exclusif de la nation, n'a pas non plus de rôle économique. «Aujourd'hui, presque toute l'ancienne noblesse habite Paris, elle afferme ses terres, et elle alimente son luxe bien plus avec les appointements et les gratifications qu'elle obtient de Votre Majesté qu'avec le produit de ses domaines.

En un mot, ce n'est plus l'ancienne noblesse qui dirige ni les travaux militaires, ni les travaux pacifiques de la nation ; elle n'est plus qu'une superfétation politique.»[1]

Avant Marx et le matérialisme historique, Saint-Simon voyait dans le système économique la clef de l'évolution générale des sociétés.

La parabole

C'est la distorsion entre les forces politiques dominées par la noblesse et les forces économiques représentées par les producteurs que Saint-Simon rend responsable de la crise de la société issue de la Révolution française. Celle-ci n'a pas totalement accompli son œuvre de rénovation politique et sociale, laissant subsister une aristocratie parasitaire, à côté d'une classe intermédiaire de grands bourgeois «légistes», qui n'aspire qu'à se substituer à la première dans la domination de la société où les producteurs restent subordonnés. La dénonciation de ce système dans la «Parabole» est justement célèbre :

«Nous supposons que la France perde subitement ses cinquante premiers physiciens, ses cinquante premiers chimistes, ses cinquante premiers physiologistes,... mathématiciens,... poètes,... peintres,... sculpteurs,... musiciens,... littérateurs ;

Ses cinquante premiers mécaniciens, ses cinquante premiers ingénieurs civils et militaires, ses cinquante premiers artilleurs,... architectes,... médecins,... chirurgiens,... pharmaciens,... marins,... (...)

Ses cinquante premiers banquiers, ses deux cents premiers négociants, ses six cents premiers cultivateurs, ses cinquante

1. Saint-Simon, *Catéchisme des industriels*, op. cité.

premiers maîtres de forges,... fabricants d'armes,... tanneurs,... teinturiers,... mineurs,... fabricants de draps,... fabricants de soieries,... fabricants de cristaux (...), armateurs,... imprimeurs,... graveurs,... orfèvres et autres travailleurs de métaux ;

Ses cinquante premiers maçons, ses cinquante premiers charpentiers,... menuisiers,... maréchaux,... serruriers,... couteliers,... (...), et les cent autres personnes de divers états non désignés, les plus capables dans les sciences, dans les beaux-arts, et dans les arts et métiers, faisant en tout les trois mille premiers savants, artistes et artisans de France.

Comme ces hommes sont les Français les plus essentiellement producteurs, ceux qui donnent les produits les plus importants, ceux qui dirigent les travaux les plus utiles à la nation, et qui la rendent productive dans les sciences, dans les beaux-arts et dans les arts et métiers, ils sont réellement la fleur de la société française ; ils sont de tous les Français les plus utiles à leur pays, ceux qui lui procurent le plus de gloire, qui hâtent le plus sa civilisation ainsi que sa prospérité ; la nation deviendrait un corps sans âme, à l'instant où elle les perdrait ; elle tomberait immédiatement dans un état d'infériorité vis-à-vis des nations dont elle est aujourd'hui la rivale (...)

Passons à une autre supposition. Admettons que la France conserve tous les hommes de génie qu'elle possède dans les sciences, dans les beaux-arts, et dans les arts et métiers, mais qu'elle ait le malheur de perdre le même jour Monsieur, frère du Roi, Monseigneur le duc d'Angoulême, Monseigneur le duc de Berry, Monseigneur le duc d'Orléans, Monsieur le duc de Bourbon, Madame la duchesse d'Angoulême, Madame la duchesse de Berry, Madame la duchesse d'Orléans, Madame la duchesse de Bourbon, et Mademoiselle de Condé.

Qu'elle perde en même temps tous les grands officiers de la Couronne, tous les ministres d'Etat (avec ou sans départements), tous les conseillers d'Etat, tous les maîtres de requêtes, tous ses maréchaux, tous ses cardinaux, archevêques, évêques, grands-vicaires et chanoines, tous les préfets et les sous-préfets, tous les employés dans les ministères, tous les juges, et, en sus de cela, les dix mille propriétaires les plus riches parmi ceux qui vivent noblement.

Cet accident affligerait certainement les Français, parce qu'ils sont bons (...)

Mais cette perte des trente mille individus, réputés les plus importants de l'Etat, ne leur causerait de chagrin que sous un rapport purement sentimental, car il n'en résulterait aucun mal politique pour l'Etat.

D'abord par la raison qu'il serait très facile de remplir les places qui seraient devenues vacantes (...)

La prospérité de la France ne peut avoir lieu que par l'effet et en résultat des progrès des sciences, des beaux-arts et des arts et métiers ; or, les princes, les grands officiers de la Couronne, les évêques, les maréchaux de France, les préfets et les propriétaires oisifs ne travaillent point directement au progrès des sciences, des beaux-arts, des arts et métiers ; loin d'y contribuer, ils ne peuvent qu'y nuire, puisqu'ils s'efforcent de prolonger la prépondérance exercée jusqu'à ce jour par les théories conjecturales sur les connaissances positives ; ils nuisent nécessairement à la prospérité de la nation en privant, comme ils le font, les savants, les artistes, et les artisans, du premier degré de considération qui leur appartient légitimement (...)
Ils y nuisent, puisqu'ils prélèvent annuellement, sur les impôts payés par la nation, une somme de trois à quatre cents millions sous le titre d'appointements, de pensions, de gratifications, d'indemnités, etc., pour le payement de leurs travaux qui lui sont inutiles.

Ces suppositions mettent en évidence le fait le plus important de la politique actuelle ; elles placent à un point de vue d'où l'on découvre ce fait dans toute son étendue et d'un seul coup d'œil ; elles prouvent clairement, quoique d'une manière indirecte, que l'organisation sociale est peu perfectionnée ; que les hommes se laissent encore gouverner par la violence et par la ruse, et que l'espèce humaine (politiquement parlant) est encore plongée dans l'immoralité.

Puisque les savants, les artistes et les artisans, qui sont les seuls hommes dont les travaux soient d'une utilité positive à la société, et qui ne lui coûte presque rien, sont subalternisés par les princes et par les autres gouvernants qui ne sont que des routiniers plus ou moins incapables.

Puisque les dispensateurs de la considération et des autres récompenses nationales ne doivent, en général, la prépondérance dont ils jouissent qu'au hasard de la naissance, qu'à la flatterie, qu'à l'intrigue ou à d'autres actions peu estimables. (...)

Ces suppositions font voir que la société actuelle est véritablement le monde renversé.

Puisque la nation a admis pour principe fondamental que les pauvres devraient être généreux à l'égard des riches, et qu'en conséquence les moins aisés se privent journellement d'une partie de leur nécessaire pour augmenter le superflu des gros propriétaires.

Puisque les plus grands coupables, les voleurs généraux, ceux qui pressurent la totalité des citoyens, et qui leur enlèvent trois à quatre cents millions par an, se trouvent chargés de faire punir les petits délits contre la société.

Puisque l'ignorance, la superstition, la paresse et le goût des plaisirs dispendieux forment l'apanage des chefs suprêmes de la société, et que les gens capables, économes et laborieux ne sont employés qu'en subalternes et comme des instruments.

Puisque, en un mot, dans tous les genres d'occupations, ce sont des hommes incapables qui se trouvent chargés du soin de diriger les gens capables ; que ce sont, sous le rapport de la moralité, les hommes les plus immoraux qui sont appelés à former les citoyens à la vertu, et que, sous le rapport de la justice distributive, ce sont les grands coupables qui sont préposés pour punir les fautes des petits délinquants.

Quoique cet extrait soit fort court, nous croyons avoir suffisamment prouvé que le corps politique était malade ; que sa maladie était grave et dangereuse ; qu'elle était la plus fâcheuse qu'il pût éprouver, puisque son ensemble et toutes ses parties s'en trouvaient affectés en même temps.»[1]

1. Saint-Simon, *La parabole dans l'Organisateur*, 1819-1820, in *Oeuvres*, Volume XX, tome 2.

L'ère industrielle

L'ère industrielle sera ce règne de l'*âge d'or* que l'on avait placé jusque là au berceau de l'humanité et que Saint-Simon voit «au devant» dans «la perfection de l'ordre social». Celle-ci sera réalisée lorsque les industriels, aidés par les savants, prendront conscience d'eux-mêmes, et se constitueront en première classe de la société.

• *«Qu'est-ce qu'un industriel ?» interroge Saint-Simon*

«Un industriel est un homme qui travaille à produire ou à mettre à la portée des différents membres de la société un ou plusieurs moyens matériels de satisfaire leurs besoins ou leurs goûts physiques ; ainsi, un cultivateur qui sème du blé, qui élève des volailles, des bestiaux, est un industriel ; un charron, un maréchal, un serrurier, un menuisier, sont des industriels ; un fabricant de souliers, de chapeaux, de toiles, est également un industriel ; un négociant, un roulier, un marin employé sur des vaisseaux marchands, sont des industriels. Tous ces industriels réunis travaillent à produire et à mettre à la portée de tous les membres de la société, tous les moyens matériels de satisfaire leurs besoins ou leurs goûts physiques, et ils forment trois grandes classes qu'on appelle les cultivateurs, les fabricants et les négociants.

- *Quel rang les industriels doivent-ils occuper dans la société ?*

La classe industrielle doit occuper le premier rang, parce qu'elle est la plus importante de toutes ; parce qu'elle peut se passer de toutes les autres, et, qu'aucune autre ne peut se passer d'elle ; (...) en un mot, tout se faisant par l'industrie, tout doit se faire pour elle.»[1]

Formant l'immense majorité de la nation, les industriels doivent la diriger.

«Les industriels composent plus des 24/25 de la nation ; ainsi ils possèdent la supériorité sous le rapport de la force physique.

Ce sont eux qui produisent toutes les richesses ; ainsi ils possèdent la force pécuniaire.

Ils possèdent la supériorité sous le rapport de l'intelligence, car ce sont leurs combinaisons qui contribuent le plus directement à la prospérité publique.

1. *Catéchisme des industriels*, 1823-1824.

Enfin, puisqu'ils sont les plus capables de bien administrer les intérêts pécuniaires de la nation, la morale humaine, ainsi que la morale divine, appelle les plus importants d'entre eux à la direction des finances.»[1]

• *Le monde «industriel» repose sur :*

— *Le travail*

Tous les hommes travailleront et il n'y aura plus d'exploitation de l'homme par l'homme. Le *droit au travail* est affirmé dans le plan de réforme adressé au Roi en 1826. «Le premier article du budget des dépenses, disait-il, aura pour objet d'assurer l'existence des prolétaires, en trouvant du travail aux valides et des secours aux invalides».

— *Une société hiérarchisée mais harmonieuse*

Tous les travailleurs ne sont pas sur le même plan, en effet le principe adopté : *«à chacun selon ses capacités, à chaque capacité selon ses œuvres»*, implique non l'égalitarisme mais une hiérarchie sociale. Une élite, à la tête de la société domine l'organisation économique mais aussi politique.

«Les industriels les plus importants, prévoit Saint-Simon, se chargent gratuitement de diriger l'administration de la fortune publique : ce sont eux qui feront la loi ; ce sont eux qui feront le rang que les autres classes occuperont entre elles. Ils accorderont à chacune d'elles une importance proportionnée aux services que chacune d'elles rendra à l'industrie ; tel sera inévitablement le résultat final de la révolution actuelle.» On voit ici un certain dépérissement de l'Etat puisque la société ne sera plus gouvernée mais simplement administrée. En effet, pense Saint-Simon, le gouvernement n'est nécessaire que dans une société conflictuelle, or l'ère industrielle ne connaîtra pas de lutte entre les classes. Ne le voit-on pas englober dans les «industriels» aussi bien les banquiers que les savetiers ou les manœuvres, tous unis dans la même ferveur productive ! ferveur exaltée par les artistes et les prêtres.

— *Une économie planifiée*

Par ailleurs, l'organisation de l'économie et même la planification permettront d'éviter les crises et les tensions sociales. Une *Chambre d'inventions* composée d'ingénieurs, de littérateurs et d'artistes devra établir un plan annuel de travaux publics et de production.
Une *Chambre d'examens*, formée de scientifiques devra transmettre ses conclusions sur les plans à une *Chambre d'exécution.* Celle-ci sera formée d'industriels riches et par conséquent, pour Saint-Simon, compétents.

— *La fraternité*

On a vu que pour favoriser l'émulation pour la production, Saint-Simon faisait appel aux artistes pour réaliser son idéal social de fraternité, il ne compte pas seulement sur la vertu du travail, mais il fait appel aussi à la religion. Celle-ci a joué un rôle dans l'histoire de la civilisation : le Christianisme n'est-il pas à l'origine de l'anéantissement de l'esclavage ? Le «Nouveau Christianisme» doit se proposer un nouveau but… celui d'établir une organisation sociale qui assure la subsistance de tous par le travail.

Les Saint-Simoniens

En 1825, à la mort de Saint-Simon, sa pensée était très peu connue. Quelques disciples décidèrent de propager ses idées et de fonder une Ecole. Ce sont : Olinde Rodrigues, directeur de la Caisse hypothécaire, Saint-Amand dit Bazard, un des fondateurs de la Charbonnerie en France, Prosper Enfantin, qui avait été initié à l'économie politique à Saint-Petersbourg, où il avait rencontré des polytechniciens français, envoyés en Russie pour y construire le premier réseau de chemin de fer. Pour soutenir leurs idées, ils fondèrent un journal, *Le Producteur.*

Ce journal ne vécut qu'un an mais il développait déjà les thèmes qui seront repris dans *L'Organisateur*, dans *L'Exposi-*

tion de la Doctrine et plus tard dans *Le Globe.* Les idées du maître ont été commentées, développées, précisées, pour aboutir à une rupture complète avec le libéralisme.

Les disciples vont plus loin que le maître puisqu'ils condamnent la propriété privée des moyens de production, facteur d'exploitation de l'homme par l'homme comme l'écrit Bazard en 1829 dans *L'Exposition de la Doctrine.* «L'homme a jusqu'ici exploité l'homme. Maîtres, esclaves ; praticiens, plébéiens ; seigneurs, serfs ; propriétaires, fermiers ; oisifs, travailleurs : voilà l'histoire progressive de l'humanité jusqu'à nos jours.» Et plus loin : «l'exploitation de l'homme par l'homme, voilà l'état des relations humaines dans le passé.»

A la base de cette exploitation, il y a la propriété et l'héritage.

L'organisation économique de la société

Enfantin récuse les arguments de ceux qui prétendent que le luxe des riches se répand comme une poussière d'or sur toute la population ; la suppression de l'héritage, sauf en ligne directe, et dans ce dernier cas l'augmentation des droits de succession feront rentrer dans les caisses de l'Etat des ressources nouvelles qui pourront être utilisées à des travaux d'utilité publique, bien plus bénéfiques à l'économie que le luxe des oisifs.

Par ailleurs, l'héritage pouvant faire tomber la direction de la production dans les mains d'incompétents est facteur d'inefficacité économique.

• *Le principe d'association*

L'organisation nouvelle serait caractérisée par la substitution du principe d'association à celui de concurrence, une nouvelle organisation du crédit[1], le développement des moyens de communication et la création d'un enseignement technique et professionnel.

1. Une société commanditaire de l'industrie aux capitaux internationaux financera les entreprises.

• *Le productivisme*

A une époque où l'industrialisation est souvent contestée, l'Ecole Saint-Simonienne, non seulement accepte les transformations en cours, mais pense que l'augmentation de la production permettra de résoudre les problèmes sociaux.

Michel Chevalier a été le défenseur de ce productivisme. A l'analyse pessimiste de Malthus, il répond que l'augmentation de la productivité permettra de compenser et au-delà l'augmentation de la population.

• *La négation de l'antagonisme des classes*

Olinde Rodrigues propose un système d'association capital-travail, avec participation aux bénéfices de l'entreprise, mais aussi à la gestion.

Les Saint-Simoniens rejettent la lutte des classes et font appel pour assurer l'entente et l'harmonie à la collaboration de tous les producteurs.

• *Le développement des échanges et la paix universelle*

Favoriser les échanges commerciaux par le libre-échange et par le développement des voies de communication, c'est favoriser le développement d'une économie planétaire, faciliter les échanges culturels et travailler à la Paix Universelle. En 1832, paraît *Le Système de la Méditerranée* de Michel Chevalier, imprégné de cet idéal ; l'association des peuples du pourtour méditerranéen, reliés par le chemin de fer, réaliserait la première étape de cette association universelle rêvée par les Saint-Simoniens. Aménager les fleuves, creuser des canaux, percer les isthmes pour relier les mers entre elles, voilà le programme grandiose prévu par Michel Chevalier qui fonda personnellement une *Société d'étude du Canal sous la Manche* !

L'éclatement de l'Ecole

A Noël 1829, l'école Saint-Simonienne s'était constituée en Eglise dont Enfantin et Bazard avaient été élus les Pères suprêmes ; les disciples portaient un habit spécial, entonnaient en chœur des chants composés par Félicien David et qui exaltaient le travail, se soumettaient à un ensemble de rites. Tout ce mysticisme affiché provoqua des réticences chez certains et même des départs. Celui de Bazard fut provoqué par son désaccord avec Enfantin qui prônait maintenant l'émancipation complète de la femme et la liberté sexuelle. La famille se scinda : une branche avec Pierre Leroux, Jean Raynaud, Buchez, se rapprocha des «socialistes», une autre rejoignit les disciples de Fourier, une troisième devait former ce que l'on a appelé le «Saint-Simonisme pratique», très préoccupé de réalisations concrètes, de grands travaux visant à une meilleure exploitation des richesses mondiales en même temps qu'à l'union fraternelle des peuples et dont Michel Chevalier a été le théoricien.

L'action concrète des Saint-Simoniens

Les Saint-Simoniens, Enfantin, Talabot et d'autres, eurent une action importante dans le développement des chemins de fer en France, en Espagne, en Autriche, en Russie, financé pour une large part par le Crédit Mobilier des Frères Péreire, banque d'affaires qui drainait les capitaux des petits épargnants et les investissait dans ces entreprises. Les Saint-Simoniens partis en Egypte à l'instigation d'Enfantin, sont à l'origine de la Société d'études pour le canal de Suez ; celle-ci prépara le travail que devait accomplir Ferdinand de Lesseps.
L'Exposition Universelle de 1855, la première organisée en France a pu apparaître comme la grande fête de l'industrie, telle que la rêvaient les Saint-Simoniens.

Parmi les Saint-Simoniens, Michel Chevalier est peut-être celui qui a le plus infléchi la politique économique de son époque. Il sut convaincre Napoléon III des bienfaits du libre-échange et son nom est resté attaché au traité de commerce signé avec l'Angleterre en 1860.

Proudhon

La vie de Pierre-Joseph Proudhon (1809-1865)

Né dans une famille très modeste d'artisans d'origine rurale, Proudhon fut un des rares penseurs sociaux de cette époque à avoir, comme il disait lui-même, «connu les tribulations de la vie ouvrière». En effet, à l'âge de dix-neuf ans il dut interrompre des études poursuivies grâce à une bourse et prendre un emploi de correcteur d'imprimerie. En 1838, ayant obtenu une bourse de l'Académie de Besançon, il put reprendre des études et publier son premier ouvrage : *Qu'est-ce que la propriété* ? Sa conclusion «la propriété c'est le vol» fit grand bruit et son second mémoire sur le même thème paru en 1841, lui valut des poursuites judiciaires.

En 1841, il publie *De la création de l'ordre dans l'humanité...* En 1846, son *Système des contradictions économiques ou Philosophie de la misère* lui valut la réponse cinglante de Marx : *Misère de la philosophie.*

A partir de 1848 commence une nouvelle période dans la vie de Proudhon avec son engagement dans le déroulement de la Révolution de février. Sa défense du socialisme à l'Assemblée constituante fit scandale ; pourtant il devait condamner cette «révolution sans idée» qui laissait en place le système social.

Mettant en application ses idées, il créa une banque d'échange qui devait organiser la circulation des marchandises, assurer aux producteurs le crédit gratuit, regrouper les associations ouvrières nées de la Révolution.

En janvier 1849, il perdit son immunité parlementaire à la suite de ses attaques contre le Prince-Président dans son journal *Le Peuple.* Il fut condamné à trois ans de prison.

Obligé d'abandonner alors sa Banque du Peuple, il continua d'écrire et publia les *Confessions d'un révolutionnaire. Idée générale de la Révolution au 19e siècle*. Audacieusement, il en arrivait à un socialisme autogestionnaire. Dans *La Révolution sociale démontrée par le Coup d'Etat*, il tentait de faire prendre conscience de la gravité de la crise sociale.

Après sa sortie de prison, en 1852, il se rallia à l'Empire, mais en 1858 la publication de *De la justice dans la Révolution et dans l'Eglise* lui ayant valu une nouvelle condamnation à trois ans de prison, il s'enfuit en Belgique. Dans *La Guerre et la Paix* qu'il publia alors, il s'interrogeait sur l'exaltation du principe des nationalités : ne cachait-elle pas la volonté d'occulter les problèmes sociaux ?

En 1863, dans *Du principe fédératif et de la nécessité de reconstituer le parti de la Révolution*, il dénonçait la centralisation étatique. En 1864, il publia *De la capacité politique des classes ouvrières*. Il mourut le 19 janvier 1865. *La Théorie de la propriété* paraîtra en 1866.

La pensée de Proudhon

Proudhon rejette l'économie politique telle que l'entendait l'école classique, il lui dénie tout caractère scientifique, car, dit-il, elle «n'est que... le code de la propriété», autrement dit, elle ne sert qu'à justifier le capitalisme. Or pour lui, la science économique doit avoir un objectif : la justice. Pour cela l'analyse du système libéral doit tenir compte des contradictions, qu'il appelle «antinomies», entre l'efficacité économique et les conséquences humaines parfois désastreuses du machinisme, de la division du travail, de la concurrence...

La propriété, c'est le vol

Cette formule ramassée qui l'a rendu célèbre, Proudhon l'a longuement étayée dans ses deux premières publications en réfutant tous les arguments par lesquels on justifiait la pro-

priété. Il démontre qu'elle n'est pas un droit naturel au même titre que les autres droits proclamés en 1793 : la liberté, la sûreté ou l'égalité civile, puisqu'elle est soumise à une sorte de sanction : l'impôt proportionnel.
Elle n'est pas non plus fondée historiquement sur le droit du premier occupant qui serait une injustice ; ni sur le travail puisque le plus souvent les propriétaires ne travaillent pas. Au contraire, la propriété permet ce que Proudhon appelle l'*aubaine*, c'est-à-dire le droit de percevoir un revenu sur le travail d'autrui. L'aubaine porte différents noms : c'est le fermage pour les terres, le loyer pour les habitations, les intérêts pour l'argent prêté, la rente pour les fonds placés, «bénéfices, gains, profits pour les échanges». C'est la propriété qui permet de s'emparer de la plus-value donnée à la terre par le fermier, à la matière par le travail de l'ouvrier. En effet, le salaire ne rémunère qu'une partie de la valeur ajoutée par le travailleur et jamais la «force collective» développée par l'action conjuguée des ouvriers. Proudhon en donne un exemple concret : «Deux cents grenadiers ont en quelques heures dressé l'obélisque de Louksor... (Place de la Concorde). Suppose-t-on qu'un seul homme en deux cents jours en serait venu à bout» ?

Le travailleur ne percevant pas tout le produit de son travail ne peut consommer ce qu'il produit, l'aubaine (et donc la propriété) est donc la source des crises de mévente qui ne sont que des crises de sous-consommation. En effet, *les produits*, disent les économistes, *ne s'achètent que par des produits*. Cet aphorisme est la condamnation de la propriété. Le propriétaire ne produisant ni par lui-même ni par son instrument, et recevant des produits en échange de rien, est un parasite ou un larron.»
La propriété qui est ainsi condamnée, Proudhon la débusque jusque dans le système collectif qu'il dénonce par ailleurs comme oppressif : «Les membres d'une communauté, il est vrai, n'ont rien en propre ; mais la communauté est propriétaire, et propriétaire non seulement des biens mais des personnes et des volontés.»[1]

1. *Qu'est-ce que la propriété.*

Néanmoins, Proudhon qui avait fait dire à la propriété «je suis la négation de la société, la spoliation du travailleur, le droit de l'improductif, la raison du plus fort», en arrivera progressivement à considérer la propriété comme garante de la liberté, mais dans une organisation sociale idéale où la propriété n'entraînerait plus les abus qu'il a dénoncés.

La société idéale

La société future vue par Proudhon doit préserver la justice, la liberté et l'indépendance ; l'organisation économique doit être au service de ces objectifs. Voici comment il présente l'organisation sociale qui lui paraît susceptible de répondre à ces finalités.
«D'un côté, les paysans maîtres enfin du sol qu'ils cultivaient, leur masse énorme, indomptable, ralliée par une commune garantie, unie d'un même intérêt, assure à jamais le triomphe de la démocratie... D'autre part, ce sont des myriades de petits fabricants, artisans, marchands, volontaires du commerce et de l'industrie, travaillant isolément ou par petits groupes, les plus mobiles des êtres... sûrs d'avoir toujours une patrie là où ils ont du travail.

Enfin, apparaissent les compagnies ouvrières, véritables armées de la révolution où le travailleur, comme le soldat dans le bataillon, manœuvre avec la précision de ses machines ; où des milliers de volontés intelligentes et fières se fondent en une volonté supérieure».[1]

• *Une démocratie de petits propriétaires*

C'est la petite propriété, justifiée par le travail, que défend Proudhon. Mise en exploitation directe, elle pourra tenir tête efficacement à la grande propriété si les paysans sont éduqués et s'ils s'associent pour certaines opérations afin de bénéficier des avantages de la grande culture.
Proudhon, très attaché à la famille, voit dans la propriété et dans l'héritage, le gage de la pérennité de cette institution. Pourtant, jusque dans son dernier ouvrage, la propriété sus-

1. *Idée générale de la Révolution.*

cite chez lui des réticences : «J'ai développé, dit-il, les considérations qui rendent la propriété intelligible, rationnelle, légitime... Et même dans ces conditions, elle conserve quelque chose d'égoïste qui m'est toujours antipathique»[1].

• *La propriété individuelle, garantie de la liberté*

La raison essentielle pour laquelle Proudhon maintient la propriété dans son système est qu'elle lui apparaît «comme un bouclier, une place de sûreté pour le faible»...[1] contre la toute puissance de l'Etat ou de la grande Société anonyme. «Servir de contre-poids à la puissance publique... assurer la liberté individuelle ; telle sera donc, dans le système politique, la fonction principale de la propriété...»[1].

Or, la production devenant de plus en plus collective, la propriété individuelle est menacée. De même l'Etat ne pourra laisser dans les mains de particuliers l'exploitation de services publics ;

«Comment croire que le gouvernement laisse à des compagnies, jusqu'à fin de bail, les chemins de fer ?

«Qu'il leur laisse les banques, le change, les assurances, les docks, les mines, les canaux, les salines, les armements ?

«Qu'il leur laisse même les forges, les gaz, les voitures, et tant d'autres industries, formées en anonyme, cotées à la Bourse, et dont la procession s'allonge tous les jours aux dépens de la production individualiste et libre ?...

«Est-ce que déjà la pensée de s'emparer de toutes ces choses ne lui est pas venue ?

«Est-ce qu'elle ne se produit pas à chaque instant sous toutes les formes : tantôt par la loi sur la commandite qui, poussant l'industrie dans les voies de l'anonyme, étend sur elle, par cela même, la protection du gouvernement, tantôt par la centralisation des assurances et des banques.»[2]

Pour Proudhon, nationaliser les facteurs de production aboutirait à multiplier les rentiers de l'Etat, face à une masse de travailleurs devenus fonctionnaires.

1. *Théorie de la propriété*, Editions Lacroix, 1866.
2. *Manuel du spéculateur à la Bourse*, Paris, 1854.

• *«Une démocratie industrielle»*

Comment faire que dans l'inévitable mouvement de concentration industrielle de développement des sociétés par actions, le monde ouvrier ne soit pas écrasé et que les droits du travailleur soient respectés ?

«La solution se trouve dans les *sociétés ouvrières.*

«Etendez aux associations travailleuses prises pour unités le principe de mutualité qui unit les ouvriers de chaque groupe, et vous aurez créé une forme de civilisation qui, à tous les points de vue, politique, économique, esthétique, différera totalement des civilisations antérieures (...)

L'inégalité des conditions et des fortunes a disparu, ramenée qu'elle est à son expression élémentaire qui consiste dans la différence jetée par l'aveugle nature entre le travailleur et le travailleur, différence que l'éducation, la division du travail, etc., doivent réduire indéfiniment.»[1]

Ces sociétés ouvrières, dans le cadre du mutuellisme assureront la démocratie industrielle.

• *Le «mutuellisme» dans la grande entreprise*

Le mutuellisme repose sur le principe de la réciprocité des services au sein d'associations ouvrières fondées sur le libre accord d'individus libres d'en sortir comme ils étaient libres d'y entrer.

Ces «compagnies ouvrières», Proudhon les voient se former de préférence dans le secteur des grandes entreprises.

Proudhon tient à distinguer son système des sociétés de secours mutuels qui, en l'absence de protection sociale se multipliaient alors : «Je considère, dit-il, les sociétés de secours mutuels telles qu'elles existent aujourd'hui comme de simples transitions au régime mutuelliste, appartenant encore à la catégorie des fondations charitables, de vraies surcharges que doit s'imposer le travailleur qui désire ne pas s'exposer à l'abandon en cas de maladie et de chômage.»[1]

«La vraie mutualité... est celle qui donne, promet et assure service pour service, valeur pour valeur, crédit pour crédit, garantie pour garantie ; qui, substituant partout un droit rigoureux à une charité languissante,la certitude du contrat à l'arbi-

1. *Manuel du spéculateur à la Bourse.*

traire des échanges, écartant toute velléité, toute possibilité d'agiotage, réduisant à sa plus simple expression tout élément aléatoire, rendant le risque commun, tend systématiquement à organiser le principe même de la justice en une série de devoirs positifs.

Pour qu'il y ait mutualité parfaite, il faut donc que chaque producteur, en prenant certain engagement vis-à-vis des autres, qui de leur côté s'engagent de la même manière vis-à-vis de lui, conserve sa pleine et entière indépendance d'action, toute sa liberté d'allure, toute sa personnalité d'opération : la mutualité, d'après son étymologie, consistant plutôt dans l'échange de bons offices et des produits que dans le groupement des forces et la communauté des travaux.»[1]

L'association «mutuelliste» est ouverte à tout le monde, les associés ne sont obligés d'apporter ni capital, ni même travail.

«L'association mutuelliste (...) admet, en tant que mutuelliste, tout le monde, et tend à l'universalité ; elle est formée non directement en vue d'un bénéfice, mais d'une garantie ; on n'est tenu d'y apporter ni argent, ni autre valeurs, pas même son industrie ; la seule condition exigée est d'être fidèle au pacte de mutualité : une fois formée, sa nature est de se généraliser et de n'avoir pas de fin.»[1]

Le mutuellisme lui paraît la solution aux problèmes posés par la division du travail dans la grande entreprise, «(dans les) industries qui exigent l'emploi combiné d'un grand nombre de travailleurs, un vaste déploiement de machines et de bras, et pour me servir des expressions techniques, une grande division du travail, par conséquent une haute concentration de forces. Là l'ouvrier est nécessairement subordonné à l'ouvrier, l'homme dépend de l'homme. Le producteur n'est plus, comme au champ, un père de famille souverain et libre ; c'est une collectivité. Les chemins de fer, les mines, les manufactures sont dans ce cas.

Ici donc, de deux choses l'une : ou le travailleur, nécessairement parcellaire, sera simplement le salarié du propriétaire-capitaliste-entrepreneur ; ou bien, il participera aux chances de perte et de gain de l'établissement, il aura voix délibérative au conseil, en un mot, il deviendra associé.

1. *Capacité politique des classes ouvrières.*

Dans le premier cas, le travailleur est subalternisé, exploité ; sa condition perpétuelle est l'obéissance et la misère. Dans le second seulement, il reprend sa dignité d'homme et de citoyen ; il peut aspirer à l'aisance ; il fait partie du producteur, dont il n'était auparavant que l'esclave, comme dans la cité, il fait partie du souverain, dont auparavant il n'était que le sujet.»[1]

Le système mutuelliste qui ne paraît pas indispensable pour «cette foule de petits ateliers artisanaux qu'on rencontre dans toutes les professions», leur reste cependant ouvert, il peut même être étendu aux petites entreprises agricoles.

• *Le mutuellisme dans les échanges*

Par contagion, ce sytème pourra se généraliser à toute l'économie.

La société moderne étant fondée sur la généralisation de l'échange, ce n'est pas seulement en agissant sur la production ou la répartition que l'on résoudra les problèmes économiques et sociaux, mais par une réorganisation de l'échange. C'est dans l'échange, pense Proudhon, comme Marx d'ailleurs, que s'introduit l'injustice ; c'est donc là qu'il faut intervenir.

La réforme de l'échange consiste en une sorte de retour à l'échange en nature, par l'intermédiaire d'une banque d'échange pratiquant le prêt sans intérêt. La suppression de l'intérêt (c'est-à-dire du revenu sans travail), devrait permettre à tout travailleur d'acquérir des moyens de production.

Pour supprimer l'intérêt, Proudhon suggère de supprimer la monnaie métallique, et de la remplacer par un nouveau «papier de banque» non plus échangeable en numéraire mais en produits. Ainsi, les travailleurs associés, actionnaires de cette banque, échangeront leurs produits par l'intermédiaire de ces bons d'échange et le prélèvement capitaliste usuraire n'existant plus, la consommation pourra se développer en même temps que la production. De même, la suppression du numéraire rendra inutile sa thésaurisation et augmentera les débouchés. Voici comment Proudhon présente le nouveau papier de banque.

1. *Idée générale de la Révolution*, Paris,1851

«Qu'est-ce que le papier de banque que je propose de créer ? C'est la lettre de change dépouillée des qualités circonstancielles de lieu, de date, de personne, d'échéance et d'objet, et réduite à ses qualités essentielles, qui sont le *change, l'acceptation* et *la provision.* (...)
Tout le problème de la circulation consiste à généraliser la lettre de change, c'est-à-dire à en faire un titre anonyme, échangeable à perpétuité, et remboursable à vue, mais seulement contre des marchandises et des services.

Je dis qu'un pareil titre réunit toutes les conditions de solidité et de sécurité, qu'il n'est susceptible d'aucune dépréciation.

Il est éminemment solide, puisque, d'une part, il représente le papier ordinaire de change, local, personnel, actuel, déterminé dans son objet, et représentatif d'une valeur réelle, d'un service effectué, d'une marchandise livrée, ou dont la livraison est garantie et certaine ; et que d'un autre côté, il est garanti par contrat synallagmatique de 100 000 échangistes[1] lesquels, par leur masse, l'indépendance et en même temps la solidarité de leurs opérations, offrent des millions de milliards de probabilités de paiement contre une de non paiement. L'or lui-même présente 1 000 fois moins de sûreté.»[2]

Les souscripteurs de la Banque, peuvent accepter sans risque ces billets, puisqu'ils ne sont délivrés que contre des marchandises livrées ou portant promesse d'achat.

La Banque faisant des avances «sur produits futurs» aux créateurs d'entreprises, et cela sans intérêt, Proudhon pense ainsi éliminer toutes les divisions sociales entre capitalistes et salariés libérés de la «tyrannie du capital». On a beaucoup critiqué cette idée de crédit gratuit, celle d'un crédit mutuel a au contraire fait du chemin.

• *La fin de l'Etat*

Pour Proudhon, la société idéale conduit à la disparition de l'Etat. Avec l'oppression capitaliste disparaît la nécessité du gouvernement qui était là pour la faire accepter.

1. Les 100 000 actionnaires de la banque.
2. «Organisation du crédit et de la circulation» in *Solution du problème social.*

Karl Marx
Le dernier des classiques

Qui est Karl Marx ?

Sa vie

Karl Marx est né à Trèves en Rhénanie, le 5 mai 1818. Son père est avocat. Il poursuit des études de philosophie et de droit, puis devient journaliste et rédacteur en chef d'un journal *La gazette rhénane* qui sera interdit par le gouvernement prussien en 1843. En 1844, Karl Marx fait la connaissance de Friedrich Engels qui deviendra son ami et participera à l'élaboration de son œuvre.

Engagé dans la vie politique, K. Marx joue un rôle actif dans l'organisation de l'Association Internationale des Travailleurs, la Première Internationale, fondée en 1864. Il est en contact étroit avec des révolutionnaires russes dès 1872 et il soutient Jules Guesde et Paul Lafargue, fondateurs du parti ouvrier français, après l'insurrection de la Commune de Paris.

Philosophe, sociologue et économiste, K. Marx a écrit de nombreux ouvrages. *Misère de la philosophie* publié en 1846, critique vivement Proudhon, *Le manifeste du parti communiste* paru en 1847 est un plaidoyer en faveur de l'union révolutionnaire des travailleurs, *Le Capital*, dont le livre I paraît en 1867, constitue l'élément central de son analyse de l'économie capitaliste. Rongé par la maladie vers la fin de sa vie,

Marx ne connaîtra pas la publication des autres tomes de l'ouvrage. Les livres II à IV du *Capital* seront achevés et publiés, à partir des notes et manuscrits de K. Marx, par Engels pour les livres II et III en 1885 et 1895 et par Kautsky pour le livre IV en 1910. Karl Marx décède à Londres le 14 mars 1883.

Deux lectures de son œuvre

L'œuvre de Karl Marx a eu un impact considérable sur les plans politiques et économiques. Sa contribution à la pensée économique est fortement discutée.

• *Une analyse critique du capitalisme*

Les économistes marxistes considèrent généralement que son analyse critique du capitalisme constitue l'essentiel de son apport. Les développements actuels de la théorie marxiste s'inscrivent dans cette logique et retiennent l'étude des rapports sociaux en termes de lutte de classes aux intérêts divergents, l'analyse de l'exploitation et de l'aliénation des prolétaires, la mise en évidence des contradictions internes du système capitaliste qui conduisent à la survenance inéluctable de crises et à l'effondrement final du capitalisme.

• *Une approche en termes de structure*

Une seconde lecture des travaux de K. Marx est fréquemment le fait d'économistes qui n'adhèrent pas aux critiques marxistes du capitalisme, évoquées ci-dessus, mais qui créditent néanmoins Marx d'innovations majeures en économie politique. Ainsi, Marx est considéré comme l'initiateur des approches systémiques en termes de structure, intégrant à l'étude des mécanismes économiques les effets de pouvoir et de rapports de force. Marx apparaît comme le premier économiste ayant analysé les crises économiques comme s'intégrant à la logique de fonctionnement des économies capitalistes, à avoir perçu les changements profonds introduits dans ce système économique par la place qu'y tient la monnaie.

Le dernier des classiques

Cet ouvrage présente les principaux auteurs de la période classique, Karl Marx devait donc y trouver sa place. Néanmoins, cerner la complexité de la pensée de K. Marx, avec ses prolongements dans la pensée contemporaine, dépasse le propos de ce livre.[1] Il s'agit ici de montrer pourquoi Marx peut être considéré comme le «dernier des classiques». Ceci implique d'étudier et de mettre en évidence en quoi sa pensée s'inscrit dans le prolongement de celle de l'école classique anglaise, faisant ainsi de Marx un «classique». Ceci nécessite aussi de montrer en quoi son œuvre est, en quelque sorte, l'aboutissement de la logique classique ; mais un aboutissement remettant profondément en cause le système capitaliste, faisant ainsi de Marx le «dernier» des classiques car, après lui, le courant néo-classique allait naître de la contestation de certains aspects de la pensée classique anglaise.

L'œuvre de Marx s'inscrit dans le prolongement de l'école classique anglaise

L'analyse de K. Marx présente des points communs avec les travaux de l'école classique anglaise, en particulier avec ceux de Ricardo. En revanche, elle s'oppose très nettement au courant classique français représenté par J.B. Say.

Marx adopte une approche systémique

Comme la plupart des auteurs du XIXe siècle, Marx ne sépare pas les différents aspects du réel dans son analyse. Il intègre les approches sociologiques, historiques et économiques.

1. Voir dans la même collection, *K. Marx et les économistes radicaux*, à paraître.

Comme chez les auteurs de l'école classique anglaise, il raisonne en tenant compte des rapports de force entre les diférentes classes de la société.

Cependant, Marx mène plus loin ce type de démarche. En ce qui concerne l'emprunt à l'histoire, il adopte une conception matérialiste de l'histoire. En particulier, les rapports sociaux sont déterminés par les conditions et les rapports de production. Ainsi, Marx écrit dans sa *Critique de l'économie politique* :

«Le résultat général auquel j'arrivai et qui, une fois acquis, servit de fil conducteur à mes études, peut brièvement se formuler ainsi : dans la production sociale de leur existence, les hommes entrent en des rapports déterminés, nécessaires, indépendants de leur volonté, rapports de production qui correspondent à un degré de développement déterminé de leurs forces productives matérielles. L'ensemble de ces rapports de production constitue la structure économique de la société, la base concrète sur laquelle s'élève une superstructure juridique et politique et à laquelle correspondent des formes de conscience sociales déterminées. Le mode de production de la vie matérielle conditionne le processus de vie sociale, politique et intellectuelle en général. Ce n'est pas la conscience des hommes qui détermine leur être ; c'est inversement leur être social qui détermine leur conscience.»[1]

Quant aux rapports de force, ils jouent un rôle central dans l'œuvre de K. Marx.

Marx adhère à la théorie de la valeur travail

• *Les deux sources de la valeur échangeable*

Reprenant la distinction entre valeur d'usage et valeur d'échange, Marx admet, comme Ricardo, que les biens peuvent trouver leur valeur échangeable dans deux sources : la rareté et le travail. Si certains biens, telles les œuvres d'art, ne puisent leur valeur que dans la rareté, les marchandises dont la caractéritique est d'être reproductibles par l'homme

1. K. Marx, *Critique de l'économie politique*.

trouvent leur valeur échangeable dans la quantité de travail nécessaire à leur production. Et Marx, comme Ricardo, limite l'essentiel de son analyse aux marchandises.

• *La quantité de travail «cristallisée»*

Comme l'auteur anglais, Marx pense qu'il faut prendre en compte la quantité de travail incorporée dans les biens d'équipement, les matières premières.

«Dans le calcul de la valeur d'échange d'une marchandise, il nous faut encore ajouter à la quantité de travail employée en *dernier lieu,* la quantité de travail *antérieurement* incorporée dans la matière première de la marchandise, ainsi que la quantité de travail appliquée aux moyens de travail, aux outils, aux machines et aux bâtiments qui ont servi pour ce travail. Par exemple, la valeur d'une certaine quantité de filés de coton est la quantité de travail cristallisée ajoutée au coton au cours du filage, plus la quantité de travail précédemment réalisée dans le coton lui-même, la quantité de travail incorporée dans le charbon, l'huile et les autres matières auxiliaires employées, la quantité de travail fixée dans la machine à vapeur, les broches, les bâtiments de la fabrique et ainsi de suite. Les moyens de travail proprement dits, tels que les outils, les machines, les bâtiments, servent et resservent encore pendant un temps plus ou moins long au cours de processus de production répétés. S'ils étaient consommés entièrement comme la matière première, leur valeur entière serait aussitôt transmise à la marchandise qu'ils aident à produire. Mais, comme une broche, par exemple, ne s'use que peu à peu, on fait un calcul moyen dont la base est le temps moyen de sa durée, son usure moyenne, pendant un temps déterminé, disons, une journée, de cette façon on calcule combien il passe de la valeur de la broche dans le filé produit en une journée et, par conséquent, quelle part de la quantité totale de travail incorporée dans une livre de filés, par exemple, revient à la quantité de travail antérieurement réalisée dans la broche.»[1]

1. Karl Marx, *Salaire, prix et profit*, Editions sociales.

• *Les prix du marché tendent vers le prix naturel*

Marx estime également que les prix du marché tendent à se fixer, en situation concurrentielle, à un niveau qui correspond à la valeur travail de la marchandise.

«Les fluctuations des prix du marché qui tantôt dépassent la valeur ou le prix naturel, tantôt tombent au-dessous, dépendent des fluctuations de l'offre et de la demande. Les écarts entre le prix du marché et la valeur sont continuels, mais comme le dit Adam Smith : «Le prix naturel est... le prix central autour duquel les prix de toutes les marchandises ne cessent de graviter. Diverses circonstances peuvent parfois les tenir suspendus fort au-dessus de ce point et parfois les précipiter un peu au-dessous. Mais quels que soient les obstacles qui les empêchent de se fixer dans ce centre de repos et d'immuabilité, ils y tendent constamment.»

Je ne puis, actuellement, soumettre ce point à un examen approfondi. Il suffit de dire que si l'offre et la demande s'équilibrent, les prix du marché des marchandises correspondent à leurs prix naturels, c'est-à-dire à leurs valeurs qui sont déterminées par les quantités de travail respectives nécessaires à leur production. Mais l'offre et la demande *doivent* tendre continuellement à s'équilibrer bien qu'elles ne le fassent que par la compensation d'une oscillation par une autre, d'une augmentation par une diminution ou inversement. Si au lieu de ne considérer que les fluctuations journalières, vous analysez le mouvement des prix du marché pour de plus longues périodes, comme l'a fait, par exemple, Tooke dans son *Histoire des prix*, vous trouverez que les oscillations des prix du marché, leurs écarts par rapport à la valeur, leur hausse et leur baisse, s'annihilent et se compensent, de telle sorte que, si l'on fait abstraction de l'action des monopoles et de quelques effets restrictifs sur lesquels il me faut passer en ce moment, les marchandises de toutes sortes sont vendues, en moyenne, à leurs valeurs respectives, c'est-à-dire à leurs prix naturels. Les laps de temps moyens pendant lesquels les fluctuations des prix du marché se compensent sont différents pour les différentes sortes de marchandises parce qu'il est plus facile avec telle marchandise qu'avec telle autre, d'ajuster l'offre à la demande.»[1]

1. K. Marx, *Salaire, prix, profit*. Editions sociales.

• *Des différences avec l'analyse de l'école classique anglaise*

Néanmoins, l'analyse de la valeur de Marx diffère sur plusieurs aspects de celle de l'école classique anglaise.

D'abord, Marx insiste sur le fait que c'est la quantité de travail «socialement nécessaire» à la fabrication des biens qui doit être prise en compte ; c'est-à-dire celle que nécessite l'habileté moyenne d'un ouvrier qui utilise les techniques de production de son temps.

«Il pourrait sembler que, si la valeur d'une marchandise est déterminée par la *quantité de travail consacrée à sa production*, il s'ensuit que plus un ouvrier sera paresseux et maladroit, plus la marchandise fabriquée par lui aura de valeur puisque le temps de travail nécessaire à sa fabrication aura été plus long. Ce serait pourtant une regrettable erreur. Rappelez-vous que j'ai employé l'expression «travail *social*» et que ce qualificatif «*social*» implique beaucoup de choses. Lorsque nous disons que la valeur d'une marchandise est déterminée par la *quantité de travail* incorporée ou cristallisée qu'elle contient, nous entendons la *quantité de travail qu'il faut* pour la produire dans un état social donné, dans certaines conditions sociales moyennes de production, et étant donné une intensité et une habileté sociales moyennes dans le travail employé. Lorsqu'en Angleterre, le métier actionné à la vapeur vint faire concurrence au métier à bras, il ne fallut plus que la moitié du temps de travail antérieur pour transformer une quantité déterminée de filés en une aune de cotonnade ou de toile. Le pauvre tisserand travailla alors 17 ou 18 heures par jour au lieu de 9 à 10 heures comme précédemment. Mais le produit de ces 20 heures de travail ne représenta plus que 10 heures de temps de travail social, c'est-à-dire les 10 heures de travail social nécessaires pour transformer une quantité déterminée de filés en étoffe tissée. Le produit de ses 20 heures de travail n'avait donc pas plus de valeur que son produit fabriqué auparavant en 10 heures.

Si donc c'est la quantité de travail socialement nécessaire incorporée dans les marchandises qui en détermine la valeur d'échange, tout accroissement de la quantité de travail qu'exige la production d'une marchandise ne peut qu'augmenter sa valeur et toute diminution doit la réduire.»[1]

1. K. Marx, *Salaire, prix et profit*. Editions sociales.

Marx distingue le «travail complexe» et le «travail simple» dans la mesure où une heure de travail d'une personne qualifiée n'est pas équivalente à une heure de travail d'un ouvrier non qualifié. Il faut tenir compte du temps de formation qui est différent dans les deux cas.

L'analyse de la répartition : des similitudes avec celle des classiques anglais...

Marx retient trois catégories de revenus : celui des travailleurs, celui des capitalistes et celui des propriétaires. Les conclusions de Ricardo quant à l'évolution des salaires et des taux de profit se retrouvent dans l'analyse marxiste. Les premiers tendent à se fixer à un niveau qui correspond aux dépenses qui assurent la subsistance et le renouvellement de l'ouvrier, il s'agit, comme chez Ricardo, d'un seuil sociologique dont le contenu précis peut différer selon les lieux et les époques. Les profits proviennent d'un prélèvement sur la valeur créée par le travailleur et leurs taux connaissent une tendance à la baisse.

... mais aussi des différences

Là encore, la démonstration de Marx, si elle s'inscrit dans la continuité de Ricardo, est différente de celle de son prédécesseur.

• *La distinction entre «travail» et «force de travail»*

La distinction entre «travail» et «force de travail» est au centre de l'analyse marxiste de la répartition. Ce que vend l'ouvrier, c'est sa «force de travail» et sa rémunération tend à s'établir à un niveau qui correspond aux dépenses socialement nécessaires pour assurer son entretien et son renouvellement. C'est une marchandise comme une autre dont la valeur est déterminée par la quantité de travail social que demande sa production. Ainsi, la valeur de la force de travail d'un ingénieur ayant poursuivi de longues années d'études est supérieure à celle d'un ouvrier peu qualifié. L'égalité des salaires ne peut exister en économie capitaliste.

«Il nous faut porter notre attention sur la *valeur* spéciale du *travail*. Et sur ce point, je vais être obligé de susciter à nouveau votre étonnement par un paradoxe apparent. Vous êtes tous absolument persuadés que ce que vous vendez journellement, c'est votre travail, que, par conséquent, le travail a un prix, et que le prix d'une marchandise n'étant que l'expression monétaire de sa valeur, il doit très certainement exister quelque chose comme une *valeur du travail au sens ordinaire du mot. (...)*

Ce que l'ouvrier vend, ce n'est pas directement son travail, mais *sa force de travail* dont il cède au capitaliste la disposition momentanée.
(...)

Qu'est donc la *valeur de la force de travail ?*

Exactement comme celle de toute autre marchandise, sa valeur est déterminée par la quantité de travail nécessaire à sa production. La force de travail d'un homme ne consiste que dans son individualité vivante. Pour pouvoir se développer et entretenir sa vie, il faut qu'il consomme une quantité déterminée de moyens de subsistance. Mais l'individu, comme la machine, s'use et il faut le remplacer par un autre. Outre la quantité d'objets de nécessité courante dont il a besoin pour sa *propre* subsistance, il lui faut une autre quantité de ces mêmes denrées de première nécessité pour élever un certain nombre d'enfants qui puissent le remplacer sur le marché du travail et y perpétuer la race des travailleurs. De plus, pour le développement de sa force de travail et l'acquisition d'une certaine habileté, il faut qu'il dépense encore une nouvelle somme de valeurs. Pour notre objectif, il nous suffira de considérer le travail *moyen* dont les frais de formation et de perfectionnement sont des grandeurs insignifiantes. Mais je n'en veux pas moins profiter de l'occasion pour constater que les frais de production des forces de travail de qualités différentes diffèrent exactement de la même façon que les valeurs des forces de travail employées dans les diverses industries. La revendication de l'*égalité des salaires* repose par conséquent sur une erreur, sur un désir *insensé* qui ne sera jamais satisfait. Elle a sa source dans ce radicalisme faux et superficiel qui accepte les prémisses et cherche à se dérober aux conclusions. Sous le régime du salariat, la valeur de la force de travail se détermine comme celle de toute autre marchandise. Et comme les différentes sortes de travail ont des valeurs différentes, c'est-à-dire nécessitent pour leur production des quantités de travail différentes, elles *doivent* nécessairement avoir des prix différents sur le marché du travail. Réclamer une *rémunération égale ou même équitable* sous le régime du salariat équivaut à réclamer la *liberté* sous le régime de l'esclavage. Ce que vous considérez comme juste et équitable n'entre donc pas en ligne de compte. La question qui se pose est la suivante : qu'est-ce qui est nécessaire et inévitable au sein d'un système de production donné ?

Après ce que nous avons dit, on voit que la *valeur de la force de travail est* déterminée par la *valeur des objets de première nécessité* qu'il faut pour produire, développer, conserver et perpétuer la force de travail.»[1]

• *La plus-value*

Comment s'effectue le prélèvement sur le produit du travailleur au profit du capitaliste et du propriétaire ? L'ouvrier vend sa force de travail. Or, celle-ci a pour caractéristique de pouvoir donner plus de travail que n'en nécessite son entretien. La différence entre la quantité de travail effectuée par l'ouvrier pour l'entreprise et la quantité de travail nécessaire à sa survie et à l'éducation de ses enfants et que paye l'entrepreneur sous forme de salaire constitue la «plus-value» que s'approprie le capitaliste.

«Supposons que la quantité moyenne des objets courants nécessaires à la vie d'un ouvrier exige pour leur production *6 heures de travail moyen.* Supposons, en outre, que 6 heures de travail moyen soient réalisées dans une quantité d'or égale à 3 shillings. Ces 3 shillings seraient le *prix,* ou l'expression monétaire de la *valeur journalière* de la *force de travail* de cet homme. S'il travaillait six heures par jour, il produirait cha-

1. Karl Marx, *Salaire, prix, profit*, Editions sociales.

que jour une valeur suffisante pour acheter la quantité moyenne des objets dont il a journellement besoin, c'est-à-dire pour se conserver comme ouvrier.

Mais notre homme est un ouvrier salarié. Il lui faut, par conséquent, vendre sa force de travail au capitaliste. S'il la vend 3 shillings par jour ou 18 shillings par semaine, il la vend à sa valeur. Supposons que ce soit un ouvrier fileur. S'il travaille six heures par jour, il ajoutera chaque jour au coton une valeur de 3 shillings. Cette valeur qu'il ajoute, chaque jour au coton constituerait l'équivalent exact de son salaire, c'est-à-dire du prix qu'il touche journellement pour sa force de travail. Mais dans ce cas il ne reviendrait aucune *plus-value*, aucun *surproduit* au capitaliste. Nous nous heurtons ici à la véritable difficulté.

En achetant la force de travail de l'ouvrier et en la payant à sa valeur, le capitaliste, comme tout autre acheteur, a acquis le droit de consommer la marchandise qu'il a achetée ou d'en user. On consomme la force de travail d'un homme ou on l'utilise en le faisant travailler, tout comme on consomme une machine ou on l'utilise en la faisant fonctionner. Par l'achat de la valeur journalière ou hebdomadaire de la force de travail de l'ouvrier, le capitaliste a donc acquis le droit de se servir de cette force, de la faire travailler pendant *toute la journée* ou *toute la semaine*. La journée ou la semaine de travail a, naturellement, ses limites, mais nous examinerons cela de plus près par la suite.

Pour l'instant, je veux attirer votre attention sur un point décisif.

La *valeur* de la force de travail est déterminée par la quantité de travail nécessaire à son entretien ou à sa production, mais l'*usage* de cette force de travail n'est limité que par l'énergie agissante et la force physique de l'ouvrier. La *valeur* journalière ou hebdomadaire de la force de travail est tout à fait différente de l'exercice journalier ou hebdomadaire de cette force, tout comme la nourriture dont un cheval a besoin et le temps qu'il peut porter son cavalier sont deux choses tout à fait distinctes. La quantité de travail qui limite la *valeur* de la force de travail de l'ouvrier ne constitue en aucun cas la limite de la quantité de travail que peut exécuter sa force de travail. Prenons l'exemple de notre ouvrier fileur. Nous avons vu que pour renouveler journellement sa force de travail, il lui faut créer une valeur journalière de 3 shillings, ce qu'il réalise par son travail journalier de 6 heures. Mais cela ne le rend pas incapable de travailler journellement 10 à 12 heures ou davantage. En payant la *valeur* journalière ou hebdomadaire de la force de travail de l'ouvrier fileur, le capitaliste s'est acquis le droit de se servir de celle-ci pendant *toute la journée ou toute la semaine.* Il le fera donc travailler, mettons 12 heures par jour. *Au-dessus* des 6 heures qui lui sont nécessaires pour produire l'équivalent de son salaire, c'est-à-dire de la valeur de sa force de travail, le fileur devra donc travailler *6 autres heures* que j'appellerai les heures de *surtravail*, lequel surtravail se réalisera en une *plus-value* et un *surproduit.* Si notre ouvrier fileur, par exemple, au moyen de son travail journalier de 6 heures ajoute au coton une valeur de 3 shillings qui forme l'équivalent exact de son salaire, il ajoutera au coton en 12 heures une valeur de 6 shillings et produira un *surplus correspondant de filés.* Comme il a vendu sa force de travail au capitaliste, la valeur totale, c'est-à-dire le produit qu'il a créé, appartient au capitaliste qui est, pour un temps déterminé, propriétaire de sa force de travail. En déboursant 3 shillings, le capitaliste va donc réaliser une valeur de 6 shillings puisque, en déboursant la valeur dans laquelle sont cristallisées 6 heures de travail, il recevra, en retour, une valeur dans laquelle sont cristallisées 12 heures de travail. S'il répète journellement ce processus, le capitaliste déboursera journellement 3 shillings et en empochera 6, dont une moitié sera de nouveau employée à payer de nouveaux salaires et dont l'autre moitié formera la *plus-value* pour laquelle le capitaliste ne paie aucun équivalent. C'est sur cette sorte *d'échange entre le capital et le travail* qu'est fondée la production capitaliste, c'est-à-dire le salariat, que l'ouvrier en tant qu'ouvrier et le capitaliste en tant que capitaliste sont obligés de reproduire constamment.

Le *taux de la plus-value*, toutes circonstances égales d'ailleurs, dépendra du rapport entre la partie de la journée de travail qui est nécessaire pour renouveler la valeur de la force de travail et le *surtravail ou temps employé en plus* pour la capitaliste.»[1]

1. Karl Marx, *Salaire, prix et profit*, Editions sociales.

• *La baisse tendancielle des taux de profits*

Enfin, comme Ricardo, K. Marx pense qu'il existe une tendance de longue période à la baisse des taux de profit. Celle-ci trouve son origine chez Marx dans des mécanismes différents de ceux développés par Ricardo et conduit à une conclusion profondément différente. Si Ricardo pensait que cette loi devait mener à l'état stationnaire par manque d'incitation à investir de la part des entreprises, Marx est convaincu que la baisse tendancielle des taux de profit ne peut qu'engendrer l'effondrement du système capitaliste.

Une condamnation radicale du capitalisme

L'adhésion de Marx aux fondements théoriques de l'école classique anglaise ne le conduit pas aux mêmes conclusions que celle-ci. La mise en évidence des effets négatifs du capitalisme sur le plan social et de ses contradictions internes aboutissent aux yeux de Marx à sa condamnation irrévocable.

Le système capitaliste engendre l'exploitation du travailleur

• *Le profit : du «travail impayé»*

L'approche en termes d'exploitation n'est pas spécifique à Marx, mais sa démonstration tend à montrer que celle-ci provient de caractéristiques intrinsèques du capitalisme, elle ne peut donc disparaître qu'avec le système même qui l'engendre. Il existe une incompatibilité totale, dans la pensée de Marx, entre la survie de l'économie capitaliste et la fin de l'exploitation. Son analyse découle logiquement de son étude de la valeur de la force de travail. La force de travail crée une plus-value qui est appropriée sous forme de profits, d'intérêts et de rentes par les capitalistes et les propriétaires fonciers. La rémunération de ces derniers ne correspond donc pas, selon Marx, à la contrepartie de la valeur des services rendus par le capital et la terre. Elle provient du prélèvement d'une partie de la valeur créée par le travail de l'ouvrier. Il y a spoliation et exploitation de la classe ouvrière.

«La plus-value, c'est-à-dire la partie de la valeur totale des marchandises dans laquelle est incorporé le *surtravail, le travail impayé de l'ouvrier*, je l'appelle le *profit*. Le profit n'est pas empoché tout entier par l'employeur capitaliste. Le monopole de la terre met le propriétaire foncier en mesure de s'approprier une partie de la plus-value sous le nom de *rente*, que la terre soit employée à des bâtiments agricoles, à des chemins de fer ou à toute autre fin productive. D'autre part, le fait même que la possession des *instruments de travail* donne à l'employeur capitaliste la possibilité de produire une *plus-value*, ou, ce qui revient au même de *s'approprier une certaine quantité de travail impayé*, permet au possesseur des moyens de travail qui les prête en entier ou en partie à l'employeur capitaliste, c'est-à-dire, en un mot, au *capitaliste financier*, de réclamer pour lui-même sous le nom d'*intérêt* une autre partie de cette plus-value, de sorte qu'il ne reste à l'employeur capitaliste *comme tel* ce que l'on appelle le *profit industriel ou commercial*.

La question de savoir à quelles lois est soumise cette répartition du montant total de la plus-value entre ces trois catégories d'individus est tout à fait étrangère à notre sujet. Cependant, de ce que nous avons exposé, voici ce qu'il résulte :

« *Rente foncière, intérêt et profit industriel* ne sont que des *noms différents* des *différentes parties de la plus-value* de la marchandise, c'est-à-dire du *travail impayé que celle-ci renferme*, et ils *ont tous la même source et rien que cette source*. Ils ne proviennent ni de la *terre*, ni du *capital* comme tels, mais la terre et le capital permettent à leurs possesseurs de toucher chacun leur part de la plus-value extraite de l'ouvrier par l'employeur capitaliste. Pour l'ouvrier lui-même, il est d'une importance secondaire que cette plus-value, résultat de son surtravail, de son travail impayé, soit empochée exclusivement par l'employeur capitaliste, ou que ce dernier soit contraint d'en céder des parties sous le nom de rente et d'intérêt à des tiers. Supposons que l'employeur capitaliste utilise son propre capital et qu'il soit son propre propriétaire foncier, toute la plus-value affluerait alors dans sa poche.

C'est l'employeur capitaliste qui extrait directement de l'ouvrier cette plus-value, quelle que soit la part qu'il en puisse finalement garder lui-même. C'est par conséquent de ce rapport entre l'employeur capitaliste et l'ouvrier salarié que dépend tout le système du salariat et tout le système de production actuel.»[1]

• *Le taux de profit : un indicateur du degré d'exploitation du travail*

« Si le profit total réalisé par le capitaliste est égal à 100 livres, nous appelons cette somme considérée comme grandeur *absolue*, le *montant du profit.* Mais si nous calculons le rapport dans lequel ces 100 livres se trouvent relativement au capital déboursé, nous appelons cette grandeur *relative, le taux du profit.* Il est clair que ce taux du profit peut être exprimé sous deux formes.

Supposons que le capital *déboursé en salaires* soit de 100 livres. Si la plus-value produite se monte également à 100 livres — et cela indiquerait que la moitié de la journée de travail de l'ouvrier se compose de travail *impayé* —, et si nous estimons ce profit d'après la valeur du capital avancé en salaires, nous dirons que le *taux du profit s'élève à 100 pour cent parce que la valeur avancée serait cent et la valeur réalisée deux cents.*

Si, d'autre part, nous considérions non seulement le capital avancé en salaires, mais la *totalité du capital* déboursé, disons, par exemple, 500 livres, dont 400 livres représentent la valeur des matières premières, machines, etc., nous dirions que le *taux du profit* ne s'élève qu'à 20 pour cent parce que le profit de 100 ne serait que le cinquième de la *totalité* du capital déboursé.

La première manière d'exprimer le taux du profit est la seule qui vous montre le véritable rapport entre le travail payé et le travail impayé, le degré véritable de l'*exploitation* (permettez-moi ce mot français) *du travail.* L'autre façon de s'exprimer est la plus usuelle, et on y a recours, en effet, dans certains buts. Elle est en tout cas très utile pour dissimuler le degré suivant lequel le capitaliste extrait du travail gratuit de l'ouvrier.

1. Karl Marx, *Salaire, prix et profit*, Editions Sociales.

Dans les explications que j'ai encore à donner, j'emploierai le mot *profit* pour désigner le montant total de la plus-value extraite par le capitaliste, sans me soucier de la répartition de cette plus-value entre les diverses parties, et lorsque j'emploierai le mot *taux du profit* je mesurerai toujours le profit d'après la valeur que le capitaliste a avancée sous forme de salaires.»[1]

• *L'accumulation primitive*

Le capital lui-même ne s'est constitué qu'à partir d'une appropriation antérieure de plus-value par les capitalistes, d'une partie du produit de la classe laborieuse qui lui a été usurpée au cours de périodes antérieures. Le développement du salariat est le produit d'un processus historique souvent violent qui a séparé le travailleur de ses moyens de production.

«Nous pourrions nous demander d'où vient ce singulier phénomène qui fait qu'on trouve sur le marché un groupe d'acheteurs en possession du sol, de machines, de matières premières et des moyens de subsistance, toutes choses qui, sauf la terre dans son état primitif, sont des *produits du travail*, et, de l'autre côté, un groupe de vendeurs n'ayant rien à vendre que leur force de travail, leur bras et leurs cerveaux agissants ? Que l'un des groupes achète continuellement pour réaliser du profit et s'enrichir pendant que l'autre groupe vend continuellement pour gagner sa vie ? L'étude de cette question nous conduirait à la recherche de ce que les économistes appellent l'*accumulation antérieure ou primitive*, mais qui devait être appelée l'*expropriation primitive.* Nous trouverions que cette prétendue *accumulation primitive* ne signifie rien d'autre qu'une série de processus historiques aboutissant à une *dissociation de l'unité primitive* qui existait entre le travailleur et ses moyens de *travail.*»[1]

1. Karl Marx, *Salaires, prix et profit,* Editions sociales.

Le capitalisme conduit à des crises de surproduction et à l'effondrement du système

L'apparition des crises de surproduction est inéluctable et résulte des contradictions internes du système. Marx part d'une décomposition du secteur de production en deux catégories : celui des biens de consommation et celui des biens nécessaires à la production. Dans un premier temps, les quantités de biens de consommation produites à partir du stock de capital existant trouvent des débouchés. Mais, au fur et à mesure de l'augmentation du capital, un décalage se crée entre les capacités productives des entreprises et le pouvoir d'achat des classes laborieuses. La crise de surproduction s'installe. Celle-ci est inéluctable et liée au mode de fonctionnement du capitalisme puisque les détenteurs de capitaux ont intérêt, pour accroître leur profit, à augmenter les biens d'équipement qui leur permettent d'économiser de la main-d'œuvre. Le renouvellement périodique des crises doit conduire à l'effondrement du système.

«La division plus grande du travail a pour conséquence qu'un ouvrier produit autant que produisaient trois, quatre, cinq précédemment. La machine conduit aux mêmes rapports à une échelle infiniment plus grande.

Tout d'abord, il est donc tout à fait évident que la croissance des parties du capital productif transformées en machines et en matières premières ne s'accompagne pas d'un accroissement analogue de la partie du capital destinée au salaire. Sinon, en effet, le but recherché par l'emploi des machines et la division accrue du travail ne serait pas atteint. Il en résulte donc nécessairement que la partie du capital productif destinée au salaire ne s'accroît pas dans la même mesure que la partie destinée aux machines et aux matières premières. Bien plus. Au fur et à mesure que s'accroît le capital productif, c'est-à-dire la puissance du capital comme tel, s'accroît aussi au même degré la disproportion entre le capital investi en matières premières et en machines et le capital déboursé en salaire. Par conséquent, cela veut dire que la partie du capital productif destinée au salaire devient de plus en plus petite par rapport à la partie du capital mise en œuvre sous forme de machine et de matière première.

Une fois que le capitaliste a investi un capital plus grand en machines, il est contraint d'employer un capital plus grand à l'achat de la matière première et ce qui est nécessaire pour actionner les machines. Mais s'il a occupé précédemment 100 ouvriers, il n'aura peut-être maintenant plus besoin que de 50. Sinon, il lui faudrait doubler encore peut-être les autres parties du capital, c'est-à-dire augmenter encore la disproportion, Il en congédiera donc 50, ou bien les 100 seront obligés de travailler pour le même prix que les 50 précédemment. Il se trouvera donc des ouvriers en excédent sur le marché.

Si l'on modifie la division du travail, il n'y aura lieu d'augmenter que le capital pour la matière première. *Un seul ouvrier* prendra peut-être la place de trois.

Mais supposons le cas le plus favorable : le capitaliste étend son entreprise de façon à pouvoir non seulement garder le chiffre précédent de ses ouvriers — et, bien entendu, il n'attendra pas le moment où il pourra le faire — mais encore en augmenter même le nombre. Il lui faudra alors accroître la production d'une manière énorme pour pouvoir garder le même nombre d'ouvriers ou même encore l'augmenter. Et dans le rapport entre le nombre d'ouvriers et les forces productives il y a une disproportion infiniment plus grande. La surproduction s'en trouve accélérée, et lors de la crise suivante le nombre d'ouvriers non occupés sera plus grand que jamais.

Il ressort donc nécessairement de la nature des rapports entre le capital et le travail cette loi générale : au cours de l'accroissement des forces productives, la partie du capital productif qui est transformée en machines et en matière première, c'est-à-dire le capital comme tel, s'accroît d'une façon disproportionnée eu égard à la partie qui est destinée au salaire ; c'est-à-dire, en d'autres termes : relativement à la masse totale du capital productif, les ouvriers ont une partie de plus en plus petite à se partager et leur concurrence devient par conséquent de plus en plus violente. Autrement dit : plus le capital s'accroît, et plus les moyens d'occupation et de subsistance diminuent proportionnellement pour les ouvriers, plus rapidement encore s'accroît, en d'autres termes, la population laborieuse par rapport à ses moyens d'occupation. Et, en vérité, ce rapport s'accroît dans la mesure même où le capital productif grandit en général.

Pour compenser la disproportion indiquée plus haut, il faut qu'il y ait accroissement en progression géométrique. Et pour qu'il y ait réajustement par la suite en temps de crise, il faut qu'il y ait encore une augmentation plus grande.

Cette loi qui ressort uniquement des rapports entre l'ouvrier et le capital, et qui, par conséquent, transforme la situation même la plus favorable pour lui : l'accroissement rapide du capital productif, en une situation défavorable, les bourgeois en ont fait d'une loi sociale une loi de la nature en disant que la population s'accroît suivant une loi naturelle plus rapidement que les moyens d'occupation et de subsistance.

Ils n'ont pas compris que c'est dans l'accroissement du capital productif qu'est impliqué l'accroissement de cette contradiction.»[1]

1. K. Marx, *Salaire, prix et profit*. Editions sociales.

Conclusion

Connaître les classiques pour comprendre le monde contemporain

La pensée contemporaine s'inscrit dans le prolongement de celle de la période classique

La pensée économique a connu une évolution majeure de la fin du XVIIIe siècle à la fin du XIXe siècle. L'essor de la pensée contemporaine trouve ses fondements dans cette période de l'histoire, correspondant au début de l'industrialisation.

La volonté de procéder selon une méthode scientifique pour étudier les questions économiques a conduit à l'élaboration de concepts abstraits, à la recherche de lois dont beaucoup restent d'actualité. La construction des modèles théoriques contemporains s'inscrit directement dans la logique de la montée progressive de l'abstraction dont l'aboutissement est l'utilisation des mathématiques en sciences économiques. La diversité même de la pensée de l'époque classique, alimentée de débats qui subsistent aujourd'hui, se retrouve dans les clivages actuels. Des utopies aux intuitions exceptionnelles, les principales questions relatives à la production, la répartition, l'échange, la consommation, les institutions, l'intervention de l'Etat... ont suscité de multiples interprétations qui servent toujours de référence aux travaux modernes. Les néo-classiques se réclament encore de la loi des débouchés de

J.B. Say, de la théorie de la main invisible d'A. Smith, de la loi des coûts comparatifs de D. Ricardo, de l'analyse en termes de marchés de Cournot...; les limites au libre jeu de la concurrence exposées par J.S. Mill alimentent l'argumentation des réformistes d'aujourd'hui ; les marxistes fondent leur analyse sur le concept de la valeur travail et l'œuvre de K. Marx.

Mieux, un certain renouveau de la pensée contemporaine repose sur une relecture des travaux des «classiques». Ainsi, la publication des œuvres complètes de David Ricardo, sous la direction de P. Sraffa a impulsé une interprétation inédite du message de cet auteur de l'école classique anglaise, pouvant servir de fondement à une analyse nouvelle.

Ainsi, la maîtrise des analyses modernes, jusque dans ses formulations les plus récentes, passe par une bonne connaissance des auteurs classiques.

La richesse de la pensée de la période classique

L'intérêt du retour aux sources ne s'arrête pas là. Certains aspects délaissés de la construction classique méritent d'être valorisés dans la mesure où ils contribuent à mieux appréhender le monde réel dans toute sa complexité. L'adoption d'une approche pluridisciplinaire, le refus d'occulter les difficultés sociales qui accompagnent la croissance, la prise en compte du contexte historique... caractérisent la démarche de la plupart des auteurs classiques.

Le chemin ouvert vers l'abstraction, vers l'élaboration d'une science économique autonome ne s'est pas accompagné, chez la majorité des auteurs du XIXe siècle, d'une réduction du champ de l'économie à la mise en évidence de mécanismes ou la construction de modèles théoriques où toute considération d'ordre social serait absente. La relecture des classiques attire l'attention sur la diversité de la société et sur l'intérêt que présente une approche pluridisciplinaire pour appréhender l'économie dans toute la complexité de ses manifestations.

Index

Dans la même collection

- Dictionnaire économique et social.
- Comprendre l'information économique et sociale.
- Dictionnaire des théories
  et des mécanismes économiques.
- L'énergie dans le monde
  stratégies face à la crise.
- L'économie française face aux défis mondiaux.
- Le dollar
  monnaie américaine ou monnaie mondiale ?
- L'informatique
  enjeux économiques et sociaux.
- La Bourse
  temple de la spéculation ou marché financier ?
- Singapour, Taiwan, Hong Kong, Corée du Sud,
  les nouveaux conquérants ?
- Initiation à l'économie
  les concepts de base, les techniques,
  les grands économistes.
- Dictionnaire d'histoire économique de 1800 à nos jours.
- La productivité
  progrès social ou source de chômage ?
- Les politiques industrielles
  Libéralisme ou intervention de l'État ?
- Le désordre alimentaire mondial
  surplus et pénuries : le scandale.
- L'économie du Japon
  une menace ou un modèle ?
- Les économistes classiques
- Le tourisme international
- Dictionnaire de la pensée politique

Achevé d'imprimer en février 1989
sur le presses de "Nuova Stampa
Mondadori" (Mondadori Group) à Cles (TN)
Imprimé en Italie

Dépôt légal 11100 - février 1989